AF246988

BIBLIOTHÈQUE SOCIOLOGIQUE INTERNATIONALE
Publiée sous la direction de M. RENÉ WORMS
Secrétaire-Général de l'Institut International de Sociologie.

XVI

LA FAMILLE

DANS

LES DIFFÉRENTES SOCIÉTÉS

PAR

C. N. STARCKE

Privat-docent à l'Université de Copenhague
Membre de l'Institut International de Sociologie.

PARIS

V. GIARD & E. BRIÈRE
LIBRAIRES-ÉDITEURS
16, rue Soufflot, 16
—
1899

LA FAMILLE

DANS

LES DIFFÉRENTES SOCIÉTÉS

LA FAMILLE

DANS

LES DIFFÉRENTES SOCIÉTÉS

TRAVAUX DU MÊME AUTEUR

EN LANGUE FRANÇAISE

La Famille primitive. 1 vol. in-8 (*Bibliothèque Scientifique Internationale*). Paris, Alcan, 1890.

Le Danemarck. 1 broch. in-8. Paris, Giard et Brière, 1897.

Questions sur la méthode de la Sociologie. 1 broch. in-8. Paris, Giard et Brière, 1898.

Les Lois de l'évolution politique (*Annales de l'Institut International de Sociologie*, tome IV). Paris, Giard et Brière, 1898.

BIBLIOTHÈQUE SOCIOLOGIQUE INTERNATIONALE
Publiée sous la direction de M. RENÉ WORMS
Secrétaire-Général de l'Institut International de Sociologie.

XVI

LA FAMILLE

DANS

LES DIFFÉRENTES SOCIÉTÉS

PAR

C. N. STARCKE

Privat-docent à l'Université de Copenhague
Membre de l'Institut International de Sociologie.

PARIS

V. GIARD & E. BRIÈRE
LIBRAIRES-ÉDITEURS
16, rue Soufflot, 16

1899

AVANT-PROPOS

Les idées morales ont leur source dans les réalités de la vie et n'en expriment que les tendances les plus intimes. Dans les péripéties de cette vie, l'homme perd souvent la faculté de voir au fond des choses, et les autorités formées dans les siècles passés et transmises jusqu'à nous par la voie de la tradition lui semblent alors sans connexion intime avec les petits faits de tous les jours ; au contraire, elles se présentent comme des forces divines, inaltérables, mystiques et à l'abri de toute critique. La science de la morale devient alors chargée d'éclairer l'homme sur le processus qui constitue véritablement les préceptes moraux, elle donne à l'homme le courage de nier l'autorité des préceptes qui n'ont jamais exprimé ou n'expriment plus les tendances les plus fondamentales du temps, et aussi elle fortifie la base des préceptes qui menace de s'ébranler par la complexité croissante des relations humaines.

Pour étudier les phénomènes de la vie morale, il faut alors qu'on étudie avant tout l'évolution de la vie réelle. On ne peut connaître ce que la vie doit être que quand on a compris ce qu'elle est réellement. Guidé par ces pensées, je crus — il y a dix ans — que le traité de morale, que j'avais déjà en vue, devait être précédé par une étude sérieuse des faits sociologiques, et je publiai alors mon livre : *La famille primitive* (Bibliothèque scientifique internationale, LXXI, 1891, Paris, Alcan). De 1894-1897, je publiai, en danois, trois volumes formant ensemble un traité complet de morale et tirant les conséquences des idées présentées dans mon premier livre. L'obligeance des éditeurs et l'amitié de M. René Worms m'ont donné l'occasion de présenter aujourd'hui au public français la dernière et la plus importante partie de ce traité. Elle forme par la portée de son sujet un tout. C'est dans ce monde intime des relations de la famille que les problèmes moraux se posent de la manière la plus sérieuse et que les combats moraux les plus importants sont livrés. Mais, c'est aussi là que les idées du temps sont les plus confuses et ont le plus besoin d'une analyse sociologique.

La traduction de ce livre a été faite par Madame Madvig et je lui suis bien sincèrement obligé pour les soins qu'elle a apportés à cette tâche délicate.

Copenhague, 27 septembre 1898.

C. N. STARCKE.

CHAPITRE PREMIER

LE MARIAGE

1. — *La famille est le cercle privé de l'individu.*

La société civile et politique se forme par le besoin de l'individu d'organiser sa vie comme les autres individus l'exigent pour le laisser en paix, et le regarder en ami, non en ennemi. Toutes les institutions civiles et politiques naissent de ce besoin des individus de vivre ensemble. Les personnes se trouvent placées face à face dans un même endroit, et par là sous bien des rapports mises en contact les unes avec les autres; au commencement, leurs intérêts ne sont nullement en harmonie complète, elles luttent pourtant sous l'impression de cette communauté qui est de même nécessité pour tous. Dans cette lutte, il arrive des instants de repos quand une harmonie provisoire se trouve atteinte.; cette harmonie s'exprime par les mœurs existantes, plus tard dans les lois et les institutions. Mais la lutte recommence à mesure que ce qui est incomplet dans l'harmonie atteinte se fait sentir. De cette manière, l'évolution continue sa marche, si toutefois de grandes oppositions n'amènent pas la dissolution de la société. C'est pourquoi la morale de chaque individu lui trace une règle de conduite basée sur cette manière d'être de la société ; ce sont les lois qui lui prescrivent ce qu'il doit faire et ce qu'il doit éviter, non pas précisément les lois comme elles sont, mais comme il se figure qu'elles devraient être pour le bien de la société. Même lorsqu'il se met en opposition avec les lois établies, c'est la société qu'il prend en considération, si toutefois cette opposition est regardée par lui comme un cas de conscience, un devoir. Comme individu, il n'a lui-même aucun droit, tous les droits sont du côté de la société parce que l'individu qui lui est utile est le seul qui compte.

En opposition à cette morale existant dans la vie sociale, la vie de famille semble avoir ses principes dans l'individu par lui-même. La famille est le petit monde que chacun forme comme sa sphère privée, tout à fait en dehors de la grande organisation sociale. Sitôt que l'homme sort de chez lui, il est citoyen et se trouve sous la dépendance de l'État, c'est-à-dire le contrôle de ses concitoyens. Dans sa maison, il vit comme il lui plaît, la tribu ou l'État n'a rien à lui procurer ni à lui prescrire. Au contraire, sa bonne volonté de se conformer aux règles de la tribu et de vivre en conséquence, dépend en grande partie de ce que sa liberté d'organiser sa vie privée comme il lui convient, se trouve respectée. La vie dans la tribu est le grand soutien de la sécurité de tous, elle donne à chacun la confiance et la paix ; mais le contenu de cette vie qu'on a ainsi la liberté de vivre, est assurément au premier rang la vie dans la famille, la vie selon les propres vœux de l'individu.

Cela ne veut pas dire que dans une tribu il existe dans chaque foyer des coutumes différentes ; les individus à l'état primitif ont particulièrement à peu près chacun les mêmes manières de vivre et les mêmes exigences ; la faculté d'être influencé par les causes extérieures — la suggestion sociale — est assez puissante, et c'est pourquoi l'on se trouve organiser sa vie de famille à l'exemple de celle de son voisin. Mais quoique dans une tribu primitive on trouve une organisation générale, des mœurs, des usages ou une loi pour l'organisation de la vie de famille aussi bien que pour les intérêts civils et politiques, elle renvoie donc toujours vers la volonté de l'individu. On peut dire que l'organisation de la famille est reconnue par la tribu comme celle que les individus eux-mêmes préfèrent, tandis que l'organisation civile et politique est reconnue par l'individu, comme celle devant laquelle il doit se soumettre pour la conservation de la vie sociale.

Cet état de choses n'est donc qu'approximatif ; peu à peu l'État a pris l'autorité d'organiser aussi la vie de famille en rapport avec ses idées de morale. La raison en est d'abord que les traits de caractère dont la société exige le développement chez l'individu, ne pourraient sans affaiblissement pour elle céder dans sa vie de famille ; c'est pourquoi la société se trouve intéressée à ce que l'individu, dans sa vie privée, vive sous l'empire d'une influence morale, conforme à celle qu'il reçoit de la société. Puis ensuite, la cause de l'intervention de l'État dans l'organisation privée de la vie familiale, est que, dans la famille, il n'existe pas seulement un cercle privé pour chaque individu, mais un état de choses dépendant de plusieurs individus, et c'est pourquoi un seul ne peut organiser son foyer selon son caprice, sans que les autres, restés sans protection, se révoltent contre sa manière d'agir despotique, dès qu'ils sont en état de le faire, et l'appui que cela leur ferait trouver chez d'autres en dehors de cet étroit cercle privé, amènerait de soi-même l'intervention du pouvoir public. C'est pourquoi l'institution de la famille devient peu à peu subordonnée à une suite de règles juridiques, qui, de même que les règles civiles et politiques, sont l'expression de la subordination de l'individu à la volonté de la tribu.

Malgré cette évolution, le caractère primordial de la famille comme un cercle privé n'est pas pour cela négligé. Une grande partie des règles qui organisent la vie de famille n'expriment pas les droits que la société a sur elle, elles ne sont pas ses conditions pour la tolérer et la reconnaître, mais au contraire elles traduisent les droits que la famille exige de la société. Elles ne dérivent pas de la société mais de la famille ; aussi mettent-elles une barrière à l'autorité du pouvoir civil pour fixer selon son gré l'organisation de la famille. Ces règles qui constituent la partie la plus importante du droit de la famille sont des règles ayant acquis la protection du pouvoir public, parce qu'elles sont l'expression du droit qu'ont les membres de la famille de regarder l'état dans lequel ils vivent comme une chose privée ; ces règles dérivent des droits de la famille, et l'État n'a pour l'individu une valeur morale que s'il reconnaît ces règles et protège la famille comme il se le doit à lui-même. C'est une question difficile à résoudre, si la conscience de l'homme qui se définit toujours à l'idée qu'il se fait de sa manière de vivre par rapport à une plus grande association, a ses racines les plus profondes dans la vie sociale ou dans la vie de famille, si la société, objectivement plus grande et plus vaste, donne à la famille sa valeur comme formant une partie de ce tout plus grand et comme une école d'éducation pour la vie sociale, ou si plutôt la société civile n'a de valeur que s'il lui est possible d'assurer et d'établir la vie de famille, de façon qu'elle devienne en réalité subjectivement la plus compréhensive, la plus essentielle pour l'homme, celle d'après laquelle il doit organiser sa vie, parce qu'elle s'empare de lui par les détails les plus subtils et les plus personnels.

2. — *Les relations sociales et privées de la famille.*

De cette manière, on constate un double point de vue pour chaque évaluation de l'institution de la famille : le point de vue juridique, ayant pour but de ranger la famille dans le cercle des autres institutions de la société, et qui exige principalement qu'elle se conforme aux exigences civiles et politiques ; puis le point de vue privé, partant de la famille, la regardant pour l'homme comme une organisation de vie indispensable, et qui veut déterminer son organisation avec l'idée de la famille comme point de départ, afin que les institutions civiles et politiques agissent pour elle autant que cela est nécessaire, pour lui procurer une place suffisante. Dans cette organisation privée on peut encore faire valoir deux tendances, en ce que d'un côté on peut essayer de regarder la famille comme une vie commune entre plusieurs personnes, et exiger que chacun de ses membres se conforme à ses préceptes, ou bien en ce que de l'autre côté l'on peut partir de l'idée de personnalité. et déterminer l'organisation de la famille, ou le caractère et l'extension de la vie commune, par rapport avec ce qu'une telle personnalité libre semble devoir exiger.

Tantôt l'une, tantôt l'autre de ces considérations a dans tous les temps été particulièrement mise en lumière, jamais aucune n'a été complètement laissée de côté. Si l'on regarde l'évolution par laquelle a passé la famille, on pourrait peut-être la résumer en ce que de plus en plus elle a maintenu son indépendance, laissant la société organiser tout ce qui peut avoir rapport aux choses civiles et politiques, gardant pour elle-même le principe comme la forme de vie renfermant la personnalité de la manière la plus profonde et la plus inépuisable. La société, dans l'intérêt qu'elle avait à se servir de la famille comme un exemple, pour la formation des caractères dont elle pensait avoir le plus besoin, s'est souvent trop avancée dans ses essais de lui imposer ses lois. Il a donc toujours été nécessaire de reculer en arrière, parce qu'un tel empiétement amenait une dissolution et un affaiblissement de la vie de famille. D'un autre côté, la famille s'est souvent trop isolée de la société, et a trop maintenu l'indépendance de son autorité pour organiser des choses qui, en réalité, appartenaient à la société, elle a donc fini par perdre son importance morale comme un état de vie pour la personnalité, et est entrée au service d'autres desseins d'un ordre intéressé.

Pendant cette évolution, la famille est devenue une institution embrassant les intérêts humains les plus variés, elle est entourée d'évaluations de morale ayant leurs sources, tantôt dans les sentiments les plus intimes et les plus profonds de la personnalité, tantôt dans les choses civiles et politiques les plus extérieures. La famille exige par là une régularisation de la vie des sentiments privés de chacun, depuis les instincts les plus élémentaires jusqu'aux sentiments les plus compliqués de la civilisation. Elle intervient à sa manière dans l'idée de la propriété, comme elle se développe dans la société civile pendant la lutte pour la vie, et elle intervient dans ce qui a rapport à l'autorité personnelle, qui du reste ressort de l'organisation juridique civile.

De nos jours nous nous éloignons d'un temps où les institutions étaient tout, et les individus presque rien, pour aller vers un autre, où les individus semblent devenir tout, et les institutions très peu de choses, si toutefois elles servent les personnalités. On réformera l'État et la société, de façon à ce qu'ils donnent aux personnalités la plus grande liberté possible, comptant par là obtenir un maximum de richesse et de force dans la vie individuelle. Tandis qu'auparavant dans l'organisation des différents états de choses on se laissait d'abord guider par la considération de l'Etat et que l'on ne prenait ni d'autres égards, ni plus d'égards pour les intérêts individuels privés que ceux qui semblaient s'accorder directement avec cette idée, on pense à présent que la plus durable et la meilleure considération de l'Etat est en réalité le soin le plus juste et le plus équitable des intérêts privés de chacun. Une considération de l'Etat, laissant de côté la justice quant à l'individu, paraîtra insuffisante et trop restreinte. La famille s'est trouvée influencée par ce mouvement, c'est pourquoi les tendances de ce temps cherchent autant que possible à faire de son organisation une affaire privée, décidée par les individus eux-mêmes, seulement protégée et non régularisée par l'autorité de l'Etat. Ce sens de la valeur personnelle, et le caractère distinctif personnel qui toujours provient d'une culture croissante, parce qu'il est le résultat d'une plus ample compréhension, d'une plus grande sécurité, d'une confiance en ce que les grandes tendances éthiques seront celles qui prédomineront, ce sens se montrera en ce que dans le cercle privé de la famille on attachera plus d'importance à la vérité et à la sincérité des sentiments qui rapprochent les membres de la famille, qu'au maintien des lois juridiques déterminées qui devraient être une expression de la vie collective, et que la famille devrait avoir en vue. Mais plus l'on attache d'importance à la sincérité des sentiments comme décisive pour la valeur et le droit de la vie de famille, plus on renonce aussi au contrôle public et à son intervention dans ce qui a rapport à la famille. Car l'autorité publique n'a rien à voir avec les sentiments, elle peut seulement prescrire les actions, non les motifs.

3. — *Bizarrerie et originalité.*

Ce sens, pour les caractères distinctifs personnels, qui est un avantage de la vie civilisée, peut facilement dégénérer en un sens pour ce qui est étrange, bizarre, fantasque ; les traces s'en laissent même démontrer avec une clarté croissante, plus le courant de l'individualisme devient fort. On les constate dans une opposition, non seulement contre des exigences et des règlements entravant la personnalité capable et originale, et voulant retenir la vie dans les cadres une fois établis, mais aussi, contre les exigences qui résultent de ce que la vie ne peut être vécue sans efforts avec ordre et stabilité, et principalement sans l'éducation que l'individu se donne lui-même. Plus cette éducation par soi-même est mise de côté, plus le désordre des idées et des états d'âme remplace l'ordre et ! effort constant vers un but déterminé, plus la personnalité perd en réalité son caractère fondamental, et devient incapable et désorganisée. C'est pourquoi, si enthousiaste que l'on soit pour la liberté et l'émancipation, il ne faut jamais perdre de vue la ligne de démarcation qui sépare ce qui est un affranchissement des forces capables, et ce qui est une faiblesse maladive pour le fantasque sans valeur. Et la valeur ne se mesure jamais sur la place du sentiment dans l'individu même, mais sur la portée des actions vers lesquelles ces sentiments sont motivés. Des états d'âme bizarres peuvent avoir une assez grande valeur de sentiment pour celui qui les ressent ; leur manque de valeur, c'est-à-dire le fait qu'ils sont bizarres, se constate en ce qu'ils n'accroissent en rien, mais amoindrissent la force de l'individu à se jeter dans la vie qui l'entoure, et à savoir tirer partie des conditions dans lesquelles il se trouve placé. Devant les relations personnelles et intimes qui constituent la famille, il faut particulièrement remarquer cette tendance, que le maintien de la personnalité cherche à se transformer en une prédilection pour ce qui est étrange et sans frein. Si l'on insiste, ce qu'on a sans nul doute le plus grand droit de faire, sur ce qu'un état de choses aussi restreint et aussi intime que celui de la vie de famille ne reçoit son cachet de vérité que des sentiments qui amènent les individus eux-mêmes à évaluer leurs relations mutuelles, il s'ensuit nécessairement que l'on doit restreindre le droit autoritaire de l'État d'exiger le maintien des relations familiales, même lorsqu'elles ont perdu leur vérité intérieure. Mais d'autant plus, il faut remarquer que ce qu'on laisse exiger à ses sentiments n'en exclut pas un choix, et ne rejette pas l'individu dans des états d'âme variant à l'infini, mais fait toujours supposer qu'il essaie jusqu'où son éducation par lui-même peut le conduire, dans la transformation des sentiments opiniâtres, et dans la culture des sentiments conformes à la vie familiale. C'est une expérience psychologique très ordinaire, que, pour se sentir libre, ce n'est pas assez de rejeter toute considération et de suivre ses impulsions. Pour se sentir comme une libre personnalité, et ressentir ce bonheur consistant à respirer à pleins poumons, il est absolument nécessaire d'exiger qu'il règne un certain plan et un certain ordre dans ces impulsions, afin qu'on puisse se reconnaître comme la même personnalité dans toutes ses actions. Plus l'on est instable, plus les sentiments dans lesquels on vit sont bizarres, d'autant plus il devient difficile de se reconnaître soi-même, et un sentiment de ce manque de confiance, de cette division, de cette dissolution intérieure encore plus pénible que celui pouvant résulter de la contrainte extérieure, avilit à la longue toute la vie intérieure. Plus on est une personnalité, plus on est conséquent et stable. Les meilleurs voiliers tanguent toujours le moins.

On est moins disposé à oublier cette vérité vis-à-vis du monde extérieur, qui de tous côtés vient au-devant de vous avec son autorité et ses exigences impérieuses. Au contraire, dans la famille on peut facilement croire qu'on a le droit de secouer le joug et d'être « soi-même », comme on dit dans ce sens, que l'on n'agit que selon son bon plaisir. Il semble que l'on puisse justement ici regarder comme le droit de la personnalité l'expression sans réserve de chaque sentiment, parce que la vie chez

soi perd sa valeur lorsque l'on doit se montrer autrement
que l'on est en réalité. C'est pourquoi dans la famille
on est particulièrement tenté de se méprendre sur les
exigences de la personnalité. Personne ne peut ou ne
doit changer le type de sa personnalité, c'est-à-dire les
déterminations fondamentales essentielles dans un caractère. C'est justement cette personnalité que l'on offre
à la communauté ; si elle choque l'autre partie, ou si elle
est rejetée ou incomprise telle qu'elle est, c'est soi-même
qui s'est trouvé rejeté et la base de la vie en commun
n'existe plus. Ceci est la vérité et le privilège du droit
de la personnalité. Mais toutes ces effilures flottant autour du cœur de la personnalité, et qui font les états
d'âme variants à toute heure du jour ou les habitudes
accidentelles, nous pouvons les retrancher, et plus nous
le faisons, plus il y a de force et d'unité dans notre caractère. Le danger pour la famille, c'est que faute de
comprendre l'exigence de la personnalité, on néglige
l'éducation de soi-même, et l'on voit une offense du
droit de la personnalité dans chaque petite restriction,
dans chaque transformation qui se montre nécessaire.
A ce principe assez ordinaire derrière lequel se cache
cette confusion de la bizarrerie avec la personnalité, cet
individualisme monstrueux : « on ne peut être maître
de ses sentiments », nous opposons, comme un résultat
de toute la manière de voir sur laquelle nous avons
édifié notre conception de la vie morale, cet autre principe : « On peut dans une très large mesure changer ses
sentiments en y travaillant avec patience, et l'on n'a le
droit de protéger aucun de ses sentiments, seulement
parce qu'il est fort et agréable pour soi-même. On n'a
que le droit de défendre ce sentiment qui peut en même

temps être regardé par la conscience comme un devoir ».

Partant de cette considération fondamentale, dans ce qui va suivre, nous voulons examiner la valeur morale de la vie de famille, et les conditions dans lesquelles elle peut en acquérir une. Dans cet examen il s'agira surtout des sentiments qui soutiennent la famille, et les formes juridiques extérieures en qui elle ressort seront toujours évaluées d'après l'état de choses dans lequel elles sont en rapport avec ces sentiments. Le plus naturel sera donc de commencer avec le mariage comme étant le lien de création de la famille.

4. — *Le mariage et la vie sexuelle.*

Le mariage, dans les pays européens civilisés, est regardé comme une vie commune entre deux individus, homme et femme, instituée et prescrite par la loi d'une manière déterminée, amenant par là une suite d'effets juridiques pour les époux eux-mêmes et pour leurs enfants. Par sa forme monogame, il contraste avec les autres unions connues dans l'histoire, comme la polyandrie et la polygamie ; par sa manière d'avoir été établi et les règles juridiques en dépendant, il contraste avec le concubinage, cette union libre entre deux individus de sexe différents, et toutes les unions inférieures d'un ordre morganatique.

Cette conception du mariage n'est pas de nouvelle date. A un degré proportionnellement antérieur de l'évolution de la société, apparaît déjà cette idée, qu'un homme ne peut avoir juridiquement le droit d'avoir plus d'une femme, et qu'il faut mettre une ligne de dé-

marcation déterminée entre l'union conjugale avec tous
ses effets juridiques et le libre concubinage. De notre
temps, cette conception du mariage est en premier rang
fondée par l'idée que c'est la seule forme morale pour
la vie commune entre l'homme et la femme, et que toute
autre relation de nature sexuelle est malhonnête. Cette
conception morale n'est donc nullement par elle-même
un résultat nécessaire de la première, car on peut très
bien supposer que le mariage avec ses effets juridiques
n'est que la forme que les parties doivent donner à leur
vie commune, si elles désirent que leur union ait pour
conséquence des effets juridiques déterminés, mais
qu'au surplus, vis-à-vis du tribunal moral, elles restent
libres de choisir si elles veulent en avoir, auquel cas
elles contractent le mariage, ou bien si elles préfèrent
se soustraire à ces effets juridiques, leur union devenant alors un concubinage libre. Et ceci qu'il peut
y avoir une différence juridique très marquée entre
le mariage et le concubinage, sans qu'il y ait besoin
d'une préférence morale pour l'une de ces unions,
n'est pas seulement une vue de l'esprit. Dans l'histoire,
il se trouve une quantité d'exemples où l'homme et la
femme ont pu s'adonner à une union sexuelle autre
que le mariage sans perdre leur honneur. Il est vrai
que ces exemples sont plus fréquents et de plus nouvelle date pour les hommes que pour les femmes. Les
exigences de chasteté se sont fait valoir plus tôt pour celles-ci que pour ceux-là. Mais il ne manque pas d'exemples que les femmes aussi ont pu contracter une union
libre sans perdre leur honneur.

En somme, ce fut d'abord le christianisme qui s'ef-
força de fixer dans la conscience des individus que toute

union sexuelle en dehors du mariage est coupable, et coupable au même degré pour l'homme et pour la femme, mais il ne réussit pas à faire entièrement pénétrer cette idée, ni dans la législation des pays, ni dans l'opinion publique. Aujourd'hui encore, on trouve partout dans les témoignages des lois que l'on juge moins sévèrement les erreurs de l'homme que celles de la femme, et aussi dans l'opinion générale on trouve constamment une différence notable dans l'évaluation du libertinage de l'homme et dans celui de la femme. Le mouvement tend à mettre au même rang l'homme et la femme à cet égard, et c'est la considération humaine progressive, la simple idée de justice qui le produit ; c'est cette pensée, la même loi pour tous, que l'on peut déjà trouver en vigueur sous l'empire romain, lorsque Sénèque enjoint que la fidélité soit la même pour les époux (1). La considération chrétienne n'était pas soutenue par cette idée, mais établie sur une toute autre supposition. La vie sexuelle, en somme, était à ses yeux quelque chose de méprisable, l'homme et la femme devaient être jugés pareillement, non parce qu'ils s'offensaient mutuellement au même degré, mais parce qu'ils offensaient Dieu au même degré. Le mariage était pour les deux sexes le seul moyen d'éviter le

(1) Ep. XCIV : *Scis improbum esse qui ab uxore pudicitiam exigit, ipse alienarum corruptor uxorum.* Aristote exprime une pensée semblable (*Polit.*, IV, 7, *Econom.*, 1, 4, 8, 9), mais Plutarque excuse au contraire l'infidélité de l'homme. Dans Ulpien, on déclare ceci : *Periniquum enim videtur esse, ut pudicitiam vir ab uxore exigat, quam ipse non exhibeat.* Comparer Lecky : *Hist. of European Morals*, 6. Ed., 1884, II, page 313. Friedlaender : *Darstellungen aus der Sittengeschichte*, 4. Aufl., 1873. I, page 465.

péché dans l'union sexuelle, en ce qu'étant un sacrement, il fut regardé comme un moyen divin de la grâce, qui enlevait le péché à celui qui ne pouvait rester continent (*qui non continere potest nubat*). Les décisions de l'Église catholique ayant rapport au mariage sont toutes plus à regarder comme des déductions partant de l'idée de ce sacrement, que comme des décisions émanant d'une compréhension de la vie et de ses exigences. De cette manière, le point de vue de l'Église devint pour l'union conjugale que, dans sa substance, elle était une union sexuelle, et dans cette conception elle se sépara de celle régnant dans la vie. C'est pourquoi les préceptes de l'Église n'eurent qu'une valeur restreinte; elle pouvait troubler les consciences avec l'aide de la force de la passion religieuse, mais elle ne pouvait pas changer la vie, parce qu'elle ne la comprenait pas entièrement. Dans la vie, le mariage est plus qu'une union sexuelle, et ce sont les considérations morales qui émanent de ce que le mariage est plus qu'une union sexuelle qui, à présent, sont en train de se faire jour et de créer un jugement efficace et proportionné pour l'homme et pour la femme.

5. — *Le caractère moral de la vie sexuelle.*

Dans l'évolution humaine, l'idéal que l'on poursuit habituellement est qu'on doit juger aussi sévèrement les erreurs de l'homme que celles de la femme. L'autre possibilité, que l'on pourrait amener une évaluation proportionnée en regardant moins sévèrement qu'auparavant la femme qui se donne librement, et de cette façon créer un intermédiaire entre l'indulgence que l'on accorde à l'homme et la dureté que l'on montre pour la femme, arrivera certainement bientôt à se réaliser, mais elle ne trouve que de rares et de prudents avocats. Ses conséquences seraient justement, non pas l'insuffisance de montrer une indulgence proportionnée pour l'un comme pour l'autre, mais de donner toute liberté de s'abandonner sexuellement. Elle trouve son appui dans les considérations qui cherchent la seule justification de l'union de l'homme et de la femme dans le sentiment de l'amour qui les jette dans les bras l'un de l'autre. Derrière la tendance de relâchement et celle de tension, il se trouve en réalité des considérations infiniment complexes. Tandis que l'individu, en général, dans son évaluation considère les choses au point de vue d'une seule considération fondamentale quelconque, à laquelle tout le reste doit être subordonné, c'est l'affaire du moraliste de prouver le rapport entre toutes ces considérations différentes et par là de leur restituer leur valeur relative. Ce n'est pas assez, comme cela arrive journellement dans le choc des opinions, de laisser le jugement sévère l'emporter sur l'autre. Il s'agit bien plus de comprendre comment des gens qui, en somme, sont à un même degré de civilisation, et que l'on peut regarder comme ayant une aussi grande aptitude et une volonté aussi sérieuse de vivre honnêtement d'après la loi de la conscience, peuvent arriver à regarder ces états de choses de manières si différentes.

Les avocats de l'amour libre cherchent presque toujours leurs hypothèses, dans une opposition à la manière de regarder la vie humaine que le christianisme catholique fait valoir. Il voit, comme nous avons déjà dit, un caractère coupable et une chose impure dans le désir même qui attire l'homme et la femme l'un vers l'autre. L'ancienne Église, en réalité, ne permettait le mariage que parce qu'il aurait été impossible de le supprimer ; par une sorte d'infidélité envers ses propres principes cachés dans un rehaussement mystique du caractère sacramentel, il fut représenté comme une chose sainte, instituée par Dieu pour le bien de ceux qui ne pouvaient rester continents. On trouve aussi en dehors du christianisme l'ascétisme comme l'idéal de la pureté, et comme une preuve de force de renoncement à soi-même, mais ici cela n'a pas d'intérêt pour nous, car ce fut le christianisme qui introduisit ces idées en Europe, et sa manière de regarder l'union sexuelle ne fut pas seulement déterminée par l'effort ascétique général, mais en même temps et au plus haut degré par son opposition contre les mœurs dissolues qui s'étaient développées dans la société romaine, surtout dans la haute société. Et cette opposition n'a pas besoin par elle-même d'avoir pour base hypothétique une tendance ascétique générale, elle peut aussi bien s'expliquer en ce que le libertinage relâché du temps produisait une impression profonde, où la puissance dissolvante, déshonorante et sans contrôle de l'instinct sexuel agit entièrement sur tout l'état intellectuel et moral des individus et sur l'état social en général. A la rigueur, ce que le mouvement moral, qui était la substance dans le triomphe du christianisme et une des causes principales de sa victoire, voulait combattre, c'était l'avidité de plaisir sans frein et ses conséquences, l'étroitesse d'âme la plus prononcée et l'égoïsme du caractère le plus absolu, dont les excès de la vie sexuelle étaient l'exemple typique. Mais,

comme cela arrive souvent pendant de grands mouvements semblables, on mit le but plus haut que cela
n'était absolument nécessaire, on eut des exigences plus
exclusives que celles que peut-être véritablement l'on
avait en vue, et de cette manière on laissa l'anathème
atteindre tous les instincts desquels pouvait émaner l'a-
vidité des plaisirs. On condamna l'instinct sexuel par lui-
même, non pas, comme l'intention véritablement en était,
seulement ses excès, toutes les limites de démarcation dans
l'état de chose donné paraissant trop difficiles à établir.

La Réforme renonça au point de vue ascétique exclusivement idéaliste, et replaça les instincts naturels dans
leur droit, de sorte que ce ne furent que leurs excès qui
devaient être atteints. Mais dans la manière dont la
Réforme détermina ce que l'on devait regarder comme
les excès de l'instinct sexuel, et ce qu'il fallait regarder
comme une chaste et sainte obéissance au commandement divin qui se fait entendre aux humains à travers ce
puissant instinct, il y avait encore des points qui devaient
se montrer comme peu satisfaisants. Contre les asser-
tions des réformateurs, que la détermination de l'instinct
sexuel dans l'idée de Dieu, c'est d'amener les humains à
contracter le mariage chrétien, d'avoir des enfants et de
former de nouveaux corps pour l'âme chrétienne, la
conception humanitaire objecte de nos jours, qu'une telle
union entre l'homme et la femme peut être profondément immorale, en ce que justement il peut manquer de
cet amour personnel entre l'époux et l'épouse sans lequel
la vie commune entre eux devient sans droit moral. Aussi
longtemps qu'on est chrétien et que l'on met toute sa vie
sous l'influence de l'idée d'une Providence divine et
d'une bénédiction divine, il est bien naturel aussi que

l'on cherche à amener une chose aussi importante que l'amour sous la bénédiction divine ; et celui qui, dans ses rapports avec un autre, est pénétré du sentiment de la sainteté que Dieu donne à cette union, ne manquera jamais tout à fait de ces sentiments pouvant élever l'union sexuelle au-dessus de ce qui est brutal et condamnable. L'époux n'ayant pas d'amour personnel pour son compagnon peut, dans l'idée d'accomplir l'ordre de Dieu, trouver un soutien, qui dans tous les cas adoucit la brutalité de se donner sans amour. Mais si la croyance en Dieu disparaît, il faut avoir d'autres marques distinctives pour ce qui est de s'adonner moralement ou immoralement à l'instinct. Et l'on suppose que l'on ne peut les chercher que dans le caractère même de ce sentiment qui attire les époux l'un vers l'autre. Si ce sentiment disparaît, il n'y a plus de vérité dans l'union ; si le sentiment existe, alors elle possède sa vérité et sa valeur morale, tout à fait indépendantes de ce qu'elle ait reçu ou non une sanction publique.

Il s'agit donc surtout de savoir ce que c'est que ce sentiment qui peut ainsi donner une valeur à l'union sexuelle, à quoi on le reconnaît, en quoi il se sépare de l'instinct sexuel élémentaire lui-même, et des séductions sensuelles de toutes sortes qui y sont adhérentes. On reconnaît partout que la véritable institution du mariage se trouve dans le sentiment même des époux l'un pour l'autre, dans leur volonté de se donner l'un à l'autre, même là où l'on exige une consécration déterminée pour laisser le mariage entrer en vigueur avec tous ses effets juridiques. La consécration de l'Église qui primitivement n'était qu'une visite à l'église après le mariage, repose sur ce que des chrétiens ne doivent pas commencer un état de vie aussi important que le mariage, sans le placer sous la bénédiction de Dieu ; dans la suite elle est aussi devenue l'acte officiel par lequel le mariage se confirme juridiquement. Mais elle n'est pas elle-même l'action qui fonde le mariage dans un sens moral. Ce n'est que la propre déclaration des époux qui le fait et leur volonté. Lorsque le mariage doit amener des effets juridiques, ne résultant pas immédiatement de la vie commune entre l'homme et la femme, il semble qu'une telle confirmation officielle sous une forme civile ou religieuse soit indispensable ; mais cela est une considération utilitaire, le principal est la considération morale, celle fondant véritablement le mariage. Nous allons rechercher dans ce qui va suivre s'il est nécessaire et raisonnable de conserver la distinction que nous venons de mentionner entre des unions, l'une ayant pour conséquence des effets juridiques (le mariage) l'autre n'en ayant pas (le concubinage). Mais cela ne peut pas se faire d'une manière satisfaisante, avant que nous connaissions parfaitement les marques distinctives de la volonté fondant véritablement le mariage, des sentiments dont elle émane et qui en font une union morale, tandis que leur absence ferait du mariage aussi bien que du concubinage des unions immorales.

6. — *L'exigence de chasteté chez les individus non mariés.*

Ce que l'on accentue en général lorsque l'on met en contraste le mariage et le concubinage, c'est que le premier est une union sexuelle régulière. Le catholicisme et la Réforme tiennent cette considération comme véritablement décisive. Mais il nous semble que cette conception est loin d'être complète, et ce qui lui manque se trouve dans ce que l'on fait trop ressortir l'union sexuelle comme base dans le mariage. Ce qui est vrai à présent et depuis très longtemps, c'est que l'évaluation morale existante part de ce que l'on peut seulement dans le mariage fonder une union sexuelle morale. L'exigence de chasteté semblait pourtant contraster singulièrement avec cette conception qu'en même temps l'on fait valoir, que l'instinct sexuel est naturel et par conséquent un instinct autorisé. C'est pourquoi, selon toute apparence, cette conception ne peut vraisemblablement sembler plus qu'une protestation contre la conception précédente, que l'instinct sexuel est par lui-même coupable et impur. Puisque l'on soutient par là que tout état de vie dans lequel l'instinct sexuel entre en ligne de compte perd quelque chose de sa valeur morale, on pourrait concevoir une protestation contre ceci, partant de ce que l'instinct sexuel est pur par lui-même, de sorte que toute union où il existe a pour cette raison un droit quelconque. Mais cela ne serait pas absolument juste. Nous ne pouvons expliquer ce que l'instinct sexuel est par lui-même quand nous ne savons pas ce que l'on veut dire avec cette expression. Cela signifie-t-il l'instinct comme motif isolé de s'unir, nous ne doutons pas que l'on doive conserver l'idée de son immoralité. Lorsque nous approuvons la protestation contre l'ancienne condamnation chrétienne de cet instinct comme en lui-même impur, nous voulons par là seulement nier que toute union dans laquelle il entre devient par cela même impure. Tantôt l'instinct sexuel peut devenir un élément d'une union morale, tantôt celui d'une union immorale. Dans l'évaluation existante de la vie sexuelle et dans son résultat, l'exigence de chasteté, on peut discerner trois moments déterminants : la considération de ce qui est brutal, de ce qui est intempérant, de ce qui est isolé, et cette dernière nous semble être celle qui, à un degré prépondérant, fixe la ligne de démarcation morale entre le mariage et le concubinage.

Tout instinct naturel peut se dénaturer dans la manière dont il se manifeste, et dans l'étendue où il se fait valoir. Les deux cas renvoient à la conception que l'instinct ne doit pas devenir le maître de l'individu. L'évaluation de la manière de se manifester d'un instinct est essentiellement de nature esthétique ; ce qui est brutal est contraire aux règles de la beauté. Mais dans ce sens ce que l'on comprend par le beau, doit être exactement déterminé, parce que l'évaluation esthétique sur chaque point en particulier où il en est question, peut supposer différents éléments. Ce qui est commun pour toute évaluation du beau est purement formel, il s'agit seulement de la manière dont les éléments entrant dans l'évaluation sont ordonnés, mais les éléments eux-mêmes sont différents. Les couleurs et les lignes sont évaluées comme belles à cause de leur conformité avec la nature de fonctionnement des sens, l'objet est évalué comme beau à cause d'associations vagues et passagères, mais conformes et réciproques avec leur utilité (1). La manière d'être d'un

(1) Dans une critique de l'emploi que le Dr E. Westermarck fait de l'instinct pour expliquer les évaluations de beauté dominantes au lieu de démontrer les associations passagères dont elles résultent, j'ai relevé ceci : que « the ideal of beauty in any community depends upon the qualities which fit the wife to fulfil the functions which so-c'ety iays upon her at that time and place » —et « a man is only beautiful when his appearance suggests thas he is fit to fill the place

individu est évaluée comme belle pareillement, en ce
que les associations qui naissent de cette manière d'agir,
de la situation et des autres qualités de sa personne, son
extérieur, sa capacité, sa position sociale, etc., s'harmo-
nisent mutuellement.

C'est pourquoi l'on appelle convenable une telle manière d'être (1). Pour la personne même cette évaluation
esthétique de sa manière d'être devient une évaluation
morale, en ce que l'on exige d'un individu qu'il se conduise convenablement. Un des points les plus importants
qui devient significatif pour l'évaluation de sa propre
conduite est qu'elle doit être le témoignage du respect et
de l'estime qu'on a pour celui qui en est l'objet. Et ce
qui nous semble brutal est sur tous les points à un degré
prononcé, ce qui montre l'absence d'une telle considération. Cela se montre aussi par rapport à l'instinct
sexuel : une grande partie de la pudeur n'est pas autre
chose qu'une horreur de ce qui est brutal, violent, sans
égard et par conséquent sans voile.

Mais si importante que soit cette considération, elle ne

that belongs to him in society » (*Intern. Journal of Ethics*, III, 1892-
93 p. 461). Dans sa réplique le Dr W. pense réduire ceci à l'absurde
par un mot d'esprit : « Dr Starcke meight have carried his interpreta-
tion of beauty a little further, and said that, according to modern
ideas, a beautiful man is one who as got much money » (*Ibid*, IV,
1893-94, p. 99). Mais le Dr W. ne remarque pas d'une part qu'un seul
cercle d'associations n'est pas assez pour déterminer la beauté et d'une
autre part non plus qu'il se trouve un grand nombre d'exemples où
les individus, dont la passion dominante est l'argent et la puissance
sociale, justement en font la base de leur évaluation de ce qui est beau,
de sorte qu'un homme qu'ils savent riche ou puissant atteint pour
cette raison une beauté et un charme qu'ils ne trouveraient pas en lui
s'il était pauvre.

(1) Voir l'analyse de ces choses dans Jhering : Der Zweck im
Recht, 2. Ausgabe.

peut donc expliquer ce côté de l'exigence de chasteté, qui sépare le mariage du concubinage, car cette exigence veut qu'on reste absolument continent en dehors du mariage. Cette pudeur qui consiste à éviter ce qui est brutal, peut au contraire se montrer dans l'union libre aussi bien que dans le mariage, et le mariage peut aussi bien devenir sans pudeur que le concubinage. L'horreur de ce qui est brutal crée une exigence de chasteté qui doit aussi être observée dans le mariage même, mais elle ne peut établir une différence entre le mariage et le concubinage.

Et quelque chose d'approchant concerne ce qui est intempérant. L'intempérance est choquante parce qu'elle montre l'impuissance des individus contre l'instinct, et si l'on condamne l'action de s'abandonner sexuellement, ce n'est que parce que cela occupe une trop grande partie de toute la vie consciente de l'individu. L'intempérance peut aussi bien se rencontrer dans le mariage que dans l'union libre et l'on n'a pas besoin de la trouver ni dans l'une ni dans l'autre de ces unions. A cet égard les deux unions peuvent être aussi pures et aussi impures. L'intempérance peut se rencontrer dans des rapports avec une seule personne et dans des rapports avec plusieurs, mais elle n'exclut pas la fidélité envers un seul individu. Et tandis que l'on peut très bien rencontrer l'intempérance dans les rapports avec une seule autre personne, l'inconstance de l'union et le changement fréquent d'objet n'ont pas besoin d'être la même chose que l'intempérance : l'un est le besoin de changement, l'autre est l'insatiabilité. C'est pourquoi la condamnation morale de l'intempérance, si justifiée qu'elle soit, ne peut expliquer la différence entre le mariage et l'union libre.

7. — *L'exigence de chasteté et l'état sexuel isolé.*

La seule considération qui nous semble être en état
d'expliquer cette différence d'une manière suffisante,
est celle regardant comme impur l'instinct sexuel, lorsqu'il apparaît comme le motif isolé de l'union. Dans
l'opinion générale, la femme qui fréquemment change
d'amants ou bien qui en même temps a des rapports
avec plusieurs, est tombée beaucoup plus bas que celle
qui se donne sous l'empire d'une seule passion. Mais
l'inconstance et le changement sont justement adhé-
rents à ce que l'instinct sexuel devient le motif isolé de
se donner à un autre. Dans le monde animal, cette
évolution par laquelle l'instinct sexuel se transforme en
amour est déjà en pleine activité, en ce que le sentiment fait un choix, et ce n'est plus chaque exemplaire
de l'autre sexe qui éveille l'instinct. Mais ce choix est
déterminé par des considérations qui ne sont que peu
en rapport avec le désir sexuel : la magnificence du plu-
mage, la jolie voix, le gazouillement, la force, etc.,
sont des choses éveillant l'amour, mais n'ayant rien de
direct avec le plaisir sexuel. Il en est de même dans
notre espèce, au moins dans l'évaluation de la beauté
de l'homme par la femme ; elle consiste dans l'évaluation de ce qui le rend supérieur aux autres hommes et
plus imposant. Dans l'évaluation de la beauté de la
femme par l'homme, il entre au contraire une assez
grande quantité d'éléments purement sensuels, c'est
pourquoi aussi l'amour des hommes s'idéalise plus difficilement, c'est-à-dire prend moins facilement une

forme où ce qui est sexuel est repoussé comme un point secondaire.

Plus l'amour se montre comme une chose déterminée, nécessairement, moins il devient changeant. Et nous n'avons pas d'autre mesure pour la profondeur d'un sentiment que sa durée ; la violence n'est pas par elle-même un signe de la force du sentiment ; au contraire, ce qui est momentané et changeant se manifeste souvent avec emportement. Les sentiments profonds et durables deviennent l'objet naturel d'une plus haute évaluation, parce qu'ils en suppriment d'autres, tandis que les sentiments qui changent facilement leur objet se démontrent par cela-même comme n'appartenant qu'aux éléments périphériques de notre nature. Mais la haute évaluation des sentiments profonds peut-elle expliquer la réprobation morale de l'abandon passager de soi-même dans l'ivresse des sens ? Ne semblerait-il pas que la seule induction qui peut être tirée de cela, est que nous devons attribuer aux sentiments durables et exclusifs un rôle plus important dans toute notre manière de vivre, et non que nous devons regarder comme impurs ces sentiments qui ne sont pas assez forts pour jouer plus qu'un rôle éphémère ? Ce qui est momentané et changeant a donc aussi sa place, et pourquoi condamnerait-on la personne qui donne à ce qui est passager une puissance passagère dans son âme ?

Celui qui aime profondément et avec force, trouve tout naturellement dans ce sentiment même une protection contre les tentations sensuelles plus accidentelles et plus superficielles. Mais cela n'établit aucune condamnation morale de ce qui est passager. Lorsqu'un individu se donne librement et fréquemment, sa conduite peut

être regardée au point de vue de ce qui est intempérant
et brutal : il n'a aucun empire sur lui-même et se contente facilement. Mais il y a encore loin de là à ce qui
est impur, et qui d'après l'évaluation générale peut
exister même si l'on se donne une seule fois. Cette évaluation qui ne regarde pas, comme le faisait l'ancienne
évaluation chrétienne, toute union dans laquelle entre
l'instinct sexuel comme impure, doit donc s'appuyer
seulement sur ce que l'instinct sexuel comme motif isolé
est indigne de l'individu. Mais la raison de cela n'est pas
facile à dire immédiatement. L'indignité se trouve-t-elle
dans quelque chose concernant la personne même qui
cède à la tentation sexuelle, ou bien est-elle fondée dans
quelque chose concernant celle qui est l'objet du désir ?
Nous croyons quant aux femmes que c'est l'alternative
première qui détermine l'évaluation et la dernière quant
aux hommes. Il nous semble au moins que c'est l'origine historique de l'exigence de chasteté, et nous
croyons que les idées qui la soutiennent encore sont
de même caractère.

L'exigence de chasteté chez la femme est le résultat
de celles qui lui étaient imposées par ses différents maîtres, d'abord par son père, plus tard par son mari,
qu'elle ne devait pas disposer d'elle-même sans leur
consentement. Il y avait de l'obstination et de la désobéissance dans l'action de se donner librement, on ne
blâmait pas ce qui était la sexualité. Il arrive plus tard
ici d'autres idées, partant de l'apparition d'une différence
dans la position qu'un homme offrait aux femmes qui
lui appartenaient, en ce que l'une d'elles eut la position
la plus honorable comme femme principale ou femme
unique, les autres demeurant ses subordonnées comme

femmes secondaires ou femmes de service. Il était donc naturel qu'une famille fût intéressée à savoir quelle position occuperait dans son nouveau cercle la fille qu'elle mariait, l'honneur de la famille était intéressé à ce que la position répondit à sa considération, et cette intervention fut probablement un des motifs originaires de ce que l'homme fit une différence parmi ses épouses. Cette intervention n'eut pas lieu à cause de la fille même, mais à cause de la famille : c'était l'honneur de la famille que l'on défendait en lui assurant une position honorable dans sa nouvelle famille. Et la jeune fille même, comme tout autre membre de la famille, avait dans sa conduite le devoir de veiller à la considération des siens, mais la femme qui se donna à un homme se sentant attiré vers elle, mais qui ne pouvait ou ne voulait lui offrir la place la plus honorable comme sa femme, manqua à ce devoir. Un tel homme n'avait rien de valable à offrir à sa famille, son union avec lui ne devint pas un honneur pour elle et c'est pourquoi son cœur devait rester insensible à son égard. Cette conception a été dans la suite mise en vigueur pour les femmes elles-mêmes — car celui qui ne désire chez la femme que ce qui peut satisfaire l'ivresse des sens, mais qui n'apprécie pas en elle les qualités indiquant sa valeur comme associée dans le gouvernement de sa maison et dans les hasards journaliers de sa vie, ne désire seulement que les côtés secondaires de sa femme, et non tout ce qui fait son caractère, tout ce qui a rapport à son esprit, à sa volonté, à sa capacité ; il ne la désire que comme une source de plaisirs, non comme une compagne dans sa vie. C'est pourquoi en Orient, où la vie de harem fait regarder essentiellement les femmes comme des êtres sexuels, voit-on découler de cette conception, que les femmes n'ont pas une âme véritable, c'est-à-dire qu'elles ne possèdent pas une personnalité qui leur est propre. Mais il se trouve en cela un outrage si la femme est vraiment une personnalité, et si en somme elle se respecte elle-même, elle ne doit pas le supporter ; vis-à-vis de l'homme qui dans ses rapports la regarde simplement comme un être sexuel sans véritable personnalité, par la propre réaction naturelle de son être elle doit donc rester complètement indifférente.

Ce sont ces considérations, autant que nous pouvons le voir, qui aujourd'hui encore supportent l'idée que dans le mariage seulement, la femme peut se donner sans perdre son honneur, du moins si son amant n'occupe pas un rang social supérieur. Cette idée d'honneur fait naître l'exigence de chasteté, elle prend racine dans l'honneur que fait à la femme et à sa famille l'homme qui la demande en mariage ; c'est pourquoi l'on voit aussi dans la société aristocratique, que la bourgeoisie ne croit pas pouvoir exiger l'honneur de marier sa fille avec un prétendant noble : ou elle le refuse, ou, s'il est d'un rang très élevé, elle se trouve suffisamment honorée en la lui donnant comme concubine (1). Et la jeune fille elle-même éprouve de la difficulté à prononcer un jugement exact sur la nature des sentiments de son prétendant, lorsque c'est la fonction sociale dont il ne vient pas à l'idée de contester le droit, qui empêche de lui proposer le mariage (2).

(1) On reconnaît encore dans la législation prussienne de 1794 une sorte de mariage illégitime, un mariage morganatique, de la main gauche, pour les personnes où l'homme est d'une trop haute extraction pour pouvoir contracter un mariage régulier avec la future.

(2) Tocqueville exprime ceci de sa manière décisive habituelle :

Le mariage ayant été reconnu comme la seule façon morale de s'abandonner sexuellement, il va de soi que cette conception agira spontanément d'elle-même dans bien des cas, mais il restera toujours derrière elle ces idées qui peuvent motiver ces mœurs. La valeur du mariage est sanctionnée à l'égard moral, non seulement parce qu'une fois il a été reconnu, mais aussi parce que chacun trouve juste que cela soit ainsi. Et cette confirmation se trouve dans ce que celui qui désire une femme sans la désirer pour épouse, lui inflige un outrage en désirant les côtés secondaires, mais rejette ou néglige les côtés essentiels de sa personnalité.

Lorsque l'on condamne l'abandon sexuel de la femme dans une union libre, ce n'est pas à la rigueur l'instinct sexuel même, mais son isolement. On condamne sa manière d'être vis-à-vis du prétendant qui n'a eu en vue que le désir sexuel, comme un désir isolé ne ren-

Chez les peuples aristocratiques la naissance et la fortune font souvent de l'homme et de la femme des êtres si différents, qu'ils ne sauraient jamais parvenir à s'unir l'un à l'autre. Les passions les rapprochent, mais l'état social et les idées qu'il suggère les empêchent de se lier d'une manière permanente et ostensible. De là naissent nécessairement un grand nombre d'unions passagères et clandestines. La nature s'y dédommage en secret de la contrainte que les lois lui imposent. Ceci ne se voit pas de même quand l'égalité des conditions fait tomber toutes les barrières imaginaires ou réelles, qui séparaient l'homme de la femme. « Il n'y a point alors de jeune fille qui ne croie devenir l'épouse de l'homme qui la préfère, ce qui rend le désordre des mœurs avant le mariage fort difficile. Car, quelle que soit la crédulité des passions, il n'y a guère moyen qu'une femme se persuade qu'on l'aime lorsqu'on est parfaitement libre de l'épouser et qu'on ne le fait point ». *La Démocratie en Amérique*, 3e édition, 1840, IV, page 85 ss. Tocqueville pense trouver en cela une explication de la pureté des mœurs en Amérique.

fermant pas une évaluation de sa personnalité. Se
trouve-t-il aussi, en même temps que le désir sexuel,
celui des côtés essentiels en elle, alors le désir sexuel
perd son caractère offensant, car l'outrage se trouve
dans l'isolement du désir et pas dans sa substance. Ce
qui est avilissant pour la femme dans l'union libre,
ne consiste pas en ce qu'elle indique que la femme se
sent attirée sexuellement vers un homme, mais en ce
qu'une telle union est le témoignage qu'elle peut se
contenter que l'homme ne recherche pas autre chose
en elle.

8. — L'exigence de chasteté chez l'homme.

Cette explication de l'exigence de chasteté nous met
en même temps à même de comprendre que l'évaluation se trouve quelque peu différente pour l'homme
que pour la femme, chose qui ne nous semble suffisamment expliquée par aucune des théories jusqu'ici ex-
posées.

Si les choses étaient ainsi que la femme aussi bien
que l'homme pût faire sa cour, il est probable que la
même évaluation à présent valable pour elle se serait
réalisée par évolution *en ce qui le concerne*. Mais ce
n'est pas le cas, en partie à cause de l'état de choses
physiologique qui déjà dans le monde animal fait du
mâle la partie active qui se déclare dans les amours, et
aussi à cause des états de choses sociaux en grande partie basés là-dessus, qui ont fait de l'homme le maître du
foyer. L'homme n'est pas l'objet du désir mais celui qui
désire. La condamnation de sa conduite ne peut donc

se baser que sur son audace de mépriser son semblable, la femme à laquelle il offre seulement un amour sensuel. Mais ce point d'appui pour la condamnation est bien plus faible que celui supportant l'évaluation de l'action que commet la femme en s'abandonnant sexuellement. Il faut une civilisation plus grande, et plus de finesse dans la vie psychique, pour donner du pouvoir à cette considération. Si la femme n'a pas ce respect d'elle-même qui la fait repousser le prétendant sensuel, il n'y a aucune raison pour qu'il lui témoigne un plus grand honneur que celui qu'elle exige elle-même. C'est pourquoi le devoir de chasteté pour les individus non mariés continuera sûrement à être de nature différente (ce qui ne signifie pas d'étendue différente) pour l'homme et pour la femme, aussi longtemps en somme que c'est l'homme qui recherchera et la femme qui accèdera. Pour elle il s'agit de se respecter elle-même, pour lui de la respecter. L'évaluation factice de l'homme qui séduit une femme, se manifeste aussi différemment, selon la classe à laquelle elle appartient. Comme un reste de cet aristocratique préjugé de caste qu'on avait auparavant, on trouve facilement une excuse pour l'homme qui séduit une femme se trouvant bien au-dessous de lui comme situation et comme éducation, on le juge sévèrement si c'est une femme de même position sociale que lui, et l'on ne juge à vrai dire que la femme, si c'est elle qui est au-dessus de lui, surtout si elle lui est très supérieure comme situation et comme culture intellectuelle.

Il va sans dire que de telles évaluations ne pourraient exister devant un tribunal idéal. L'exigence de chasteté ne doit pas être plus rigoureuse pour l'homme que

pour la femme, mais ce n'est qu'un résultat de ce que
tout libertinage chez l'homme est un danger pour la
femme et pour cette raison doit être combattu. C'est ce
que l'on exige de la femme qui a créé et qui de plus
est la raison de ce que l'on exige de l'homme. C'est ce
qui fait naître dans l'âme de l'homme, des idées d'une
finesse accentuée, qui lui font évaluer la femme comme
personnalité, non comme un être sexuel, et l'on peut
s'attendre alors à ce que la femme impudique perde toute
force d'attraction pour lui. Il s'en détourne, bien qu'on
ne puisse lui reprocher une liaison avec elle puisqu'il
ne peut lui enlever un honneur qu'elle ne possède pas.
Il est aussi certain que le véritable amour s'éveille par
ce que vaut la femme, au delà de ses qualités comme
un être sexuel, que celui qui le comprend ressentira du
mépris pour celle qui ne sera pas autre chose, un mépris qui éveillera dans son âme des sentiments qui em-
pêcheront le désir sexuel de naître, ou en tous cas
d'avoir assez de force pour l'entraîner. Mais justement
en ce que l'on soutient positivement et rigoureusement,
que l'exigence de chasteté dans son étendue est la même
pour l'homme que pour la femme, on fait bien de ne
pas oublier qu'elle est basée différemment. Si l'on fonde
l'exigence pour l'un comme pour l'autre sur le même
cercle d'idées, on s'exposera à dépasser le but et à
susciter une protestation de cela comme tout à fait
absurde. Le devoir de chasteté chez l'homme repose sur
son devoir de témoigner du respect à ses semblables, et
de réprimer en lui tout ce qui peut renfermer des sentiments infamants vis-à-vis d'eux. Et ce qui fera puissant
ce devoir en lui, ne sera que l'évaluation de la volonté de
la femme de se rehausser et d'exiger qu'on la res-

pecte. Dans la vie à tous les degrés de civilisation, il existe cette loi, que l'on vous donne le respect et l'honneur que vous exigez avec toute votre personnalité, et pas davantage ; et cette loi n'a pas seulement une importance psychologique, mais a aussi la plus grande portée morale, en ce qu'elle fait ressortir la valeur de la spontanéité de l'individu.

Autrefois on a eu recours à la pénalité pour maintenir les exigences de chasteté reconnues comme morales (1). On y a renoncé en grande partie, de sorte que la chasteté n'est maintenue à présent dans les sociétés que par une sanction morale. Qu'on ait renoncé à la sanction de la pénalité, cela a sa cause dans plusieurs circonstances. On a cru en partie faire l'expérience que la pénalité n'aurait aucune signification, qu'elle n'était pas capable d'atténuer l'immoralité, mais qu'en somme elle avait pour conséquence, que le sceau du déshonneur mettait plus fortement son empreinte sur celui qui avait commis une faute, et de cette manière lui rendait plus difficile le moyen de retourner à la vie morale. En partie aussi, on a cru que les fautes sexuelles étaient d'une nature tellement particulière, si entièrement d'un caractère privé, que la justice publique ne pouvait pas être autorisée contre elles. Ces deux raisons sont assurément suffisantes, mais surtout la dernière contient un danger, en ce qu'elle laisse cette possibilité ouverte, que la sanction morale s'efface comme l'a fait déjà la sanction judiciaire. Plus on accentue le caractère privé de la mo-

____

(1) La question se pose un peu autrement pour la situation de la loi vis-à-vis de celui qui séduit une jeune fille et l'abandonne elle et son enfant. Nous traiterons cette question plus loin dans les rapports entre les parents et les enfants.

rale sexuelle de l'individu, plus on est disposé non seulement à ne plus s'occuper de la pénalité, mais aussi à arriver à ne rien lui reprocher. La contradiction entre l'effort de prêcher la chasteté avec une force croissante comme idéal moral, et celui de regarder de plus en plus la vie sexuelle des autres comme étant leur affaire privée à laquelle on n'a pas le droit de se mêler, semble d'un caractère inconciliable. Mais en réalité ces deux efforts correspondent très bien ensemble.

Que la vie sexuelle appartient au domaine de la vie privée, cela signifie sans doute qu'elle évite l'intervention publique, mais à cause de cela toute sanction morale ne disparaît pas pour l'appréciation de ces états de choses. Les individus qui m'entourent et à qui ma vie privée est liée sont ici les vrais juges. C'est pourquoi une morale sexuelle de l'individu est moins dépendante de la manière de vivre dans la société, que des idées, qui dominent dans son cercle intime. Le déshonneur public frappant la femme qui commet une faute, rend seulement son crime plus grave et plus irréparable, c'est le jugement de la famille qui éveille en elle les sentiments qui la retiennent de faillir. C'est aussi par la famille avec ses grandes exigences de finesse dans les sentiments les plus personnels envers ceux qui vous sont proches, que l'homme apprend à regarder la chasteté comme un devoir, non seulement vis-à-vis de la femme qu'il ne doit pas offenser, mais aussi vis-à-vis de lui-même, en ce qu'il ne doit pas donner prise sur lui aux sentiments les plus grossiers.

9. — *La satisfaction sexuelle contre nature.*

Les évaluations touchant toutes les manières de satisfaire l'instinct sexuel contre nature sont basées dans quelques cas, sur le respect que l'on doit témoigner aux autres, mais dans d'autres il ne peut en être question. Entre personnes du même sexe, un tel état de choses en général détruirait le sentiment d'amitié, parce que cela a rapport à ce qui est grossier et intempérant. C'est le même cas avec la satisfaction sexuelle solitaire, seulement il manque ici un confident. Outre l'évaluation esthétique et éthique de ce qui est intempérant, on y trouvera aussi différents restes d'idées religieuses et des dispositions à l'égard de l'état sanitaire. Ceux-là n'ont pas une influence profitable, car en général ils donnent aux choses de fausses proportions éthiques, et provoquent sans cause un péché de conscience ; celles-ci peuvent agir profitablement, bien que le danger de fausses proportions s'y présente aussi, à cause du manque ordinaire des connaissances exactes que l'individu en a et de leur exagération. Les poursuites criminelles dont ces vices innaturels sont encore dans de certains cas l'objet dans plusieurs pays, ne peuvent être justifiées par la chose elle-même. Si l'on cherche par une telle poursuite à protéger une jeunesse inexpérimentée contre la séduction, il n'y a aucune raison de borner cette protection à ces crimes contre nature ; il est douteux qu'elle ait une influence active quelconque, aussi longtemps que c'est l'innaturel même que l'on punit, non la subornation d'une jeunesse inexpérimentée et non encore développée. Les difficultés qui empêchent la loi de protéger la femme nubile mais encore sans expérience, ne se rencontrent qu'à un faible degré où il est question de ces relations contre nature. Si grâce à la loi l'on pouvait éloigner la tentation de cet individu jeune, jusqu'à ce que son sentiment d'honneur fût développé, son jugement et ses besoins intellectuels plus distinctement marqués, sans nul doute la plupart de ces relations contre nature disparaîtraient. Mais vouloir par la loi leur donner un cachet d'immoralité parce que c'est contre nature. n'a aucune signification, car chez l'individu à qui il manque le sentiment d'honneur et les besoins intellectuels, cela provoque l'idée que la loi est absurde et surannée.

10. — *La conception du mariage.*

S'il est juste de reconnaître, ainsi que nous l'avons pensé, que l'exigence de chasteté pour l'individu non marié repose sur cette conception, que le désir sexuel isolé est infamant parce qu'il comprend trop peu de la personnalité de l'individu, il se trouve dans ce que nous avons déjà mentionné, que le mariage est une vie commune ne devant pas véritablement être regardée comme une union sexuelle, bien qu'il en soit une assurément, mais il est en même temps beaucoup plus. A l'origine, plus encore qu'à présent, on faisait une différence entre le mariage et l'union sexuelle. Il a toujours existé une union sexuelle entre les époux, mais aussi longtemps que l'évolution de la réprobation morale de l'union sexuelle ne fut pas encore très sensible, le désir sexuel ne pouvait être un motif assez fort pour se marier, c'est-à-dire s'approprier une femme d'une manière durable comme cela est le cas dans le mariage. On trouve des unions durables depuis les temps les plus primitifs dont nous ayons connaissance, et autant que nous sachions il est question de mariage depuis le commencement du genre humain. Mais la durée de ces unions, c'est-à-dire ce qui fait que nous les appelons mariages et non unions libres, n'est pas provoquée par des raisons sexuelles, mais par des raisons économiques, en ce que l'homme prend une femme pour avoir un aide dans les devoirs quotidiens de la vie. A ces intérêts économiques se joint plus tard, aussitôt que surgit l'intérêt d'avoir des descendants, la considération d'avoir des enfants qui vous appartiennent : c'est pourquoi l'on acquiert le droit de propriété sur une femme pour en avoir sur ses enfants. Le mariage devient donc en même temps ce que les Romains exprimaient en disant : *uxorem liberorum quærendorum gratia habes.* L'honneur de l'épouse repose sur ce qu'elle est la véritable compagne de l'homme dans le gouvernement de sa maison, et la femme lui donnant des enfants qui perpétuent sa famille. Le mariage se distingue aussi d'une union libre, non par l'étendue de l'amour sexuel existant entre les époux, mais par ses effets juridiques qui assurent à la femme la fonction honorable qu'elle doit avoir dans la maison de l'homme. Conjointement à cette conception du mariage, il arrive que dans bien des cas l'union de durée, surtout s'il y a des enfants, d'elle-même, tout d'un coup, se transforme en mariage. Dans des états de choses plus avancés, une telle transition exige en même temps, que l'homme, pendant la vie commune,

ait traité la femme avec l'honneur d'une épouse (1).
Mais à tous les degrés de civilisation il existe une distinction entre le mariage et l'union libre ; la vie commune dans le mariage n'est pas seulement une union
sexuelle durable, en même temps elle modifie la position
légale des individus. On peut regarder un tel résultat
comme l'effet naturel d'une union durable, ou bien
exiger que les parties fassent positivement connaître
comment elles veulent que leur vie commune soit regardée ; c'est toujours dans cet ordre d'idées que l'on place
la nature du mariage, il est *communitas omnis vitæ,
divini atque humani juris communicatio*. Dans les temps
primitifs cette *communitas* et cette *communicatio*, c'est-
à-dire l'honorabilité plus grande du mariage, s'accroît
de la durée de l'union et de sa nature, de nos jours au
contraire on déduit de l'idée du mariage comme une
telle *communitas* et *communicatio* la stabilité et la nature de la vie commune comme une exigence morale.

Il se joint donc à l'exigence de chasteté pour l'individu non marié, partant de cette conception, l'exigence
de chasteté pour les individus mariés comme devoir de
fidélité vis-à-vis l'un de l'autre. En même temps la nature de cet amour qu'on doit rencontrer entre l'homme et
la femme, trouvera sa définition dans la conception du

(1) Comparer par exemple la Loi Jutlandaise, I, 27. Dans la Constitution de l'Etat de Mississippi de 1868 on s'exprime ainsi : « All per-
sons who have not been married but are now living together and co-
habiting as husband and wife, shall be taken and held for all purposes
in law, as married, and their children, whether born before or after
the ratification of this constitution, shall be legitimate, and the legisla-
tion may, by law, punish adultery and concubinage » (Art. XII,
sec. 92). Cette décision semble donc être plutôt une décision transitoire. Voir plus loin l'institution du mariage en Amérique.

mariage que nous avons mentionnée. Et enfin le caractère monogame du mariage, partant d'une telle conception, se trouvera aussi regardé comme une impérieuse exigence de devoir. Plus le mariage est devenu la seule forme valable et reconnue pour une union sexuelle, d'autant plus, par une considération toute naturelle de cet élément sexuel dans la vie conjugale, la sexualité a aussi eu un rôle à jouer, en ce que la séduction sexuelle par elle-même qu'éprouve l'homme honnête, s'unira de suite avec la pensée d'une union conjugale. Cela se montre entre autres dans l'importance de l'élément érotique dans le sentiment amoureux fondant le mariage.

11. — *Le sentiment amoureux.*

Il n'y a pas si longtemps que l'on regardait encore avec une certaine incrédulité ce sentiment amoureux, que l'on juge à présent comme étant la condition principale dans un mariage. L'amour, pensait-on, vient après les noces. Il nous semble brutal d'unir deux individus n'ayant jamais eu l'occasion de se connaître d'une manière aussi intime que celle exigée par le mariage. En France et dans d'autres pays latins, il règne encore l'ancienne coutume romaine que la jeune fille est élevée loin du monde, dans un cloître ou dans un pensionnat, et quitte cette existence retirée et dépendante pour entrer sans transition dans le mariage. Les parents ont tout arrangé pour elle, ils la jettent dans la vie commune avec un homme qu'elle ne connaît pas, dans un état de vie qui est dans la plus grande opposition qu'on puisse voir avec celui qu'elle a connu jusque-là, dans lequel elle a

vécu, et qui justement par ce contraste peut facilement
lui ôter l'équilibre intérieur, sans lequel on ne peut vivre
honnêtement et résister aux tentations (1). Devant un

(1) Nous citerons quelques observations d'auteurs français sur ces
états de choses. Legrand s'exprime ainsi : « Nous condamnons le cou-
vent en particulier et l'internat des filles en général... Ce serait un
progrès bien souhaitable que de relâcher les liens de la tutelle que nos
mœurs infligent aux jeunes filles, et d'aviver chez elles par plus d'indépendance le sentiment de la responsabilité. Actuellement, elles ne
peuvent faire un pas sans être accompagnées et surveillées. L'initia-
tive leur est interdite comme une inconvenance ; il semblerait vraiment
qu'elles manqueraient à la pudeur si elles prétendaient à la liberté... La
jeune fille deviendra femme : du jour au lendemain, elle sera émancipée par le mariage. N'y a-t-il point à appréhender ce brusque changement qu'aucune transition ne prépare ? Pour être inoffensive et efficace, la liberté n'a-t-elle pas besoin d'un noviciat, et ne demande-t-elle
pas des mains exercées ? Cette liberté que donne le mariage seul, n'ar-
rive-t-il pas souvent qu'elle fascine les jeunes filles, qu'elle les pousse
prématurément par le seul désir de l'indépendance vers des alliances
irréfléchies ? Enfin comment est-il possible qu'une enfant condamnée
au mutisme et à l'inaction, connaisse son futur mari et s'en fasse con-
naitre ? Forcément elle en est réduite à accepter des mains de ses parents celui qu'ils ont choisi. » *Le Mariage et les mœurs en France*,
1879, pag. 73-74. « L'homme cherche une dot, la femme une position. Avant de s'engager on se livre des deux parts à une vérification
de solvabilité analogue à celle d'un banquier avant d'ouvrir un crédit,
et cette vérification pécuniaire est la partie importante du mariage. Il
n'y a nulle exagération à dire qu'il est devenu un marché et une affaire. » Même ouvrage, page 90.

Legouvé dit du mariage : « Est-il un spectacle plus sauvage que ce
qu'on appelle une noce ?... Une jeune fille est là au milieu de vingt
hommes qui l'examinent curieusement, épient son sourire, interprètent
son silence, calomnient sa pureté par leurs doutes ou la flétrissent par
leurs plaisanteries ; le soir vient, et à la vue de tous ces hommes dont
les regards la suivent, elle entre dans la chambre nuptiale, tandis
qu'eux restent dans la chambre voisine, assistant par la pensée à chacun des détails de cette heure ; puis la mère sort, et cette jeune fille,
à qui peut-être on a prononcé à peine le mot d'amour, dont il y a huit
jours son fiancé n'avait pas encore serré la main, se voit livrée à cet
homme, dont la brutale violence compromet quelquefois en une seconde

tel état de choses il nous semble nous heurter aux vestiges d'un temps qui ne comprenait pas l'importance des sentiments humains. Le mariage fondé de cette manière doit souvent échouer, non-seulement un malentendu peut facilement advenir entre des caractères qui, sans se connaître, tout à coup se trouvent placés dans une aussi étroite union, mais aussi des sentiments d'amour illégitime doivent facilement pénétrer dans de telles unions, tout cela ne semble que naturel. C'est parce que la place est vide en nous que le vice s'y loge si aisément. Qu'il la trouve occupée par un sentiment honnête, presque toujours il sera impuissant (1). Ce n'est que sur de telles suppositions que l'on comprend les anciens troubadours qui prétendaient que l'amour ne peut se rencontrer qu'en dehors du mariage. L'exigence de chasteté pour l'individu marié devient dans de telles conditions facilement illusoire ; si l'on n'y renonce pas dans la loi, on y renonce aisément dans les mœurs, comme avec raison le fait remarquer Gide. « De plus il n'était (en Languedoc et en Provence) permis au juge de condamner les adultères, que s'ils se sont laissés surprendre par un sergent escorté de deux témoins : l'on dirait que la loi veut châtier non le crime, mais la maladresse des coupables » (2).

Si juste qu'il soit de regarder ces mœurs latines comme peu rassurantes pour le bonheur réciproque des époux, par là pour la propre valeur du mariage, il faut

le bonheur de toute leur vie ! » *Histoire morale des femmes*, 10e éd. pag. 119. Comparer, pour la description de ces états de choses à Rome, Friedlaender : Darstellungen aus der Sittengeschichte Roms, 4e Ausl. 1873, tome I, pag. 452.

(1) Legrand : *Le mariage et les mœurs*, pag. 89.

(2) P. Gide : *Etude sur la condition privée de la femme*, 1867, pag. 436.

donc voir aussi les bons côtés de ces mœurs. La différence de conception du mariage entre les races la
tines et les races germaniques est extrêmement profonde, nous y reviendrons bien souvent plus tard ;
même si la conception germanique nous semble meilleure, il y a dans la conception latine de certains points
qu'on ne doit pas entièrement rejeter. Les Germains
basent essentiellement le mariage en ce que les époux
y trouvent leur bonheur personnel. Les races latines
sont portées à sacrifier les époux à l'idée de la famille,
surtout pour les enfants, et à établir le mariage sur
leur sentiment de ce devoir vis-à-vis de la famille.
Cela leur donne à de certains égards un idéal qui est
plus à même de dominer complètement leurs personnalités. La base d'une vie normale étant que l'individu
se range sous un ordre supérieur et plus vaste des
choses, l'idée de famille des Latins semble plus appro-
priée à donner aux époux un but éthique pour leur existence, que la conception germanique, qui penche davantage vers le sens individualiste, et accentue la valeur
de la vie de famille comme dépendante du sentiment
de bonheur personnel des époux.

Parmi les avantages des mœurs latines, nous pouvons
faire ressortir leur accentuation assurément un peu
trop pratique, de ce que les conditions matérielles d'une
vie commune jouent un rôle très essentiel dans le bonheur conjugal. Comme dit le vieux proverbe : Quand il
n'y a pas de foin au râtelier, les chevaux se battent. Des
considérations comme celle concernant la fortune de l'é-
poux, ses intentions, sa capacité à se créer une position
dans le monde ont une grande importance pour la vie
future, mais elles n'entrent pas dans le sentiment amou-

reux même ; c'est pourquoi l'on pense que les parents
sont plus aptes à les exposer que la jeune fille elle-
même (1). La famille doit être protégée contre ses décisions irréfléchies, et elle doit aussi être protégée pour
son propre compte, car l'amour seul n'est pas un véritable sentiment pouvant fonder le mariage, il est pour
cela d'une nature trop emportée et trop étrangère à
toute considération raisonnable du vrai caractère du
prétendant. Le danger que le sentiment amoureux joue
un rôle trop prépondérant, sera plus grand surtout là où
le mariage est regardé comme la seule forme permise
pour une union sexuelle, car pour cette raison, comme
nous l'avons dit, l'exaltation érotique seule amènera immédiatement la pensée du mariage. L'évaluation dont
l'instinct sexuel est devenu l'objet, et qui se montre dans
ce qu'il y a d'infamant s'attachant à une union purement sexuelle, signifie donc qu'une vie commune ne
peut être établie, en toute sécurité sur une telle base,
car ce qui s'empare de vous sexuellement ne compte pas
avec le reste de la personnalité, mais cette évaluation est
d'une certaine manière ce à quoi l'on renonce lorsqu'on
permet au sentiment érotique de prendre une trop grande
place dans le sentiment qui doit l'emporter pour le mariage. La conception générale regarde aussi comme plus
vil de se marier pour de l'argent, ou pour avoir une ai-
sance suffisante, que si l'on se laisse entraîner seulement par un sentiment érotique. Nous croyons qu'il se
trouve dans cette conception quelque chose qui n'est

____

(1) Ce sont les deux familles qui s'allient : c'est à leur prudence que
la loi confie le règlement de ce contrat si grave qui va devenir comme
on l'a dit « la charte du foyer domestique ».Gide, étude citée, p. 511.

pas juste, et les mœurs latines sont contre elle une protestation involontaire et justifiée.

Ce qu'il y a de juste dans cette conception qu'il est vil
de se marier pour de l'argent, dépend de ce qu'ici la
personnalité n'apparaît que comme chose secondaire,
de sorte que l'on offense celui qu'on épouse à cause de
sa fortune, en n'attribuant pas quelque valeur aux caractères de sa personnalité. Celui qui s'éprend d'un beau
corps ne regarde pas assurément non plus les véritables
caractères de la personnalité, mais il a égard à des
qualités ayant quelque rapport avec l'existence de la
personne comme individu. Pour celui qu'on veut épouser, il est donc moins offensant d'être choisi pour des
qualités sexuelles, que de l'être pour son argent. Mais
cette évaluation ne couvre pas entièrement la conception générale de ce qui a de la valeur dans la vie, car
un homme peut tout aussi bien être fier de sa fortune,
de son rang, qu'il peut l'être de ses avantages corpo-
rels. A vrai dire ce n'est justement qu'en se trouvant
placé en rapport avec la vie commune conjugale, que
ceux-ci semblent avoir un rôle plus naturel dans la raison fondamentale pour le choix d'un époux que ceux-là,
car dans le mariage il s'agit justement des relations personnelles. Lorsqu'un individu est fier de sa fortune ou
de son rang, on trouve donc que ces déterminations extérieures donnent en réalité à son existence personnelle
une plus grande importance vis-à-vis des autres et par
cela augmentent le sentiment de ce qu'il vaut lui-même,
comme celui dont les résolutions et les désirs ont une
plus grande portée que ceux des autres individus. Cette
confusion que l'on trouve ici de ces éléments purement
extérieurs avec les caractères intérieurs de la person-

nalité, il n'est pas nécessaire de se la figurer comme disparaissant dans la vie commune conjugale. Ce que sait un individu sur la richesse d'un autre, sur son rang ou sur les relations de sa famille, peut involontairement le lui faire voir sous un jour plus favorable, et les hommages qui en résultent ne deviennent pas offensants pour l'autre, parce qu'en réalité il ne place pas la personne comme un simple supplément secondaire à la fortune. Cette estime est loin d'être aussi honorable que l'hommage qui émane seulement de la valeur personnelle de l'individu comme être intellectuel, mais, qu'elle soit inférieure à l'hommage érotique de la beauté de la personne, cela me semble difficile à soutenir.

Si l'on a égard à la vie conjugale, il ne sera pas douteux que celui qui exige que le mariage soit une vie commune sérieuse et profonde entre les personnes, ne peut reconnaître ni l'exaltation érotique ni la considération raisonnable et commerciale prise à l'égard de la fortune et des relations de famille, comme des sentiments précieux et propres à fonder le mariage. Mais tandis que ces deux sortes de sentiments en rapport à l'idéal doivent être rejetées comme indignes et insuffisantes, leur valeur réciproque doit être mesurée sur leur importance, dans un mariage qui n'est pas déterminé par un tel besoin idéal, mais qui se borne à satisfaire au besoin de l'homme ordinaire d'avoir un refuge dans les différents hasards de la vie. Et mesurée de cette manière l'exaltation purement érotique renfermera une base des plus mauvaises pour la vie commune. On se laisse facilement éblouir de ce que le jeune homme ou la jeune fille, sous la première effervescence des influences érotiques, éprouve souvent un élan d'idéal qui l'élève au-dessus

des choses quotidiennes, mais il ne peut conserver cet
élan n'étant basé sur rien autre ; et peu de temps après
il apparaîtra comme l'homme ordinaire qu'il est, c'est-
à-dire que ses sentiments d'amitié pour les autres dé-
pendront en totalité de leur importance pour les côtés
matériels de sa vie. Il y a dans les mœurs des races latines, cette expérience pratique de la vie qu'un individu
ordinaire fait plus facilement entrer quelque idéal dans
sa vie, en s'en tenant à une seule personne. Souvent un
individu, par la vie commune avec un autre être, ne
pourra se consoler des difficultés et des souffrances
sous lesquelles s'effondrent le foyer, la famille comme
institution sociale, tandis qu'au contraire dans le sentiment que le foyer est solide et assuré, il pourra vivre
amicalement et en bon camarade avec son époux ou son
épouse, même s'il n'existe pas une profonde entente
entre eux. Un tel mariage n'est certainement pas une
grande source de bonheur personnel, mais les valeurs
intellectuelles qu'un mariage doit avoir dépendent, il
faut ne pas l'oublier, des capacités intellectuelles de
ceux qui sont entrés dans le mariage. Tandis qu'en
toutes circonstances nous serons disposés à conseiller à
celui qui ne cherche en sa femme qu'une maîtresse de ne
pas se marier, nous ne voulons donner de même à celui
qui cherche une épouse pouvant assurer son foyer,
sa fortune ou des relations de famille, un conseil semblable, que lorsqu'il n'est pas tout à fait certain de ne
pas avoir de plus grandes exigences à une vie commune personnelle, riche par les profondeurs des sentiments qui la remplissent.

Regarde-t-on le monde tel qu'il est, les mœurs latines
sont une organisation assez pratique dans bien des cas.

Au contraire, elles ont le désavantage, lorsqu'on prend en considération le côté pédagogique des choses, que les mœurs devraient accroître chez l'individu le besoin d'une forme de vie idéale. Si la considération latine s'affermit comme mœurs ordinaires, elle rendra plus d'individus ordinaires qu'il y en a déjà qui le sont de nature. Et nous pensons que c'est la principale raison de la considérer comme imparfaite.

Outre l'utilité pratique et trop prosaïque que peut avoir l'organisation romane, elle peut justement aussi être importante à l'égard d'une évolution d'un amour idéal entre l'époux et l'épouse. Le grand contraste entre la vie de la jeune fille avant et après le mariage, son entière ignorance de la vie et de ce qui a rapport à l'autre sexe, renferment, comme nous disions, un grand danger qu'elle perde son équilibre intérieur, et devienne une proie facile pour les tentations. Mais si l'homme entre les mains duquel elle tombe est une personnalité bonne, intelligente, dans sa maturité, et en comparaison avec elle supérieure, toutes les circonstances mentionnées remettront pour lui tout comme ce doit être, de sorte qu'il acquerra une telle place dans son âme inexpérimentée, que son amour prendra la forme d'une profonde et religieuse tendresse qui ne se rencontre que rarement chez les peuples germains. C'est pourquoi dans les pays romans, à côté des mœurs corrompues et libertines, se trouvent les exemples les plus élevés et les plus nobles de l'amour conjugal. Même si cela, en tant que cas exceptionnels, ne peut justifier des mœurs renfermant de si grands dangers, cela doit donc faire pencher un peu la balance lorsqu'on veut rendre un jugement définitif sur ces mœurs.

Autrefois, dans les pays germaniques, c'étaient aussi les parents qui mariaient la jeune fille, et très souvent ils ne prenaient aucun égard à ses propres sentiments, quoique ce fût la coutume de lui demander son avis. On était disposé à regarder comme un devoir filial de prendre l'homme que le père avait choisi, ceci était en partie le résultat du devoir d'obéissance filiale, et aussi de la confiance que l'enfant devait avoir dans la tendre et intelligente sollicitude de ses parents. Mais il manquait ici à toute cette organisation, la base qu'elle avait dans les pays romans, dans l'isolement de la jeune fille pendant ses jeunes années. La femme germaine avait pris part à la vie, elle avait vu des hommes étrangers, elle leur avait parlé, et lorsqu'elle s'inclinait devant la volonté de ses parents, c'était ou parce que son cœur n'avait pas encore parlé, ou bien parce que le sentiment de son devoir l'emportait en elle et mettait toute autre chose au second plan. Dans un état de choses semblable, il peut exister une grande probabilité qu'un mariage ne résultant pas du choix de son cœur devint heureux. Cette probabilité dépendait pour la plus grande partie de l'esprit du temps, on ne respectait que les sentiments ordonnés, l'obéissance à la volonté de Dieu, et le sentiment de la valeur et de l'honneur de la famille. Dans ce cercle d'idées, l'individu s'élevait, et pour cette raison les caractères des individus se développèrent assez également, la vie de la personnalité ne fut que peu nuancée. Et encore, cette situation de compagne dans laquelle la femme, par le mariage, se trouvait placée vis-à-vis de son mari, était très apte à supporter une vie commune, même si elle manquait de cet attachement amoureux personnel que nous plaçons si haut à présent. La situation de compagne était justement dans ce temps-là facile à reconnaître, très étendue et de nature élémentaire. C'est pourquoi la personnalité étant si peu nuancée, elle pouvait avoir un très haut degré de fidélité et de valeur, sans devenir variée et riche dans les sentiments, ou violente dans la passion. La vie intérieure et la vie extérieure n'étaient pas très compliquées, il s'agissait de les laisser régler par des facteurs réalistes, non par l'amour et la fantaisie.

Cela pouvait à peu près satisfaire aussi longtemps que le foyer était une affaire, dont la femme était entièrement préoccupée et la véritable directrice. L'amour de l'homme était déterminé par ce qui se faisait valoir après le mariage, et non par ce qui pouvait se faire valoir avant, c'est-à-dire moins par la beauté de la femme que par sa fidélité et sa capacité ; sa tendresse et son estime étaient moins déterminées par la personnalité de sa femme que par la considération de sa famille. Son amour était un reflet de sa dignité de maître et d'époux, il était le maître mais aussi le protecteur. Assurément, dans bien des cas, il y avait le côté érotique, mais comme quelque chose à part, non comme un élément nécessaire à l'amour, et ce n'était jamais cela qui prévalait où le sentiment apparaissait le plus profondément et dans sa plus grande dignité. L'amour de l'épouse était de son côté composé de respect, de confiance, de la conscience de la dignité d'être la compagne affidée de son époux. Mais tout ceci est actuellement changé. L'individu, par l'évolution de la vie économique, est dégagé sur tous les points de son ancienne situation vis-à-vis de sa famille ; on est quelque chose par soi-même non par sa famille ; le foyer aussi s'est trouvé changé par cette influence, en ce que ce n'est plus une affaire où les personnalités pouvaient se rencontrer dans un vaste champ d'intérêts élémentaires. Pour cette raison, chaque foyer devient isolé, un monde par lui-même avec ses coutumes, sa substance, tout d'après la personnalité des individus qui le composent. Ce n'est plus un seul texte fondamental social une fois déterminé auquel chaque foyer doit se conformer, il est remplacé par une conformité psychique des plus variées que chaque couple doit chercher à trouver à ses propres risques et sous sa propre responsabilité. C'est pour cette raison que l'on trouve désirable que l'amour joue un si grand rôle dans ce qui précède le mariage, parce que c'est lui qui crée l'espoir qu'il existe une telle conformité, et qui crée la volonté de l'affermir et de l'augmenter, c'est-à-dire d'éduquer sa propre personnalité avec cette conformité en vue. Mais il en émane aussi un danger, lorsque le sentiment qui doit supporter la vie commune et qui doit la justifier n'est pas véritable.

Il y a deux côtés dans le sentiment amoureux, d'une part cet amour se tournant vers l'état sexuel, de l'autre ce désir de vie qui se tourne vers les intérêts du foyer et qui offre une extrême diversité, depuis les intérêts économiques les plus simples pour le bien-être de la vie quotidienne, jusqu'aux intérêts intellectuels les plus étendus pour faire de la vie un cadre autour de ce débordant « amour de soi » qui amène l'individu à prendre part à la destinée des autres, à agir en rapport avec ce qui est en dehors de la sphère étroite et égoïste de ses propres intérêts, et par cette action à ressentir le besoin d'être compris par un autre, et de trouver auprès de lui aide et sympathie. Ce besoin de vivre ensemble avec quelqu'un pouvant trouver le mot opportun dans la joie comme dans la douleur, et à qui on peut le dire aussi quand c'est nécessaire, c'est ce besoin dans toutes ses nuances qui est le véritable sentiment fondant le mariage, car ce n'est que lui qui peut le satisfaire. On peut ressentir la plus tendre amitié pour un individu du même sexe, mais l'on ne peut avoir une *communitas omnis vitæ*, parce que des côtés entiers de la vie de l'autre continuent à être une affaire ne vous concernant pas. La destinée de mon ami peut m'être à cœur dans le bonheur comme dans le malheur, mais elle ne devient pas la mienne et réciproquement. Au contraire, la destinée des époux est leur destinée commune, ce qui arrive à l'un arrive aussi à l'autre, parce que tout les atteint dans la vie commune du foyer. Deux amis peuvent difficilement avoir la même bourse, l'un d'eux ne peut vivre de l'autre sans humiliation, ils n'ont pas les mêmes connaissances, les mêmes relations avec la société au dehors, et c'est pourquoi ils ont séparément bien des plaisirs, bien des chagrins et des intérêts qui sont pour l'autre comme une chose ne le regardant pas. Ce n'est pas le cas chez les époux. Il vient s'ajouter encore à cela que deux amis ne peuvent partager tous les sentiments qui se rattachent à la vie sexuelle, et qui constituent le côté le plus caché et le plus privé de la vie intérieure de l'individu ; deux amis ne peuvent avoir la même maîtresse. Au contraire, les époux doivent justement partager aussi ces côtés cachés de leur vie intellectuelle intérieure, et voir réciproquement dans les plus profonds mystères de leur vie sexuelle. Ce n'est pas à cause de sa propre valeur idéale que la vie sexuelle devient aujourd'hui, bien plus que dans les temps primitifs, un facteur si essentiel dans le mariage. Mais elle le devient à cause de son caractère privé, et le besoin que la vie civilisée a fait naître de s'attacher entièrement à une autre personne ne peut être satisfait, avant que tombe la barrière mise entre les individus par la nature privée de ce sentiment. Et cette barrière ne peut tomber que dans le mariage comme la dernière, regardée idéalement comme secondaire. Si elle tombe tandis que d'autres obstacles essentiels restent debout, comme cela arrive dans l'union libre, cette chute laisse un sentiment de mépris réciproque, à cause de l'évaluation dont l'abandon sexuel a été l'objet, et qui justement a rendu la vie sexuelle telle qu'elle est pour le cercle privé des sentiments.

Tout cela est pour le jeune homme qui devient amoureux comme une vague perspective qui sépare ses sentiments vis-à-vis de celle dont il veut faire sa femme, de cette ivresse des sens qui peut s'emparer de lui vis-à-vis d'autres femmes. Mais justement, comme il ne s'agit ici que d'une perspective à moitié consciente, et essentiellement fixée par ce qu'il a vu et entendu autour de lui, il peut se tromper ; justement parce qu'il sait qu'on ne doit pas désirer une femme sans vouloir l'épouser, il peut faire glisser dans son excitation sexuelle les images fantaisistes qui indiquent le mariage, ou laisser le tout se perdre dans une idée vaguement indiquée : la possession. Chez les femmes, le sentiment d'amour se dessine, nous le croyons, un peu autrement. Ce sont plutôt les femmes qui se marient sans être éprises sexuellement, guidées seulement par un calme sentiment de bien-être, influencées par l'idée qu'ainsi va le monde et par le désir d'avoir un foyer à elles. Mais, quand une femme aime, son sentiment d'amour s'absorbe plus spontanément dans le sentiment de bonheur d'avoir été distinguée et aimée par l'élu, sans qu'au commencement elle fasse une très grande distinction entre l'amour qui est essentiellement déterminé sexuellement, et celui qui l'est par ses qualités plus personnelles. C'est à cause de cela qu'il y a tant de femmes, en réalité bonnes et honnêtes, qui ne se sentent pas offensées d'être l'objet d'un amour seulement sexuel, quand celui-ci n'apparaît que dans les nuances de sentiment qui répondent à leur degré d'éducation. Par éducation et par habitude, la femme refoule au dernier plan ce qui est sexuel dans son amour, de façon à ce que cela ne se dessine pas nettement pour sa conscience, et elle s'imagine que c'est le même cas chez l'homme. La cause, dans tous ces états de choses, est que l'élément sexuel, malgré le dédain qui l'entoure, quand il s'annonce ouvertement comme un motif isolé, peut arriver à jouer un rôle si prépondérant dans le sentiment qui précède le mariage. Ceci est par des routes innombrables si suggestivement lié avec la vie commune que cela la représente presque. Mais ce n'est que par ce caractère représentatif que le sentiment érotique a une véritable valeur ; veut-on approfondir les choses, l'on découvre que ces autres éléments représentés par ce qui est érotique ne sont pas devenus tout à fait inconscients, mais se trouvent toujours comme des éléments indépendants, mettant une limite distincte entre l'amour et l'ivresse des sens. Cette limite est toujours là où se trouve celle entre le désir de cette *communitas omnis vitæ* et une communauté partielle et subordonnée.

Ce que renferme le mariage, comme une *communitas omnis vitæ*, est ce qui le sépare du concubinage, et cette différence continuera à être une différence morale aussi longtemps qu'un individu considérera justement comme un honneur qu'on l'apprécie comme caractère, comme personnalité entière, mais comme une honte qu'on rejette ses qualités les plus essentielles, et ne fasse attention qu'à ses qualités secondaires.

Naturellement, il peut arriver que dans la vie commune il soit impossible de réaliser une telle communauté de vie, et plus elle tend à consister dans une concordance, dans un accord des personnalités individualisées, plus ce sont des états intellectuels, non matériels et économiques où les personnes doivent se rencontrer, plus il devient difficile d'obtenir un tel accord. Mais si l'essai échoue, le mariage continue toujours à porter la marque distinctive que l'essai a été fait.

Les chances que, par l'effort de l'individu, l'essai réussira ou non, dépendent essentiellement du degré auquel il peut éduquer ses sentiments. Nous traiterons ci-après cette question d'une manière plus détaillée, avec ce qui a rapport à la question de la durée du mariage et à l'autorité réciproque des époux. Nous ne voulons nous servir ici que de ce que nous venons de développer pour examiner les exigences que le mariage doit avoir quant à la vie sexuelle.

12. — *La fidélité conjugale.*

L'exigence de chasteté chez les individus mariés, aussi bien que chez les personnes libres, a son origine dans les rapports non sexuels. L'exigence de fidélité pour la femme date de plus loin que pour l'homme, et à l'origine ce n'était qu'une exigence de propriété : l'homme, ordinairement, n'avait aucun scrupule de permettre à sa femme d'avoir des relations avec d'autres, en même temps que de la manière la plus rigoureuse il veillait à ce qu'elle ne prit pas elle-même cette liberté. Plus tard, les conceptions qui créèrent l'exigence de chasteté pour l'individu libre étaient aussi appliquées pour la femme mariée. On trouve assurément des tribus chez lesquelles il est déshonorant pour l'individu non marié de se donner, tandis que les épouses mènent une vie très libre ; mais même si cette idée d'honneur qui défend à la femme non mariée de se donner, ne fut pas appliquée de suite pour l'épouse, cet état de choses ne dura pas longtemps. Aussitôt qu'une réforme eut lieu, l'exigence de chasteté pour la femme devint une exigence d'amour, supportée par les idées qui la maintiennent aujourd'hui encore. La considération des enfants a aussi joué un rôle pour l'évolution de cette exigence de chasteté, quoiqu'assurément un rôle beaucoup moins grand que celui qu'on lui accorde en général. Et même de nos jours, cette pensée que l'infidélité de la femme est particulièrement condamnable, parce qu'elle peut amener que l'homme ne sache pas s'il est le père de ses enfants, est plutôt une construction consciente et juridique que l'expression naturelle et immédiate des sentiments de l'époux trompé.

Il a certainement existé un temps où la considération religieuse d'avoir des enfants pouvant continuer sa race et offrir des sacrifices sur son tombeau, était placée en première ligne, de sorte que le mariage devint facilement une institution *liberorum quærendorum gratia*, comme chez les Romains ; cette considération de la famille se fixa en plus dans les mœurs d'une telle manière, que le bonheur personnel des époux ne fut que secondaire en comparaison, ce que nous avons vu avoir lieu chez les peuples romans ; cette construction peut donc avoir une véritable importance, et comme Napoléon, l'on pouvait particulièrement la faire ressortir comme base pour le devoir de chasteté chez l'épouse, en ce qu'elle n'était jamais certaine que sa faute n'eût pas de suite (1). Mais cette manière de considérer la femme comme une simple machine à enfanter n'est pas naturelle, et même où la considération des enfants, de la famille a acquis une importance prédominante pour la régularisation des relations des époux, au détriment de celle des époux eux-mêmes, cela n'a jamais entièrement exclu cette considération, et surtout jamais complètement nié la personnalité des époux. Ce n'est que par de grossières natures que l'épouse est essentiellement regardée comme une telle machine à enfanter. Soit que la famille domine comme chez les Latins ou que comme chez les Germains ce soient les époux eux-mêmes qui prévalent, ce sera la violation de la fidélité et de l'amour commise par la chute de la femme qui entraînera la condamnation. Assurément, la pensée qu'on ne peut savoir si l'on est le père de ses enfants, n'est pas la première pensée qui vient à l'esprit de l'époux trompé, c'est seulement le juriste qui met ainsi en avant ce moment

(1) « Elle aurait beau l'avouer, s'en repentir : qui garantit qu'il n'en demeurera rien ? Le mal est irréparable, aussi ne doit-elle, ne peut-elle jamais en convenir. » *Mémoires de Sainte-Hélène,* par le comte de Las Casas, 1823, IV, pag. 139. Comparer la réponse connue de Napoléon à Mme de Staël-Holstein, lui ayant demandé quelle femme il estimait le plus : « Celle qui a mis au monde le plus d'enfants. »

pour éclairer l'affaire de tous les côtés possibles. L'époux lui-même ressent en première ligne la violation de la fidélité, soit envers les liens de la famille ou envers l'amour conjugal ; que la famille ou l'époux n'a plus été pour elle le meilleur, c'est cela qu'on lui reproche. Ce serait un amour bien incomplet celui qui, au premier rang, ne ferait pas ressentir à l'homme le chagrin de l'infidélité de l'épouse, parce que cette infidélité est le signe qu'elle a détourné son cœur de lui ou de la vie dans leur foyer. Si sa première pensée est qu'il ne peut pas être sûr plus longtemps que ses enfants à elle sont les siens, il ne l'a jamais aimée.

Regarde-t-on l'exigence de chasteté comme une exigence d'amour, il est clair que cela doit être valable pour les deux parties. Mais pour confirmer que l'exigence doit être égale pour tous les deux, il faut avoir égard que la différence entre les sexes, que ci-dessus nous avons démontrée comme valable pour les individus non mariés, se fait aussi valoir ici. Si l'on ne prend pas cette considération, la confirmation devient indécise, et l'homme pratique trouvera donc facilement que la brutalité napoléonienne a raison (1). D'après toute la ma-

(1) Si l'homme fait une infidélité à sa femme, qu'il lui en fasse l'aveu, s'en repente, il n'en demeure plus de traces ; la femme se fâche, pardonne, on se raccommode et encore y gagne-t-elle parfois. *Mémoires de Sainte-Hélène*, IV, page 138. Dans l'Eglise, dit Montesquieu, on établit que l'exigence d'une fidélité égale chez les deux époux est une conséquence du caractère sacramentel du mariage ; « A ne regarder le mariage que dans des idées purement spirituelles et dans le rapport aux choses de l'autre vie, la violation est la même. Mais les lois politiques et civiles de presque tous les peuples ont avec raison distingué ces deux choses. Elles ont demandé des femmes un degré de retenue et de continence.qu'elles n'exigent point des hommes, parce que la violation de la pudeur suppose dans les femmes un renoncement à toutes

nière dont l'amour se forme chez l'homme, son infidélité n'a pas besoin au même degré d'être le signe de la
violation de son amour entier, comme l'infidélité de la
femme. Si peu civilisé que soit son esprit, le don d'elle-
même à un autre devient toujours un signe d'une atté-
nuation dans son amour pour le mari, parce que l'union
sexuelle libre est la marque ou de son manque de respect
pour elle-même, ou de l'existence de très graves motifs
pour faire disparaître la considération de sa dignité
personnelle. Mais l'infidélité de l'homme n'a pas besoin d'être plus que la marque d'un certain manque de culture et de finesse dans sa vie intérieure.
Dans sa vie sexuelle il a moins à se respecter lui-même
qu'à respecter la femme. L'importance de la violation
de son amour pour l'épouse dépend essentiellement
de la fugacité de son sentiment vis-à-vis de la maîtresse : plus il est fugace moins la violation est grave.
Mais il se trouve en cela une dialectique qui amène
à reconnaître que la fidélité conjugale est aussi un devoir pour l'homme ; s'il commet une infidélité, l'épouse
a la possibilité de la concevoir de l'une de ces deux ma-

les vertus, parce que la femme, en violant les lois du mariage, sort de
l'état de sa dépendance naturelle. » *Esprit des lois* XXVI, ch. 8. Montesquieu pense donc que l'égalité ne peut pas être établie dans la nature, mais seulement dans la religion. Contre ceci Laurent proteste
avec raison : « L'idéal de l'humanité moderne est bien supérieur à l'i-
déal chrétien... La loi de l'égalité est plus sévère tout ensemble et
plus bienfaisante. Elle veut que les époux vivent de la même vie intellectuelle et morale. » *Droit civil international*, 1880, V, p. 93.
Mais Laurent ne fait pas attention que si la positive considération
chrétienne de l'homme et de la femme est l'inégalité, Montesquieu a
donc raison en ce que l'égale exigence de fidélité dans le mariage est
une conséquence logique de l'idée, que l'infidélité est en première
ligne une offense de Dieu et seulement après une offense de l'époux.

nières : ou c'est le résultat d'une profonde passion pour
la maîtresse, et dans ce cas l'homme a rompu les conditions d'une vie commune avec son épouse, ou bien
cela n'est que superficiel, et dans ce cas, s'il ne daigne
même pas maîtriser un sentiment aussi superficiel, c'est
le signe du peu de considération qu'il trouve valoir la
peine de témoigner à son épouse, et elle a donc raison
de conclure qu'il ne l'aime pas, car les sentiments profonds sont en eux-mêmes une protection contre les faibles tentations. Et si superficiel qu'un sentiment puisse
être pour un autre, cela mène dans une direction l'éloignant de cette communauté de vie qu'il devait chercher
auprès de son épouse. Mais si décisif que ce soit pour
que l'idéal consiste dans une fidélité pareille pour
l'homme comme pour la femme, il sera nécessaire de ne
pas perdre de vue, pour rendre cet idéal efficace, que le
devoir de fidélité chez l'épouse est la suite directe de
son amour pour le mari et pour la famille, tandis que
celui de l'époux est plus indirectement établi, en ce que
son infidélité est un manque de finesse et de culture
dans le sentiment, et que l'on peut lui demander de
chercher à l'éloigner.

A cause de réminiscences historiques la législation
dans plusieurs pays regarde différemment l'infidélité
du mari et celle de la femme. La difficulté pour une
égale exigence de fidélité à pénétrer dans la loi et
dans l'opinion générale, se trouve sûrement en ce qu'il
y a une raison beaucoup plus éloignée et indirecte
d'exiger la fidélité absolue de l'homme, bien que cette
raison vue idéalement soit tout aussi valable. La différence entre les deux époux se trouve cependant sur un
domaine qui semble se soustraire au jugement de la loi,

et c'est pourquoi on n'y peut trouver aucune raison pour justifier les différentes manières dont la loi traite l'adultère pour l'homme et pour la femme ; où il se trouve une telle différence, il en découle d'autres suppositions surtout de l'idée que l'homme, comme maître de la créature, ne doit pas ici rendre compte à sa femme de ses actions. Que cette considération soit tout à fait immorale et absolument en désaccord avec l'idée du mariage et le véritable état de civilisation entre l'homme et la femme, nous l'admettons, et chacun en conviendra. Elle est cohérente avec le reste de ce qui établit l'autorité de l'époux comme maître, n'en est qu'un résultat particulièrement baroque, c'est pourquoi en somme elle ne peut être évaluée qu'avec lui. Pour cette raison nous renvoyons ici à un chapitre suivant, et nous nous bornerons à présent à désigner les différentes manières dont la loi traite l'infidélité de l'époux et celle de l'épouse comme injustes, et nous ne ferons que quelques remarques sur le point jusqu'auquel il est, en somme, utile que l'autorité publique intervienne contre l'adultère (1).

La punition pour l'adultère qui se trouve dans ce qu'il est une cause de divorce n'est pas une véritable

---

(1) La violation du mariage est criminelle en Autriche, dans les Pays-Bas, en Russie et dans plusieurs cantons de la Suisse. Elle est punie comme délit en France, en Belgique, en Italie, en Espagne, en Portugal, dans le canton du Tessin où la punition en sus est plus grande et quelquefois d'une autre nature pour l'adultère de la femme que pour celui de l'homme. En Allemagne, en Danemarck, en Norvège, en Suède et dans 3 ou 4 cantons de la Suisse, l'adultère est assurément criminel, mais la punition n'existe que lorsqu'il a eu le divorce comme résultat, ou sur la plainte de la partie offensée. En Angleterre, à New-York (Etats-Unis), dans le canton de Genève l'adultère est impuni mais une cause de divorce. Comparer le développement chez Bridel : *Les droits des femmes et le mariage*, 1893, pages 23-36.

punition, elle est seulement la reconnaissance de la loi que lorsque la condition pour la vie commune est brisée, on ne peut pas demander qu'elle soit continuée. L'adultère se trouve à cet égard dans la catégorie d'autres causes de divorce. Au contraire, l'amende ou la prison dont plusieurs législations le frappent est une véritable punition, et nous la regardons comme tout à fait mauvaise. Ce qui de plus près l'établit se trouve dans la conception canonique du mariage comme essentiellement un état de choses sexuel sacramentel, mais cette conception ne concorde pas avec notre manière actuelle de regarder le mariage, comme étant les relations personnelles et intimes constituant moralement la famille en vertu de l'entière communauté des personnalités. En effet, si l'on s'en tient à ce point de vue, il n'y a pas de raison pour rendre l'adultère plus punissable que toutes les autres actions qui sont des offenses nettes et déterminées envers cette communauté de vie, en quoi le mariage devait consister. Nous ne pouvons tout à fait nous expliquer cette brutalité avec laquelle dans beaucoup de sociétés primitives l'on punissait l'épouse infidèle, que parce qu'elle n'était dictée que par la jalousie de l'homme et par l'idée de l'absolu devoir d'obéissance de l'épouse. Dans notre société la punition de l'adultère pourrait être justifiée, si l'on pouvait maintenir que l'infidélité sexuelle fût la plus grave, et que l'autorité juridique doit sévir contre les infractions des sentiments absolument privés des époux. La législation a reconnu elle-même qu'une telle intervention reste en dehors du véritable domaine de l'autorité juridique, quand elle a décidé que la punition pour l'adultère n'aura lieu que lorsqu'il a eu le divorce ou la plainte de l'offensé comme résultat. Et reconnaître ceci semble assurément nécessaire, puisqu'une intervention publique, hors des hypothèses mentionnées, n'aurait pour résultat que de rendre la continuation de la vie commune entre les époux plus difficile, sinon insoutenable, et rendrait impossible le pardon et la réconciliation réciproque, que l'époux offensé désire lui-même en évitant de demander le divorce ou bien de se plaindre. Conformément à la conception que le pardon de l'époux efface la faute, dans plusieurs législations on a décidé que l'époux offensé n'a plus le droit de se plaindre s'il a continué en son entier la vie conjugale, après avoir eu connaissance de la faute de l'autre. Mais si l'autorité publique ne peut intervenir que dans les cas où l'époux offensé se plaint ou demande le divorce, tout son droit d'intervention tombe en réalité. Ou le pouvoir pénal n'apparaît que comme un organe du désir de se venger de l'époux offensé, ou bien aussi il maintient qu'en soi-même il est criminel de dissoudre une vie conjugale. Si l'époux offensé obtient le divorce, il n'y a aucune raison pour lui d'exiger en même temps qu'on punisse l'époux coupable, puisque celui-ci devient à l'avenir une personne tout à fait étrangère et n'ayant nul rapport avec lui ; puis, que l'adultère soit une offense envers les intérêts de la société, et pour cette raison criminel pour autre chose que pour une dissolution de la vie conjugale, cela ne peut être soutenu dans une société, qui en somme a reconnu comme inutile de sévir dans les unions libres (1). Nous avons dit ci-dessus, que la loi ne se prête pas à veiller sur la morale sexuelle, c'est pourquoi il ne nous est pas possible

(1) Comparer Goos : *Doctrine générale du droit*. Copenhague, 1889, I. p. 464.

de voir qu'il reste une base quelconque pour son intervention dans la faute d'adultère. Et l'État ne reconnaît pas qu'il soit punissable de rompre une vie conjugale, il ne viendra à l'idée de personne de proposer cela comme un principe général. Mais la faute d'adultère ne peut tomber que sous ces deux points de vue : ou l'offense envers les règles sexuelles, ou l'offense envers le devoir de maintenir la vie conjugale. Il serait bien possible que l'État, pas au point de vue général, exigeât qu'on ne commette pas une offense envers le mariage, mais qu'il exige donc sous peine de responsabilité, que ce qui est particulièrement grossier dans l'offense n'ait pas lieu. Pour qu'on puisse reconnaître un tel raisonnement, il faudrait démontrer que l'adultère dans toutes les circonstances est l'offense la plus grossière que l'on puisse commettre envers le mariage, en comparaison de laquelle toutes les vertus conjugales ne peuvent entrer enconsidération. Mais ce serait sans nul doute une manière de considérer le mariage comme une chose dans laquelle le côté sexuel prédomine, et nous ne pouvons regarder ceci que comme une trop basse conception. L'adultère est une offense envers le mariage, mais seulement une offense parmi plusieurs autres aussi graves. Si nous devions enfin faire une différence entre les différentes manières d'offenser le mariage, quant à nous, nous voudrions considérer les offenses intellectuelles comme les plus graves (1).

Une forme de punition pour l'adultère qui se trouve dans presque toutes les législations, est que celui qui l'a commis, même après la dissolution du mariage, ne peut

______

(1) Comparer Höffding : *Etik*, Copenhague, 1887, p. 189 f.

se marier avec son complice. Le motif de cette disposition est qu'on ne veut pas ouvrir une perspective pour les personnes qui, à cause du mariage existant pour l'une ou bien pour toutes les deux, sont empêchés de se marier ensemble, et qui voudraient par l'adultère éloigner ces obstacles, en créant une cause valable de divorce. D'abord cette considération devient illusoire lorsque, par exemple, comme d'après la législation danoise, non seulement on peut autoriser les adultères à se marier par lettre royale, mais même une telle lettre s'obtient assez facilement, et que, par estime pour la sainteté du mariage, on ne pense pas pouvoir déclarer nul le mariage que de telles personnes ont trouvé le moyen de fonder facticement, sans aucune dispense légale. Ensuite, que les adultères ne doivent pas se marier ensemble, cela est une disposition par elle-même absurde. Si l'un des époux conçoit un profond amour pour un autre, il commet l'adultère avec lui, dans l'espoir d'amener la dissolution de son mariage, et par là de se marier avec cet autre, alors l'adultère n'est qu'un moyen de dissoudre le mariage, et cela ne sert à rien que la législation veuille le rendre inefficace, car aussi longtemps qu'il se trouvera d'autres moyens reconnus par la loi pour obtenir le divorce, celui pour lequel il s'agit de briser sa chaîne conjugale et d'obtenir la liberté d'épouser l'objet de son nouvel amour, les choisira naturellement. Mais si l'adultère n'était que le résultat d'une passagère ivresse des sens, la menace que plus tard on ne pourra se marier avec son complice serait absolument inefficace. « Cette disposition, dit Frank, constitue une véritable garantie pour les séducteurs. Le principe opposé serait plus rationnel et plus efficace. Si le mariage devenait obligatoire entre l'époux adultère et son complice, il y aurait là un puissant préservatif contre les exploits de nos godelureaux (1) ».

Nous ne voulons pas recommander à l'État d'obtenir par la force de telles unions, mais nous croyons véritablement que cela atteindrait bien plus nettement les vraies circonstances de nos adultères, que la défense actuelle contre le mariage des coupables.

13. — *La monogamie.*

Avec l'évolution de l'exigence de chasteté comme une exigence conjugale, il s'ensuit que la monogamie est la seule forme de mariage reconnue. La monogamie date de plus loin que l'exigence de chasteté ; elle s'est développée sous l'influence du caractère juridique du mariage, et non sous celle de l'amour sexuel. La monogamie est le résultat de l'exigence de la femme d'être la première dans la maison du mari, de sorte que les autres femmes ne deviennent que ses maîtresses et soient inférieures à elle en honneur et en autorité.

L'épouse dont la famille était de même condition que celle de l'époux, n'accepta pas de se trouver subalterne dans sa maison ; au contraire, elle n'avait aucune objection à ce qu'il eût d'autres maîtresses, elle s'occupait souvent elle-même de lui en procurer, car cela signifiait pour elle qu'il y avait dans la maison des femmes de ssrvice rendant sa position plus agréable et plus autoritaire.

(1) Frank, *Essai sur la condition pol. de la femme,* 1892, page 194.

La monogamie contient aussi en elle-même l'exigence que les effets juridiques conjugaux ne peuvent être établis que dans une union à la fois. C'est seulement quand le mariage devient une relation d'amour intime et personnelle que la monogamie prend le caractère qu'elle a de nos jours, non seulement d'être un état juridique exclusif, mais aussi d'être une union sexuelle exclusive. C'est pourquoi le droit moral de la monogamie ne peut être discuté séparément, il se trouve avec la valeur morale de l'idée de chasteté que nous venons de développer.

14. — *Les obstacles absolus.*

En étroit rapport avec ce que nous venons de dire sur l'idée morale du mariage comme une *communitas omnis vitæ*, il se trouve plusieurs dispositions sur les conditions d'un mariage valable. Les obstacles pour un mariage valable sont en partie absolus ou en partie prorogatifs, de sorte que, dans ces derniers cas, ils n'exigent qu'une dispense particulière pour le rendre possible. Les obstacles absolus pour le mariage se divisent en deux catégories, savoir : ceux qui, en eux-mêmes, rendent nul le mariage établi dès son commencement (*conjugium ipso jure nullum*), et en partie ceux qui donnent à l'un des époux le droit d'exiger que le mariage soit déclaré nul dès son commencement (*conj' nullum fuisse*), tandis que le mariage, si une telle exigence n'est pas alléguée, peut très bien continuer à exister. L'impuissance et la démence sont regardés par la plupart des législations comme des obstacles pour une vie commune d'une telle importance, qu'on peut exiger que le mariage soit dissous et déclaré nul, même pour le temps écoulé *(nullum fuisse)*; au contraire, la bigamie et la trop proche parenté sont des états de choses qui, d'après la loi, amènent que le mariage établi, de suite, sans jugement particulier, soit nul, sitôt qu'on a eu connaissance de l'obstacle *(ipso jure nullum)*. Ce sont particulièrement ces derniers obstacles au mariage qu'il sera intéressant d'examiner de plus près.

Il n'est pas nécessaire de démontrer l'inadmissibilité de la bigamie, ce n'est qu'une autre expression pour reconnaître la monogamie. Le mariage existant doit former un obstacle absolu pour en contracter un nouveau, à moins que l'on ne regarde la violation du mariage comme quelque chose qui, en soi-même, dissout un mariage établi. Mais puisque la violation du mariage ne donne qu'à l'offensé le droit de demander le divorce, et ne le donne pas à l'adultère, reconnaître le mariage bigamique renfermerait une extension de la législation du divorce. Si une bigamie commise a amené la dissolution du premier mariage, il y aurait des raisons de demander le maintien de l'union bigamique, si l'autre partie avait ignoré le mariage du bigame et ne s'était donnée à lui que dans la croyance que le mariage contracté entre eux était légal. Ce serait plutôt une question d'interprétation juridique, sans un intérêt moral particulier, si l'on devait ici établir un nouveau mariage, ou si la consécration bigamique devait être comptée comme valable. Partant d'une telle considération, la bigamie, par opposition à l'adultère, pourrait être regardée comme punissable comme simple tromperie envers celui que, par une fausse allégation, on amène à se donner à vous; mais cette supposition tombe si l'autre partie a eu connaissance du mariage existant et, dans ce cas, il ne peut être fait de différence entre la bigamie et le simple adultère ; ce serait donc qu'on voudrait punir le sacrilège des cérémonies du mariage qui se trouve dans leur emploi d'une manière non fondée.

15. — *Sur les rapports de parenté considérés comme obstacles.*

Il y a beaucoup plus d'intérêt à approfondir les obstacles du mariage qui sont fondés sur les rapports de parenté. D'après le droit danois, ce n'est que la parenté, et la qualité de beau-père et de belle-sœur en ligne ascendante et en ligne descendante, en même temps que la parenté au premier degré collatéral (père et sœur) qui sont des obstacles absolus pour le mariage. Quelques autres degrés de parenté constituent des obstacles pro-rogatifs, de sorte que le mariage qui est conclu malgré eux, sans dispense, attire à celui qui a passé outre la responsabilité d'une punition, tandis que le mariage même est regardé comme existant juridiquement. Dans les législations des autres pays il se trouve fréquemment encore regardés comme obstacles quelques degrés de parenté, mais il ne s'en trouve pas moins dans aucun pays que ceux défendus dans la loi danoise. C'est autour d'eux que se rassemble le jugement moral, il sera donc raisonnable de mettre de côté les dispositions plus ou moins étendues des différents pays, de limiter la discussion aux dispositions les plus étroites sur lesquelles tous les pays sont d'accord. La question principale devient donc ici pourquoi l'on regarde les unions entre si proches parents avec une telle horreur, si le mariage entre eux a été défendu, parce que toute union sexuelle entre eux est regardée comme immorale, ou bien si pour d'autres raisons on a pensé devoir leur défendre de se marier entre eux, et d'après cela fait de la liaison sexuelle qui pouvait à présent s'établir entre eux seulement sous une forme libre, c'est-à-dire immorale, l'objet d'un jugement particulièrement sévère. La question n'est pas très facile à résoudre d'une manière satisfaisante, parce que les idées qui maintenant règnent partout, quoique déterminées historiquement, sont sans doute essentiellement soutenues par la tradition existante et forment ainsi pour l'individu un dogme moral sur lequel il ne se permet pas de réfléchir. Ce dogme est déterminé directement par le fait que les liaisons sexuelles sont défendues entre proches parents, sans qu'on distingue si c'est la défense de contracter un mariage ou celle d'une union sexuelle qui est le principal dans l'affaire. Pour confirmer ceci on pourrait s'attendre à trouver chez les juristes et chez les moralistes des tentatives conscientes, mais ces tentatives sont jusqu'ici restées sans résultat satisfaisant, parce que l'on n'a pas commencé à poser cette question nette et déterminée, si c'est le mariage ou l'union sexuelle qui est le point de départ de l'évaluation. Il y a deux séries d'arguments qui sont mises en jeu. La première part de ce qu'une union entre trop proches parents est immorale parce qu'elle apporte quelque chose d'impur dans leurs relations, en ce que l'état de parenté naturelle entre eux les empêche de se donner entièrement l'un à l'autre, et contient une entière altération de leurs relations

sexuelles (1). La seconde part de ce que de telles unions
deviendraient à la longue nuisibles pour la race (2).

Evidemment, cette dernière considération d'histoire
naturelle est absolument insuffisante pour expliquer la
condamnation existante du mariage entre trop proches
parents. Déjà la circonstance, que l'interdiction comprend aussi ceux qui sont alliés par mariage, exclut une
telle explication, et puis elle ne s'accorderait pas non
plus avec la tolérance de nos sociétés qui regardent
sans horreur les mariages entre personnes de faible
constitution dont on peut prévoir avec bien plus de
sûreté des conséquences dangereuses pour la santé de
la descendance. Il est assurément sur le point de germer
une évaluation morale du mariage, basée sur la considération biologique de l'accroissement de la descendance de la race, mais il n'y a encore personne qui

(1) Scheurl exprime ceci nettement : « Die physische Natur des
Verhältnisses zwischen den Erzeugern und den von ihnen unmittel-
bar oder mittelbar Erzeugten besteht offenbar darin, das diese stets
von jenen einen grossen und wichtigen Teil ihres eigenen geistlei-
blichen Wesens überkommen haben. Hiermit nun ist eine freie ge-
genseitige Hingebung zweier in diesem Verhältnisse zu einander ste
henden Individuen an einander zu gegenseitiger Ergänzung offenbar
so schlechthin unverträglich, dass darin die völligste Verkehrung des
gegebenen Verhältnisses zwischen ihnen liegt ». *Das gemeine deutsche
Ehrecht*, 1882, p. 186. C. Goos, *Doctrine générale du droit*, I, p.
441 f. Hoffding, *Etik*, 1887, p. 187.

(2) Anders pense même que les décisions de la législation reposent
essentiellement sur cela. « Verhütung von geschlechtlichen Auszwei-
fungen und Begünstigung der in socialer Beziehung gedeilichen Ver-
bindung mit fremden Familien dürften für die Redactoren bes-
timmend gewesen sein. Heutzutage wird man die durch die neuere
Wissenschaft festgestellte Thatsache als entscheidend betrachten dur-
fen dass Ehen unter nahen Verwandten zur Degeneration der Des-
cendenz und schliesslich zur Unfruchtbarkeit führen ». *Das (östr.)
Familienrecht*, 1887, p. 15, Anm 2.

puisse dire où cela pourrait amener ; quelques-unes des conséquences possibles d'une telle évaluation sont en plus très choquantes pour notre sentiment de morale, en ce qu'elles semblent vouloir faire du mariage une question de haras. En tout cas il est très peu probable qu'une plus forte apparition de telles considérations d'histoire naturelle dans l'évaluation du mariage de deux personnes, dût en premier rang s'occuper de l'union entre proches parents, les suites dangereuses de tels mariages étant très problématiques. Il est absolument indubitable qu'une telle réflexion vue historiquement est tout à fait étrangère à l'origine de la défense existante. Assurément l'on trouve souvent des tribus primitives qui cherchent les motifs de leur horreur pour les unions incestueuses, dans leurs suites dangereuses ; mais ces suites dangereuses ne sont pas seulement la faiblesse de la descendance, mais en somme des malheurs de différentes natures pouvant atteindre la tribu, la famine, la peste, etc., bref cette sorte de malheurs que l'on doit à la colère des dieux contre de telles unions téméraires. La crainte de ces malheurs n'est donc pas due à une observation d'histoire naturelle, mais à des raisons morales d'une nature quelconque. Regardée au point de vue de l'histoire naturelle, l'exogamie chez les peuples primitifs n'est ainsi que peu apte à empêcher les unions entre très proches parents, en ce que leurs règles très fréquemment empêchent même des parents à un degré très éloigné de se marier, tandis que des enfants de deux lits peuvent parfaitement bien le faire. J'ai essayé de démontrer dans un autre livre que l'exogamie primitive a son origine dans une régularisation du mariage, non de l'union sexuelle, et qu'elle vise à éviter la confusion dans les rapports juridiques reposant sur la parenté, qui naîtrait d'un mariage entre parents (1). Le mariage est un état de choses juridique et les effets juridiques qu'il a ne pourraient s'accorder avec les effets juridiques importants qu'une proche parenté est réputée amener, on considère cela comme une offense au respect religieux, c'est-à-dire au respect indispensable que les liens du sang ont le droit d'exiger.

L'exogamie juridique primitive, dans les Etats civilisés de l'antiquité, se changea en un jugement moral dogmatique de l'inceste, que le christianisme rendit encore plus sévère ; c'est pourquoi à côté de l'exogamie juridique primitive, nous pouvons placer l'exogamie canonique dont la détermination fondamentale est l'impureté de la vie sexuelle. Le mariage sanctifie assurément la vie sexuelle, mais il n'est néanmoins qu'un expédient ; au fond l'Eglise continue à regarder l'instinct sexuel comme impur. C'est pourquoi, là où il existe entre deux personnes des relations leur imposant le devoir de ressentir un pur sentiment l'un pour l'autre, toute allusion au désir sexuel devient condamnable.

Pour cette raison l'Eglise défend le mariage entre parents, aussi loin que la parenté a de l'importance (jusqu'au quatrième ou même jusqu'au septième degré) et à côté de la parenté physique il se trouve différentes sortes de parenté intellectuelle, d'affinité spirituelle, la qualité de parrain ou de marraine, etc., qui sont considérés comme des empêchements de contracter le mariage, en partant de la considération que des relations

(1) Voir mon livre : *La famille primitive*, 1890, p. 241-257.

devant être pures doivent exclure l'union sexuelle. L'exogamie canonique défend ainsi le mariage incestueux sur la base de son évaluation de l'instinct sexuel.

C'est cette considération dont notre société a hérité, mais le changement dans la manière de regarder l'instinct sexuel en a revisé la base de sorte que les degrés de l'inceste deviennent toujours plus restreints, et aussi de plus en plus établis sur des considérations juridiques comme dans les temps primitifs ; sans que cette évolution soit d'une nature consciente, elle se fait seulement par la propre logique des choses.

L'horreur instinctive de l'inceste qu'éprouve le peuple se manifeste comme une répréhension des rapports sexuels. Mais nous regardons ceci commé une réminiscence de l'évolution antérieure, tandis que nous cherchons les idées morales déterminantes dans ce qui peu à peu restreint la conception de l'inceste ; et cette restriction part toujours de réflexions sur la nature du mariage, et non de réflexions sur la nature de l'union sexuelle.

Qu'une union entre proches parents soit plus impure qu'une union entre étrangers, cela ne découle pas en soi de la nature des rapports sexuels. Justement entre proches parents, puisqu'il existe d'avance tant de liens d'amitié, un mariage semblerait avoir des chances particulièrement favorables de devenir une vie commune parfaite, profondément intime et tendre, et comme les rapports sexuels se trouvant une partie d'une telle vie perdent toute impureté, on ne peut pas immédiatement comprendre que ce qui est impur se maintiendrait seulement parce que ce sont de proches parents qui contracteraient le mariage. On allègue quelquefois que le sentiment d'amour normal ne s'éveille pas entre ceux habitués à vivre ensemble, mais exige le nouveau et l'étranger (1). Même si cela était juste comme thèse ordinaire, comme fait psychologique, cela ne suffirait pas pour établir un jugement moral de ces cas, où l'amour s'allume véritablement entre de telles personnes, et l'expérience montre suffisamment qu'un sentiment d'amour s'éveille souvent facticement entre frère et sœur, et aussi entre père et fille, très rarement entre mère et fils. Ajoutez à cela les cas nombreux où de tels parents ont vécu éloignés l'un de l'autre, et se sont d'abord rencontrés dans la maturité de l'âge ; dans de tels cas ce ne peut donc pas être l'habitude de la vie commune, mais seulement l'idée existante des conséquences de la parenté qui suscite un obstacle pour qu'ils puissent s'aimer comme époux.

Hoffding ne pense pas seulement qu'il y a quelque chose de naturel dans ce que l'affection d'amour ne s'éveille pas sous l'influence de l'intimité habituelle, il voit même un danger pour la famille dans la possibilité qu'il existe des liens d'amour. Les relations entre les frères et les sœurs et entre les parents et les enfants perdraient leur caractère de liberté et de sécurité, si la possibilité d'un sentiment sexuel et les passions qui y sont adhérentes existait. L'entière confiance sur laquelle ces relations doivent reposer pour qu'elles aient leur entière valeur, manquerait si l'instinct d'amour persistait ici. Si l'opinion de M. Hoffding est qu'avec la possibilité d'un mariage entre aussi proches parents, il existerait celle d'unions illégitimes, d'unions sexuelles

(1) Hoffding : *Etik*, 1887, p. 187, Hellwald : *Die menschlische Familie*, 1889, p. 180.

libres, de sorte qu'ainsi les rapports entre les différents sexes dans l'intérieur de la famille devraient être entourés des mêmes règles de prudence, que celles à présent considérées comme utiles envers les étrangers, sans nul doute on est autorisé à dire que la sécurité des relations familiales se trouverait menacée. Car si une union libre entre étrangers est immorale parce qu'elle est indigne, elle le deviendrait doublement entre parents, qui devraient particulièrement se respecter réciproquement. Mais pour cette raison défendre le mariage entre eux pourrait à peine se justifier, si la crainte, si l'indignité résultant de l'instinct sexuel ne s'appuyait pas sur les rapports rendant le mariage entre eux inadmissible. Dans la société, dans le ton des rapports entre les différents sexes, plus l'on ose se fier au pouvoir des idées morales, plus tombe le droit d'avoir cette crainte. Comme nous l'avons dit ci-dessus, on donne à tout individu le respect qu'il est résolu d'exiger, et de plus en plus la vie se forme ainsi, que l'homme en général ne poursuit pas la femme qui est préparée à se défendre ; c'est la colombe, la femme ignorante, l'idéal du passé de l'innocence féminine qui devient la proie la plus facile pour le désir de l'homme, et le tente de hasarder l'essai de la séduire ; mais la femme honnête, qui voit la vie avec une certaine compréhension, est assez en sécurité. En Amérique les jeunes gens des deux sexes circulent librement et naturellement ensemble, souvent ils font de longues excursions sans qu'il en résulte de suites fâcheuses (1). Les femmes connaissant en réalité le monde ont, comme dit Tocqueville, des mœurs pures plutôt qu'un esprit chaste (2). La colombe idéale est

(1) Bryce : *The American commonwealth*, 1895, II, p. 735.
(2) Tocqueville : *Démocratie en Amérique*, IV, p. 73. Comparer

inconnue en Amérique, c'est pourquoi il peut régner la confiance dans les formes de la vie commune. On pourrait bien aussi obtenir ceci dans la famille, où il y a accès pour une sanction encore plus forte de la pureté des rapports entre individus non mariés. C'est pourquoi ici dans cette accentuation, nous ne pouvons pas voir selon moi, que l'entière confiance dans les relations de la famille serait menacée si l'instinct d'amour y pénétrait ; il se cache ici une trace de la conception de l'impureté de la vie sexuelle, mais lorsqu'en principe l'on a condamné cette conception, la défense de contracter le mariage entre proches parents ne peut être déduite de la sexualité d'une telle union.

La manière dont les degrés de parenté défendus peu à peu se sont restreints, nous montre de quelles conceptions découlent les évaluations morales qui sont déterminantes sur ce point. C'est toujours de moins en moins la considération de la sécurité da la vie commune familiale, et de plus en plus celle des rapports entre les sentiments que font présumer les relations de la famille, et celles que font supposer le mariage, qui devient décisive. C'est la position naturelle des personnes dans l'intérieur de la vie de famille qui cherche à être maintenue, et qu'un mariage entre elles renverserait. La position des enfants envers les parents est d'une autre nature que la position réciproque des époux, et toute une révolution devrait avoir lieu dans les sentiments réciproques des parents et des enfants s'ils se mariaient entre eux. La sollicitude qu'un père a pour sa fille ou une mère pour son fils, et la reconnaissance respec-

p. 75. Ils ont mieux aimé garantir son honnêteté que de trop respecter son innocence.

tueuse que l'enfant a pour ses parents sont tout à fait différentes de la tendresse et de la confiance mutuelle qui sont naturelles entre époux, et qui sont nécessaires s'ils doivent vivre dans les mêmes conditions (1). Les frères et les sœurs ont aussi, bien qu'à un degré toujours moindre, une autre position légale, et pour cette raison d'autres sentiments vis-à-vis l'un de l'autre que les époux. Cet état de choses doit-il continuer? Cela dépendra de l'évolution des rapports juridiques de la famille. Tandis que sans nul doute les rapports entre les parents et les enfants, aussi longtemps en somme qu'il existera des rapports familiaux, conserveront le caractère de sollicitude, conseil et appui du côté des parents, respect et déférence de la part des enfants, il n'est pas certain qu'on continuera à attacher à la paternité une très grande importance : elle a déjà perdu sa portée juridique ; mais nous pouvons nous attendre qu'il en sera ici comme pour les autres degrés de parenté, où les idées d'inceste se sont restreintes à mesure que l'on cessait d'attacher de l'importance aux rapports juridiques de famille proportionnés à la parenté. Quand par exemple la législation a permis le mariage entre l'oncle et la nièce, mais s'est opposée à celui de la tante et du

(1) A parent cannot obey a child; and therefore it is unnatural that a parent should be a wife to a child. A parent, as a parent, hat a natural right to command and correct a child, and that a child, as husband, should command and correct the same parent is innatural. To which we may add, the inconsistency, absurdity, and monstrousness of the relations to be begotten, if such prohibition were not absolute and unlimited. The son or daughter, for instance, born of the mother, would be a brother or sister to the father : but as begotten by him would be a son or daughter, etc.

Wharton : *An Exposition of the laws relating to the women of England*, 1853, p. 198 et ss.

neveu, de sorte qu'il faut une dispense particulière pour un tel mariage, cela peut s'expliquer par la raison que les sentiments entre l'oncle et la nièce s'accordent mieux avec ceux que les époux peuvent ressentir l'un pour l'autre, en ce qu'il semble que la femme doit avoir une certaine déférence pour son mari. On pourrait en même temps avoir eu égard ici à la paix de la famille, l'oncle vivant rarement dans la même maison que sa nièce, tandis que souvent la tante demeure chez son frère ou chez sa sœur, et de cette manière dans la même maison que son neveu. Plus les rapports dans une telle vie commune deviendront rares, moins il faudra attacher de l'importance à la défense pour ces personnes de se marier ensemble. Dans la loi danoise de Christian V il se trouve de telles décisions qu'un homme peut se marier avec sa belle-mère ou sa belle-fille, mais pas avec la veuve de son beau-père (3, 16, 9, 4 et 6); elles ne peuvent être expliquées que par une considération à l'égard des rapports de la vie commune dans une même maison. Que le beau-père ne puisse se marier avec sa belle-fille, cela n'est établi qu'à cause de la vie commune dans le même foyer, et pour cette raison perd en droit à mesure que cette considération disparaît. Cette disposition n'est plus soutenue par une idée d'inceste, n'éveille pas la même sorte d'horreur que l'union entre le père et la fille, mais ne peut être justifiée dans les circonstances données que comme une ordonnance juridique utilitaire. Cela prouve qu'elle disparaîtra sûrement, car à la longue on ne pourra maintenir un obstacle au mariage, dicté par des considérations lui étant étrangères en elles-mêmes. Dans la loi de Christian V il était encore défendu aux cousins germains de contracter ma-

riage ensemble, mais l'on dit dans les paragraphes 3,
16, 9, 7 : « Si les cousins germains et autres individus
à un degré de parenté défendu contractent inconsciemment mariage ensemble, ils ne doivent ni être sé-
parés ni être punis par un jugement ; mais s'ils tombent
en faute consciemment, ils doivent être punis par la
confiscation de leurs biens et quitter la province dans
laquelle ils résident. » La défense n'était donc pas
édictée à l'égard du mariage même, et c'est pourquoi
aussi avec le temps elle a cessé. Il est singulier de voir
que l'inceste entre personnes dont la parenté n'est pas
établie par le mariage soit puni moins sévèrement (1).
Il ne peut y avoir ici que la considération des sentiments naturels de la famille qui ait agi d'une manière
décisive. en ce que l'on suppose qu'ils n'arrivent à leur
entière évolution, que dans la vie de famille établie sur
le mariage.

De telles décisions comme celles qu'on peut se marier
avec la sœur de feue sa femme, mais pas avec la veuve
de son frère sans une dispense particulière, part de ce

(1) Loi pénale danoise de 1866, § 164 : Les rapports charnels entre
les frères et sœurs et les enfants de deux lits sont punis de 6 ans de
travaux forcés au maximum ; cependant si les rapports de parenté
ne sont pas établis par mariage, la punition peut être réduite à l'em-
prisonnement, mais pas à moins de 2 mois de simple prison.

Loi pénale norvégienne de 1842, chap. 18, § 14 : Quiconque commet le péché de fornication avec la personne à qui il lui est défendu
de se marier, pour cause de parenté établie par lui ou par quelqu'un
lui étant parent, s'il a des rapports charnels avec beau-frère ou belle-
sœur, même si ce degré de parenté est établi en dehors d'un mariage
légal, aussi bien qu'avec les personnes mentionnées dans le para-
graphe précédent, sera puni de la prison ou d'une amende.

Dans la loi suédoise de 1864 (1890) il ne se trouve aucune décision
analogue.

qu'il pourrait y avoir le danger d'une complicité entre
ces deux derniers afin de faire mourir le premier mari,
tandis qu'un homme peut plus facilement trouver le
moyen de satisfaire sa passion pour sa belle-sœur. En
Angleterre on maintient l'interdiction de se marier avec
la sœur de sa défunte femme, parce qu'une telle possibilité pourrait éveiller la discorde dans la famille et
inspirer de la jalousie à l'épouse encore vivante (1).
Mais ce qui est injuste et arbitraire dans ces décisions,
les rend l'objet de continuelles attaques et les fera
tomber tôt ou tard. Tandis que de telles décisions
purement juridiques, dès à présent même chez ceux
qui veulent les maintenir, éveillent des sentiments tout
à fait différents de l'horreur de l'inceste, on trouve au
contraire que l'interdiction pour ceux qui sont alliés par
mariage, en ligne directe ascendante et en ligne directe
descendante, c'est-à-dire que le beau-père et la belle-
fille, la belle-mère et le beau-fils ne doivent pas se marier, est soutenue par de semblables sentiments naturels,
que ceux empêchant les parents proprement dits de se
marier ensemble. Il y a aussi dans les rapports entre
beaux-frères et belles-sœurs, des sentiments naturels
qui ne pourraient exister avec les sentiments que les
époux doivent ressentir l'un pour l'autre. Cela prouve
notre affirmation que c'est le mariage, et non en elle-
même l'union sexuelle, que les différentes défenses de
l'inceste ont pour but d'empêcher, et plus il ressortira
qu'il en est ainsi, plus l'on réalisera la conception que
l'union sexuelle n'est pas une chose impure, et l'on se
délivrera de l'ancienne idée catholique, que les rapports

____

(1) Voir Lecky : *Democracy and liberty*, 1896, II, pag. 178 et ss.

dans la communauté de la vie humaine les plus dignes et les plus purs sont ceux desquels l'union sexuelle est exclue. Concevoir l'union incestueuse, comme résultat d'une telle incompatibilité des groupes de sentiments mis en mouvement par les différentes conditions de la vie commune, est la seule conception morale, complète et conséquente. Plus la fonction de la famille dans la société a été étendue, plus la défense de l'inceste a pris de l'extension, plus la famille s'est restreinte, plus les rapports incestueux l'ont fait aussi. La forte concentration de l'importance des liens de la famille ayant eu lieu de nos jours, et faisant que les rapports de la famille, en réalité, à présent n'ont de la valeur qu'entre les époux mêmes et entre les parents et les enfants, a l'une de ses expressions dans la grande limitation des défenses de l'inceste.

CHAPITRE II

LA FONDATION ET LA DISSOLUTION DU MARIAGE

1. — *La célébration du mariage.*

Puisque la communauté de la vie conjugale est une vie commune douée d'effets juridiques en eux-mêmes n'ayant pas besoin de pénétrer dans tous les rapports entre l'homme et la femme, mais exigeant une intimation formelle de la volonté des parties que leur vie commune ait ces effets juridiques, cela conduit nécessairement, étant donnés les rapports organisés de la société, à ce qu'on doit fixer une forme déterminée sous laquelle a lieu cette intimation. L'incertitude concernant ce fait si un mariage est conclu ou non, intervient si profondément et d'une manière si troublante dans les rapports privés de la bourgeoisie, que cela doit être considéré comme un important mal social. Conformément à la loi romaine, la fondation du mariage n'y exigeait pas un acte officiel déterminé. L'existence du mariage devait être démontrée comme un fait quelconque, et il s'agissait surtout de prouver qu'il avait existé « *viri et mulieris conjunctio, individuam vitæ consuetudinem conti-*

uens. » Mais une telle situation amenait des difficultés importantes, et dans tous les États modernes civilisés les mariages sans formes ont été supprimés, sauf en Écosse et dans les États-Unis de l'Amérique du nord, où les sentiments du peuple tiennent tellement à ce que la seule chose fondant véritablement le mariage, soit le consentement réciproque des parties, qu'il n'a pas été possible d'amener la considération du bien public à prévaloir sur ce point.

L'introduction d'un acte établissant officiellement le mariage est en réalité un des points où l'opposition entre la considération du bien public et les sentiments privés de l'individu peut arriver à se présenter très nettement. Ce doit, en effet, être constamment le devoir éthique de l'individu de soutenir que c'est l'amour réciproque qui établit la morale de la vie commune d'un couple, et absolument pas tel ou tel acte officiel. C'est pourquoi, partout où la vie intime personnelle se fait valoir avec le plus de force, il s'élèvera une aversion pour attribuer à un acte officiel une importance quelconque, quant à la valeur morale du mariage. Il serait même naturel qu'une évolution plus subtile de la vie intérieure amenât une répugnance positive à mettre en vue par un acte public et solennel ce qui se rattache au sentiment de l'amour que l'on ressent pour un autre. Quelque chose de brutal pénètre aisément dans un acte semblable, fixant l'heure et le jour où deux individus commencent cette vie commune qu'ils ont le droit de regarder comme leur plus profond et leur plus intime secret, dont la publicité semble arracher le voile.

La manière publique et solennelle dont autrefois on célébrait les fiançailles ne dénotait pas non plus une considération quelconque d'une vie intime plus subtile. Le mariage n'était pas la réunion de deux cœurs qui s'aimaient, mais de deux familles qui exprimaient leur joie d'entrer en rapports l'une avec l'autre. La manière naïve et brutale dont les mystères du mariage étaient représentés dans les cérémonies de tant de nations non civilisées montre absolument que là il n'y avait aucune pudeur personnelle et aucune délicatesse de vie intérieure à épargner. Ces coutumes naïves ont disparu, mais le banquet solennel est conservé comme une expression naturelle de la joie avec laquelle les familles voient cette union s'établir. Comme une telle démonstration, cela est légitime et compréhensible ; mais il faut aussi tenir compte des parties intéressées : pour elles cette fête peut renfermer bien des choses pénibles et blessantes, surtout plus l'on attribue à de telles réunions solennelles une importance au delà de leur joie momentanée. C'est un sentiment assez délicat et assez profond, que celui qui préfère un mariage dans la plus stricte intimité, à celui célébré en grandes pompes et qui doit être le but officiel de la joie des familles, mais qui en réalité jette en pâture à la curiosité de la foule souvent indifférente une chose absolument privée.

2. — *Le mariage religieux et le mariage civil.*

Ceci n'est cependant qu'une question de mœurs et de coutumes que l'individu peut modifier selon ses désirs personnels, mais pas en une formule juridique. Le caractère de la fête nuptiale n'a aucune importance pour la valeur juridique du mariage établi et n'a pas eu non plus autrefois une telle signification. A partir du xvie siècle la consécration religieuse devint peu à peu l'acte juridique établissant le mariage, en partie parce qu'elle semblait lui donner un caractère solennel lui convenant, et principalement aussi parce que l'autorité y trouvait un moyen utilitaire pour la constatation officielle que le mariage avait eu lieu. Pendant tout le moyen âge c'était seulement le propre consentement des parties qui établissait le mariage, et l'acte religieux lorsqu'on y avait recours n'était qu'une bénédiction, légalement sans importance, mais en parfaite harmonie avec la croyance chrétienne des contractants qui désiraient être sûrs que Dieu et la prière de ses fidèles les suivaient dans la vie commune qu'ils avaient résolu de vivre ensemble. Mais bien des mariages s'établissaient sans une telle consécration, et ce ne fut que l'expérience des nombreux inconvénients, à l'égard des unions incestueuses et bigamiques, qui déterminèrent les Etats à exiger un acte officiel établissant le mariage. Dans le monde catholique cela eut lieu sur la base de la résolution du concile de Trente en 1562 (1) ; pour le monde protestant un peu plus tard, mais ce ne fut qu'au xviiie siècle que la consécration religieuse obligatoire devint une exigence juridique (2).

(1) Cette résolution trouva une grande opposition dans les considérations religieuses, comme par exemple qu'Adam et Eve n'avaient pas eu de prêtre. Ce fut l'Eglise en tant qu'association politique, et non comme association religieuse, qui décida que seule la déclaration de mariage faite devant le prêtre de la paroisse en présence de témoins devait être regardée comme un loyal et véritable consentement établissant le mariage.

(2) En Angleterre 1753, en Prusse 1794, en Danemarck 1799. Comparer Friedberg : *Das Recht der Eheschliessung*, 1865, et Desforges : *Etude hist. sur la formation du mariage en droit romain et en droit français*, 1887.

Mais plus dans notre siècle l'on a reconnu la liberté de conscience, plus il s'est montré impossible d'exiger un acte religieux déterminé, et les Etats ont donc cherché d'autres formes pour s'assurer que les mariages qu'ils regardent comme incompatibles avec la loi ne soient pas contractés, et aussi que ceux qui sont établis puissent en tout temps être constatés, documentés. Ces formes sont ce que l'on nomme le mariage civil.

Les questions pouvant avoir ici un importance morale sont celles-ci : la forme exigée pour contracter un mariage ayant une entière valeur juridique et morale est-elle en elle-même indifférente, de sorte que le mariage civil serait aussi bon que le mariage religieux, ou au contraire peut-on exiger une forme déterminée, ce qui ferait qu'un mariage sans contrôle non seulement peut être judiciairement déclaré nul par l'Etat, mais aussi moralement doit être regardé comme non valable ?

La polémique sur le mariage religieux ou sur le mariage civil, doit évidemment être indifférente pour une éthique qui cherche ses bases dans les conditions naturelles de la vie humaine, mais il peut être intéressant pour une telle éthique d'examiner les sentiments qui font choisir aux individus l'une de ces formes plutôt que l'autre. Personne ne disconviendra que les deux formes de consécration sont absolument pareilles comme méthode de documentation publique. Au contraire, partant de leurs rapports avec la propre volonté personnelle établissant le mariage, on pourra préférer l'une ou l'autre. Par son caractère religieux, la consécration de l'Eglise est particulièrement propre à faire naître l'idée, qu'elle n'est pas seulement un moyen employé pour donner au mariage, à l'égard de l'ordre public, ce caractère officiel qui doit assurer sa valeur juridique, mais aussi un facteur moral indépendant ayant de l'importance pour la propre volonté qui établit le mariage. Dans l'Eglise primitive déjà l'idée s'introduisit qu'on devait chercher la bénédiction de l'évêque comme témoignage que le lien conjugal se nouait au nom de Dieu et n'était pas déterminé par une passion charnelle. Cette consécration, comme nous l'avons dit, n'avait aucune importance juridique, mais plus on est disposé à considérer que le couple cherche la bénédiction de l'Eglise comme témoignage qu'il entre dans le mariage avec les vrais sentiments, plus naturellement aussi la conception de cette consécration se changera en l'idée, qu'elle est le véritable acte qui établit le mariage, la forme dont Dieu se sert pour enchaîner et lier mystiquement les âmes. C'est ce changement naturel dans les idées qui s'est effectué dans la conscience des individus pendant le dernier siècle, une fois que le mariage religieux a été rendu obligatoire par l'Etat. Et c'est avec la conception qui en résulte, que l'introduction du mariage civil doit lutter. Comme forme mystique, le mariage religieux ne peut être remplacé par le mariage civil. Historiquement il est singulier que dans ce siècle les Eglises aient partout déclaré le mariage religieux comme une exigence obligatoire pour leurs fidèles, et exigé que celui qui se servirait de l'issue ouverte par l'Etat pour le mariage civil se retirât de la communauté (1). On ne peut pas soutenir que le mariage religieux soit une partie nécessaire de la doctrine de l'E-

(1) En Angleterre l'église épiscopale chercha à imposer l'exigence à l'occasion de la réforme de 1836, mais elle ne fut pas adoptée. En Prusse le gouvernement essaya en 1859 de déterminer l'Eglise à re-

glise quant à la validité du mariage, car cette prétention n'existait pas il y a 150 ans, et il n'y a eu sur ce point aucun changement dogmatique dans la doctrine de l'Eglise. La raison pour cette conduite de l'Eglise ne peut être que le maintien un peu confus d'une coutume de plus d'un siècle, et aussi la conception que rechercher le mariage religieux est le résultat nécessaire que l'on partage la croyance de l'Eglise. Mais en pratique, parmi les fidèles, ce n'est pas cette conception qui existe ; il résulte de la position que l'Eglise a prise, que les fidèles croient que le mariage a moins de valeur, est moins parfait, moins une étroite union, lorsqu'il est contracté sans la consécration de l'Eglise. C'est le mysticisme des cérémonies religieuses du mariage qui est le point décisif. De cette manière l'exigence d'un mariage religieux obligatoire devient pour les fidèles un maintien de ce qu'à vrai dire ce n'est pas le consentement des parties, mais le prêtre qui réunit les époux et dont la bénédiction consomme le mariage. La conception religieuse que les fidèles dans les différentes Eglises accordent à la consécration, ne peut intéresser l'Etat. Il n'a pas d'autres intérêts que d'assurer la documentation incontestable du mariage et que tous les mariages qu'il regarde comme établis d'une manière valable jouissent de la même considération. Rien n'empêche l'Etat de laisser la consécration avoir lieu d'après les différentes coutumes des différentes Eglises, si seulement ces diffé-

noncer à l'exigence, cependant aucune réforme ne fut exécutée ; le mariage civil obligatoire introduit en Allemagne en 1875 laisse intacte l'exigence de l'Eglise quant à la consécration religieuse qui doit suivre l'acte civil. En Danemark l'Eglise a maintenu jusqu'ici pour ses membres l'exigence de la consécration religieuse obligatoire.

rentes formes de consécration satisfont au même degré
l'exigence d'empêcher les mariages prohibés, et d'une
claire et sûre documentation des mariages établis. Il
peut aussi permettre que les Eglises exigent de leurs fidèles qu'ils se marient selon les coutumes de celle à
laquelle ils appartiennent, ou qu'ils n'en fassent plus partie. Mais l'État se trouve dans une position difficile, s'il est
placé d'une manière particulière vis-à-vis de cette Eglise
intolérante, parce qu'il pourra difficilement empêcher
qu'il n'y ait comme une ombre sur le mariage de ceux
qui se sont retirés de l'Eglise de l'Etat pour le contracter sous les formes civiles. L'Etat ne peut se partager en
deux et dire un moment que la consécration est sans
importance pour la morale du mariage, puis un moment
après exiger une forme religieuse déterminée de la consécration pour que le couple puisse continuer à faire
partie d'une organisation de l'Etat (l'Eglise de l'Etat). Si
une Eglise désire conserver son union particulière avec
la société civile, elle doit aussi se résigner à ce que ses
actes juridiques aient un caractère civil. Plus l'Eglise
maintient l'importance religieuse de ses différents actes,
plus on doit leur ôter leur importance juridique et civile.
Le baptême, la confirmation etc., sont des cérémonies
religieuses sans importance civile, et l'incompatibilité de
la situation de l'Eglise, comme société religieuse, avec
ses prétentions comme institution civile, se montre en ce
que l'omission de prendre part à ces importantes cérémonies, même l'apostasie ouverte, n'amènent pas l'exclusion juridique de l'Eglise de l'Etat. C'est donc en
même temps une affirmation dangereuse et inconsé-
quente que l'omission de chercher la consécration religieuse de son mariage ait pour résultat une telle ex-

clusion. Devant une semblable exigence de la part d'une Église de l'État qui ne peut éviter de dégrader le mariage civil, l'État n'a que deux partis à prendre, ou enjoindre un mariage civil obligatoire, par lequel on fera un court procès à toute idée religieuse du caractère mystique de la consécration de l'Église établissant le mariage, ou bien se contenter d'un mariage civil facultatif, de sorte que les membres d'une paroisse pourraient se marier civilement sans en être exclus, et ceux qui désireraient le mariage religieux pourraient aussi librement le choisir. Le premier parti semble avoir été préféré là où l'État devait maintenir son autorité et l'homogénéité de la société civile, vis-à-vis de plusieurs sociétés religieuses en lutte les unes contre les autres ; mais là où une telle aspiration de l'État n'a pas cette base réelle, le mariage civil obligatoire ne peut être préféré que comme une construction juridique purement théorique. Et ici la possibilité existe qu'une telle organisation peut offenser bien des consciences, et la balance penchera alors en faveur du mariage civil facultatif.

Le mariage civil a triomphé sous ses différentes formes dans tous les États civilisés d'Europe. La raison de ce triomphe est, comme Glasson le dit : « que cela ne signifie pas autre chose que l'affirmation et le respect de la liberté de conscience (1) ». Le mariage civil n'a pas été introduit par des raisons révolutionnaires ou théoriques, mais par une concrète nécessité publique (2). C'est la sécularisation de l'État qui se fait reconnaître dans l'introduction du mariage civil, mais cette sécularisation n'est pas elle-même autre chose que la déclaration du

(1) Glasson : *Le mariage civil et le divorce*, 2e édit. 1880, p. 136.
(2) E. Friedberg : *Die Geschichte der Civilehe*, 1871, p. 38.

principe de la liberté de conscience : à cause de ses opinions religieuses personne ne doit être privé de la
pleine jouissance de ses droits civils ou politiques.

3. — *Le mariage et le consentement des parties.*

Plus difficile que la question du caractère religieux
ou civil de la forme du mariage, est la question de savoir
si l'État a le droit moral d'enjoindre une forme de mariage déterminée. Si l'on soutient que le mariage s'établit par les parties elles-mêmes, on arrive facilement à
refuser à l'État le droit d'exiger une forme de mariage
déterminée. Quand l'État exigera qu'à la propre volonté
des parties se joigne un acte officiel sans lequel leur
résolution n'aura aucun effet juridique, on évitera difficilement qu'il en résulte une tendance à regarder
l'acte officiel et non la propre déclaration du couple
comme le véritable créateur du mariage. Particulièrement chez les Anglo-Américains, on trouve cette opposition contre tout acte de mariage officiel, et cette conviction tenace que la propre volonté des parties suffit.
En Angleterre, la loi de 1753 fut regardée comme un
fort empiétement sur la liberté privée (1), et bien des

(1) « Was würde Mylady Ailesbury sagen, schreibt Horace Walpole
im J. 1753, wenn sie dreimal, während dreier Wochen in der Pfarr-
kirche aufgeboten werden musste ? Ich glaube, sie hätte eher ihr
Wittwenkleid zeitlebens getragen als sich solch einer unverschäm-
ten (impudent) Ceremonie unterworfen. » Friedberg, *Das Recht der
Eheschliessung*, 1865, p. 342. Dans la littérature de l'époque, on discuta
beaucoup ce point ; je cite une observation recueillie dans une bro-
chure: *A letter to the public containing the substance of what hath
been offered in the late debates upon the subject of the Act of
Parliament for the better preventing of Clandestine Mariages.*

gens, même parmi la haute société, continuèrent à se soustraire aux décisions de la loi, en se rendant à Gretna-Green pour y contracter le mariage. En Ecosse et aux Etats-Unis, on maintient encore aujourd'hui les mariages sans formes, en Ecosse on n'est arrivé qu'à introduire certaines dispositions pour l'enregistrement des mariages contractés (1854). Toute tentative d'abolir par un acte du Parlement la validité juridique des mariages sans formes a été arrêtée par un grand nombre de pétitions (1). Dans les Etats-Unis, on pousse même les choses si loin que, par exemple, dans le Mississipi, une vie commune ayant existé longtemps sous les formes conjugales, est considérée comme un mariage. Sans doute, en 1829, on décida, à New-York, que la déclaration de mariage devait se faire dans une forme rassurante, devant une personne autorisée par l'Etat, soit un prêtre, soit un magistrat. Mais déjà, l'année suivante, il fallait décider que la validité du mariage ne dépendait pas absolument de ce qu'on se fût conformé à cette cérémonie, son omission n'entraînait même pas une amende (2).

La nature morale du mariage, comme une vie commune seulement établie par les parties elles-mêmes,

Londres, 1753, pag. 30. « I hope und trust no Woman is silly enough to refuse going even to her own Parish-Church, if she cannot get a Husband without it. Let any body shaw me a young Woman, or an old one, who shall tell her Love : I have truly a great Esteem for you and am wery desirous to pais my Life with you, but really I cannot consent to do so, because I am ashamed to be stared at in Church during the Ceremony. And if the says thus much and sticks to her Words. I will fairly give up the Controversy ».

(1) E. Friedberg, *Das Recht der Eheschliessung*, pag 456 ss. et 455, anm. I.

(2) Voir Laurent, *Droit civil international*, V, pag. 39 ; Glasson, *Le mariage civil et le divorce*, 2e éd., 1880, pag. 454.

semble devoir donner aux coutumes écossaises et américaines une haute valeur. On peut néanmoins objecter qu'elles rendent le mariage incertain et à la merci du bon plaisir de l'individu. Nous ne nous occupons pas ici des dispositions qui plutôt sont une mauvaise pratique qu'une conséquence nécessaire du principe du consentement des parties, par exemple, que l'âge de la puberté en Amérique soit aussi l'âge du mariage. Que des enfants de 12 à 14 ans puissent, de leur propre chef, contracter un mariage valable, semble presque ridicule, car si l'on ne regarde pas seulement le mariage comme une relation sexuelle, mais comme une vie commune personnelle librement résolue, on doit mettre une limite d'âge plus élevée pour la possibilité du mariage.

Cependant, cette singularité américaine perd un peu de son caractère ridicule, lorsque l'on réfléchit que les législations européennes, en même temps qu'elles exigent un âge plus avancé pour qu'on puisse contracter un mariage, conservent l'âge de la puberté comme la limite rendant une union sexuelle exempte de punition. Il est nécessaire de protéger l'enfant contre la séduction, non seulement parce qu'il n'est pas encore pubère, mais aussi parce qu'il ne peut encore évaluer la portée de l'abandon de soi-même à l'égard moral et à l'égard social. Et lorsque les législations européennes laissent la femme pubère, mais sous le rapport intellectuel encore très enfant, sans protection contre le séducteur, en réalité elles n'ont rien à trouver à redire à la législation américaine. Au contraire, la législation américaine pourrait faire valoir, avec un certain droit, qu'elle protège la femme non encore intellectuellement développée, contre les suites les plus funestes de la séduction, en rendant beaucoup plus facile de donner à l'union le caractère d'un mariage. Si véritablement l'organisation américaine, que l'enfant ayant dépassé l'âge de la puberté peut contracter un mariage valable sans le consentement des parents, a eu pour résultat de réduire le nombre des honteuses séductions d'enfants à moitié développées, intellectuellement et physiquement, pour en juger les matériaux nécessaires font défaut. Mais en elle-même, la législation américaine est persuadée que c'est un des bons résultats de la grande facilité avec laquelle on peut contracter un mariage que d'avoir réduit le nombre des unions dissolues et immorales. Cependant, c'est justement cette défense des mariages libres et sans formes qui a été l'objet de violentes attaques du côté des moralistes et des juristes européens.

« Plus je m'engage dans cette théorie, dit Laurent, plus je suis effrayé de l'immoralité qu'elle protège. Je déclare ne pas apprécier une théorie qui met un terme au concubinage en changeant le mariage lui-même en concubinage » (1). Cette manière facile et sans formes dont le mariage est établi, rend la tromperie, la bigamie et le divorce inévitables et fréquents, et par là le mariage perd son caractère d'union constante, sûre et durable, où l'on peut seulement chercher sa grandeur et sa dignité morale. En outre, il est douteux qu'on atteigne véritablement le but de réduire le nombre des unions dissolues et des naissances illégitimes (2).

Contre ces protestations assez analogues du côté européen se place cependant la pratique américaine, et cela doit éveiller l'attention que la tendance en elle

---

(1) Laurent, ouv. cité, pag. 43. Comparer Glasson, ouv. cité pag. 454; Lecky, *Democracy and liberty*, 1896, II, pag. 175.

(2) Voir Lecky, chap. II, pag. 175, note I.

semble bien loin de s'affaiblir par les expériences des
résultats des mariages sans formes, et qu'au contraire
l'effort naît plutôt dans la direction de rendre la fondation et la dissolution du mariage sans entraves et aussi
faciles que possible. Frank déclare même franchement
qu'il ne peut pas voir en quoi la dignité du mariage serait compromise, parce que le législateur chercherait à
extirper le concubinage en favorisant les unions légitimes (1). Si, en plus, le célibat était désigné par l'Etat
comme une condition inférieure, par exemple, en ex-
cluant les célibataires des emplois civils, ou en leur faisant payer de plus fortes impositions, Frank pense que
la considération du mariage serait parfaitement assurée.
Cependant, nous ne pouvons aucunement approuver ce
dernier moyen, il pourrait sans doute y avoir bien des
raisons en faveur de ce que celui ne voulant pas prendre la charge de nourrir une famille, dût contribuer en
comparaison davantage aux dépenses publiques; d'abord,
il n'est pas sûr du tout que le célibataire n'ait pas
charge de famille, et ensuite il est très douteux que la
famille garderait son caractère d'être une institution
qui charge l'époux de pourvoir aux besoins de son
épouse. Imposer un individu seulement parce qu'il est
célibataire, n'aurait pas une heureuse influence pour le
mariage comme institution morale : on introduirait alors
des faux motifs pour s'engager. En écartant ces réflexions d'une importance secondaire, nous croyons
qu'il est bien plus difficile de résoudre la question principale, si la plus grande facilité dans l'établissement du
mariage, en elle-même. n'abaisse pas sa dignité.

(1) *Essai sur la condition politique des femmes*, pag. 190.

La tendance dans la législation moderne européenne est de désigner comme concubinages toutes les unions desquelles on ne peut pas prouver le contraire. En revanche, dans la législation américaine, la tendance est inverse, et serait disposée à reconnaître comme un mariage légitime toute union dont on ne peut pas prouver le contraire.

Cela nous rappelle l'ancienne décision romaine, qu'aucune jeune fille, dans une condition de bonne réputation, ne pouvait s'adonner à une union passagère sans une déclaration formelle que l'union en était une ; dans le cas contraire, la loi partait de ce que l'union avait été un mariage. En soi-même, cela semblerait devoir s'accorder bien mieux avec les exigences de morale que le point de vue européen. L'objection, qu'en reconnaissant à de telles unions sans formes un caractère conjugal, on aide les personnes intrigantes à s'emparer d'une autre en l'attirant dans un passager abandon sexuel, n'est pas fondé dans l'esprit de la législation, celle-ci n'étant pas la tutrice des gens volages, mais seulement les protégeant contre l'injustice. En revanche, le résultat pratique que les unions bigamiques et frauduleuses augmenteraient, et que, pour en adoucir les suites les plus fâcheuses, l'on doit relâcher la législation du divorce plus qu'il ne serait bon de le faire, formerait une objection d'un tel poids contre l'organisation américaine qu'à la longue elle ne pourrait être maintenue. L'idée vraiment morale qui se trouve derrière la pratique américaine, la ferme croyance que c'est exclusivement la déclaration réciproque du couple qui établit le mariage, n'a pas besoin non plus d'entrer en lutte avec l'exigence de la loi, qu'il y ait une consécration officielle

sous une forme quelconque. Cette exigence peut, à vrai dire, se concevoir ainsi : la loi suppose que les parties n'ayant pas souhaité se déclarer mariées dans de telles formes, n'ont pas eu non plus la volonté sincère qui établit le mariage. Et cette supposition n'est pas seulement une supposition argutieuse de la loi, mais exprime en vérité la conviction morale que celui qui est réellement animé des véritables sentiments établissant le mariage, reconnaîtra ainsi qu'il doit à l'autre de faire tout ce qui est en son pouvoir pour qu'il ne puisse s'élever un doute sur la réalité du mariage. La délicatesse morale qui se trouve derrière la prétention que le mariage est une chose privée ne concernant que les deux époux, ne peut être poussée si loin, qu'elle place l'un des époux dans un faux jour, et rend douteuse la véritable nature des sentiments qu'il nourrit lui-même (1). On peut avoir une adoration mystique pour l'importance de la consécration comme formant le mariage, mais on peut aussi transformer en culte mystique le respect auquel la propre déclaration du couple peut prétendre.

Glasson termine sa critique des coutumes américaines par les paroles suivantes : « La famille, telle que nous la comprenons, formant une véritable société fondée sur le sang, jouissant de droits vis-à-vis de ses membres, destinée à se perpétuer, rattachant le présent au passé par les ancêtres, et le reliant à l'avenir par les enfants, cette famille-là n'existe plus aux Etats-Unis. Elle a été sacrifiée aux intérêts de l'individu dont la liberté ne connaît pour ainsi dire pas de bornes. »

____

(1) Les vrais époux n'ont rien à cacher ; ils s'unissent au grand jour de la publicité. Laurent, *Droit civil international*, V, pag. 43.

Nous ne pouvons pas approuver cette justification d'une forme de consécration officielle et solennelle. C'est ici que ressort l'idée latine, que l'individu existe pour le bénéfice de la famille. Lorsque nous avons soutenu que le mariage sans formes est une fâcheuse coutume, nous en avons cherché les raisons dans l'occasion favorable qu'une telle coutume nous semble offrir à ceux qui n'ont pas la volonté sincère d'établir un mariage, de se donner l'air d'en avoir une, tandis qu'au contraire la forme officielle et invariable de la consécration doit être regardée comme étant vraiment d'accord avec les propres désirs de ceux qui possèdent la vraie volonté conjugale.

4. — *Le divorce.*

Le mariage est dissous par la nature à la mort de l'un des époux ; mais, dans de certains cas, l'on pense qu'il doit aussi pouvoir l'être pendant la vie des deux époux par une séparation déterminée. Il y a des gens qui, considérant le divorce comme un mal, pensent que son apparition de nos jours coïncide avec la décadence de la sainteté du mariage, conséquence fâcheuse du mariage civil l'emportant sur le mariage religieux. Mais, en réalité, ces deux choses n'ont rien à voir ensemble. « Nous pourrons nous convaincre en remontant aux sources des lois actuelles, dit Glasson, que toutes, en général, celles qui prohibent le divorce comme celles qui l'autorisent avec plus ou moins de facilité, sont restées fidèles à leurs origines historiques ; elles n'ont pas tenu compte de la doctrine d'après laquelle le divorce est une conséquence nécessaire du mariage civil. Dans certains pays, le divorce est permis malgré le caractère religieux du mariage et, dans d'autres, le législateur, tout en introduisant le mariage civil, a refusé de le reconnaître. Le divorce est resté dans les pays où il existait déjà autrefois, mais il ne s'est pas introduit ailleurs, même là où le mariage a perdu son caractère religieux. Comment expliquer cette différence entre le divorce et le principe du mariage civil qui s'est étendu avec une extraordinaire rapidité ? Le mariage civil n'est autre chose que l'affirmation et le respect de la liberté de conscience : voilà la cause de son triomphe. Mais les partisans les plus convaincus du divorce ne parviendront jamais à prouver qu'il soit un bien. Faut-il au moins le considérer comme un mal nécessaire ? » (1). Que Glasson ait raison de croire que les nations, dans leur position vis-à-vis de la question du divorce, conserveront leurs traditions historiques, nous semble un peu douteux. Le divorce, tout bien jugé, se fraiera son chemin partout, parce que, lui aussi, il est une affaire d'humanité. Du reste, nous adhérons tout à fait à ses remarques, qu'il n'est pas un bien, mais tout au plus un mal nécessaire. Le divorce est une constatation regrettable, que la résolution des deux parties de former une vie commune n'a pu être réalisée. Les yeux avec lesquels on voit le mariage détermineront nécessairement la position à prendre vis-à-vis de la question du divorce ; plus l'on accentue la différence entre l'union morale et l'union immorale, plus les époux doivent sentir la force du lien qui les unit, et faire tout ce qui leur est humainement possible pour le conserver. Dans la vie commune conjugale, on ne peut

(1) Glasson, *Le mariage civil et le divorce*, 1880, p. 136.

trop insister sur ce que la communauté, comme elle doit être, ne peut être réalisée sans une volonté sérieuse et patiente de former son caractère et approfondir ses sentiments. Les individus pourraient, s'ils voulaient, transformer peu à peu leurs penchants et leurs instincts dans des limites même très étendues, non seulement en réfléchissant sur leurs propres états d'âme, mais aussi en essayant de pénétrer dans la vie intérieure de l'autre, bien des choses qui, au premier abord, semblent absurdes et condamnables et peuvent ainsi devenir naturelles et compréhensibles. Et s'il y avait une vérité dans sa volonté de vivre ensemble, si l'on cherchait chez son époux ou chez son épouse plus qu'une ivresse érotique et passagère, si l'on était attiré par les qualités intellectuelles et morales, nous sommes persuadés que la possibilité prédominante serait que la volonté sérieuse réussirait aussi à conserver et à développer cette vie commune.

Dans la vie pratique, la chose se présente ordinairement d'une manière très complexe. En général, on se marie sans une clarté suffisante sur la nature de ses désirs et, comme règle, la sérieuse et patiente éducation de sa propre volonté, nécessaire pour vaincre les difficultés de tous les jours, ne sera à la portée de l'individu qu'à un degré limité et insuffisant. C'est pourquoi les bases de cette vie de la plus parfaite intimité se brisent si souvent, en partie parce qu'il se développe une désharmonie entre époux, et aussi en ce que de nouvelles relations les attirent, et un nouvel amour généralement plus fort et plus vrai que l'ancien les passionne. Ainsi, par la force des circonstances et presque toujours avec des torts des deux côtés, un état incompatible avec le bonheur des époux se développera, tandis qu'une dissolution de l'union leur rendrait à tous les deux la possibilité de devenir heureux. Doit-on donc, dans un tel cas, tenir compte de cette possibilité, ou doit-on, au nom d'une morale plus rigoureuse, insister sur la responsabilité des époux, en disant : à eux sont les torts et il faut qu'ils en supportent les conséquences ?

C'est cette dernière considération qui apparaît lorsque la législation se montre peu disposée à reconnaître le désir réciproque des époux de se séparer comme une cause suffisante de divorcer. Dans bien des endroits, la loi emploie dans de tels cas la séparation, ou une autorisation administrative de divorce, et ces dispositions ont pour but formel d'empêcher des divorces précipités en procurant aux parties le temps nécessaire pour réfléchir (la séparation), ou en rendant le divorce dépendant d'un jugement impartial et étranger (celui de l'autorité). Les causes reconnues de divorce sont toutes de cette nature, qu'elles renferment la plus grossière offense contre l'idée d'une vie commune, la violation irréparable de l'intimité du mariage ; c'est pourquoi il serait injuste de forcer la partie offensée à continuer cette vie commune. Selon nous, une telle disposition a trouvé le juste milieu entre une trop grande sévérité et un trop grand relâchement. Partant de l'idée du mariage, on sera disposé à restreindre par trop les causes de divorce, et partant de la considération humaine que les deux époux, seuls, peuvent être juges de leurs affaires privées, on sera disposé à ne pas assez les restreindre. « Si c'est l'indissolubilité qui prévaut, le malheur ou la passion s'insurge : si c'est le divorce, la famille proteste » (1).

(1) Legrand, *Le mariage et les mœurs en France*, p. 196.

Le mariage n'est assurément pas un contrat comme n'importe lequel, c'est pourquoi il ne peut être dissous par un commun accord. La considération des enfants serait en elle-même suffisante pour établir une telle différence entre le mariage et les contrats ordinaires; mais aussi la nature même des rapports que les deux époux établissent entre eux, doit exclure qu'on le mette au même niveau qu'un contrat. On peut se tromper quant à ses espérances sur les intérêts de nature pécuniaire, on peut, avec le temps, changer d'opinions, et chercher à suivre d'autres directions que celles stipulées par un contrat, mais dans ses sentiments pour un autre, on ne doit pas avoir la même liberté. Si les deux parties sont assez légères pour laisser tout dépendre d'une épreuve, ce n'est pas une raison suffisante pour les juger libres d'en faire l'essai, quand la différence morale entre l'union charnelle, consommée sous l'influence d'un sentiment érotique, et le désir d'une *communitas omnis vitæ* doit avoir une importance quelconque (1). Il faut exiger que les deux parties soient convaincues au moment du mariage, que l'une est nécessaire à l'autre pour son propre bonheur. L'irrévocabilité du vœu du mariage est donnée dans sa nature même (2). Si les promesses sont échangées dans cette intention qui, moralement, est leur seule justification, comme nous l'avons déjà dit, les espérances,

(1) Comparer Laurent, *Droit civil international*, V, p. 48 et ss. Napoléon disait, pendant les débats suscités par le Code civil : Il faut que les premières années soient un temps d'épreuve et que, si les époux reconnaissent qu'ils ne sont pas faits l'un pour l'autre, ils puissent rompre une union sur laquelle il ne leur a pas été permis de réfléchir. Legrand, *Le mariage*, p. 204. Voir Goos, *Doctrine générale du droit*, I, p. 501.

(2) Ici l'irrévocabilité est d'autant moins choquante qu'elle est dans l'intention même des contractants, et que si par malheur elle n'y était

que cette *communitas omnis vitæ* à laquelle on aspire, se réalisera véritablement, augmentent considérablement. Et, en outre, un échec dans une affaire d'une telle gravité rendra plus difficile pour l'individu sérieux de s'engager dans un nouvel essai. On peut se tromper dans ses sentiments superficiels, mais difficilement dans ceux qui sont les plus profonds et les plus personnels, et plus l'on respecte la vie commune conjugale, plus l'on sera choqué de croire apercevoir derrière ses vœux et ses assurances un doute conscient sur le point jusqu'auquel ils se montreront durables. Un tel doute signifiera que l'on ne regarde son mariage que comme une union à temps. Ici se pose la question : est-il possible d'empêcher que toute permission de divorce, en principe, autorisera de plus en plus le doute, et réduira le mariage à n'être qu'une union passagère ?

Cependant, aucune législation au monde n'a été en état de faire valoir en pratique ce principe fondamental. L'Eglise romaine a dû permettre la séparation, une rupture de la vie commune commencée, bien qu'elle ne voulût pas permettre qu'on fît l'épreuve d'un nouveau mariage durant la vie du premier époux. La séparation est l'aveu que la vie présente des déviations de l'idéal que la loi ne doit pas ignorer, à cause de ceux qui souffrent injustement de cette discordance entre l'idéal et la réalité. L'Eglise romaine refusait d'aller plus loin dans cette concession aux réalités de la vie, que de permettre la séparation. C'était assurément une conséquence qu'elle

pas, le mariage serait vicié dans son essence. Au moment où s'échangent ces douces et terribles promesses, ce n'est pas un contrat temporaire, ce n'est même pas un contrat viager, c'est un contrat éternel que les époux entendent former. Les âmes se donnent tout entières sans partage, sans retour. Legrand, *Le mariage*, etc., p. 207.

tirait de sa conception du mariage comme un sacrement ; mais elle était aussi profondément en harmonie avec les tendances et les coutumes des races latines, et c'est pourquoi cette conception a pu subsister même après que la sanction religieuse particulière a disparu. C'est la conception de la famille, particulière pour les races latines, une survivance des anciennes idées romaines, assez étrangères aux conceptions des races slaves et germaniques. Nous avons déjà eu ci-dessus l'occasion d'indiquer la profonde signification de cette différence ; elle se fait voir ici dans l'idée nette des races latines que le divorce transforme le mariage en une union passagère, et rend la vie de la famille incertaine : comme l'on est pour toujours fils ou père d'un tel, on doit être pour toujours aussi mari et femme (1). Tandis que les races germaniques mettent en première ligne les époux et cherchent la justification du mariage dans le bonheur de leur vie commune et de leurs rapports avec leurs enfants, chez les peuples latins la considération des enfants et de la stabilité de la famille est le but principal du mariage. Chez ces derniers, la famille n'a pas de valeur comme un moyen pour le bonheur des époux, mais le bonheur des époux n'a au contraire de la valeur que comme moyen pour assurer la famille et rendre ses bases encore plus profondes. C'est pourquoi chez les races latines l'on craint de donner accès au divorce. Le bonheur des époux peut être détruit, c'est un malheur, et la loi dans la concession de la séparation doit pouvoir protéger la partie la plus faible, contre les offenses morales et corporelles que la continuation de la vie com-

(1) Glasson : *Le mariage civil et le divorce*, 1880, p. 483. Legrand : *Le mariage* etc. pages 208 et 204.

mune peut amener, mais les liens de la famille ne doivent pas se rompre, et c'est pourquoi aucun des époux ne doit nouer un nouveau lien de famille durant la vie de l'autre, car pendant ce temps il existe encore la possibilité d'une réconciliation, et cette possibilité doit avant tout ne pas être détruite. On craint que lorsque ce sérieux devoir pour les époux de vivre pour la famille qu'ils ont fondée, se trouvera affaibli par la permission du divorce, la tentation de changer d'union devienne trop grande. « Le divorce, dit un auteur spirituel et libéral, fait la garantie du mariage, comme la réparation de l'erreur fait la garantie de la vérité... Mais le divorce a un danger, il peut conduire à la polygamie, on ne doit l'écrire dans la loi que là où règne le culte de la famille (1) ». Que les races latines craignent tellement le divorce, cela pourrait pourtant faire croire que, malgré leur vénération pour la famille, elles ont cependant peur qu'elle n'ait pas d'assez profondes racines dans les sentiments des individus.

Exiger que les époux trouvent le but de leur vie dans la vie de la famille, est une idée profondément morale. La moralité consiste avant tout dans ce que l'individu puisse se sentir lié à un tout plus vaste et plus embrassant. Mais plus cette exigence s'accentue, plus on doit exiger aussi qu'une telle totalité ne reste pas comme une chose extérieure, mais se fasse comprendre comme la réalisation des désirs les plus intimes des individus. Chez les races latines la crainte existe toujours que la famille ne soit pas l'expression d'un désir semblable. La méfiance pour le sentiment amoureux per-

____

(1) Pelletan : *La mère*, 3e éd., 1866, p. 201.

sonnel que nous avons vu plus haut chez ces races est sans doute dictée par cette idée, et elle est aussi liée à cette autre idée, qui chez ces races se trouve à la base de l'organisation des relations entre l'époux et l'épouse, et de la position de la femme dans la société : elles regardent la femme comme un être plus faible, sans force pour remplir les mêmes fonctions que l'homme et ayant besoin de protection. *Fragilitas sexus*, c'est cette idée, dont découlent toutes les dispositions humaines des législations latines sur la condition de la femme, et aussi toutes les différences qu'elles établissent entre la femme et l'homme, et cette idée donnée, peut-être serait justifiée leur crainte que la famille ne soit pas établie sur une base assez solide, lorsqu'elle doit reposer seulement ou essentiellement sur le propre bonheur personnel des époux, dans leurs rapports réciproques. Peut-être la dissolution des liens de la famille qui déshonora la Rome antique, lorsque les passions personnelles eurent réussi à triompher, pourrait-elle encore aujourd'hui servir comme un avis pour les races latines. Mais dans ce cas nous pensons plus urgent de réformer les sources qui produisent un tel état de choses, que de faire du mariage une geôle dont les malheureux ne peuvent s'échapper.

Cependant aussi longtemps que les mœurs et les coutumes seront différentes chez les différentes races, la question du divorce devra aussi se poser différemment. L'institution de la famille a pour tant de relations une si haute importance qu'on ne doit pas reculer même devant de très grands sacrifices pour la conserver. Si l'on conçoit le mariage comme le font les Germains, essentiellement comme une institution morale parce qu'elle renferme les conditions pour créer le bonheur durable des époux, c'est un non-sens de trop craindre le divorce, et de donner à la séparation, comme terme intermédiaire, une durée trop grande. La cessation factice de la vie commune aura ici généralement la même signification que la dissolution définitive du mariage. Mais dans ces circonstances le danger d'ouvrir aux époux la perspective de pouvoir former de nouveaux liens diminue aussi sensiblement. Justement la conception du mariage comme une vie commune assurant le bonheur des époux, sera combinée avec les idées courantes sur la conduite de l'honnête homme évaluant les passions instables comme moins dignes. Ces idées conduiront l'individu à se figurer plutôt le bonheur dans une vie commune conjugale, que la volupté des passions violentes mais passagères. Combien semblent étrangères à une oreille germanique les considérations de Montaigne distinguant le mariage et l'amour, et regardant le désir des époux d'être continuellement ensemble comme absurde (1) !

(1) « On ne se marie pas pour soy quoy qu'on die ; on se marie autout, ou plus, pour sa postérité, pour sa famille ; l'usage et l'intérest du mariage touche notre race, bien loing par delà nous... Aussi est-ce une espèce d'inceste d'aller employer à ce parentage vénérable et sacré les efforts et les extravagances de la licence amoureuse... Ceulx qui pensent faire honneur au mariage pour y joindre l'amour, font, ce me semble, de mesme ceulx qui, pour faire faveur à la vertu, tiennent que la noblesse n'est aultre chose que la vertu. Ce sont choses qui ont quelque cousinage ; mais il y a beaucoup de diversité... Un bon mariage, s'il en est, refuse la compagnie et conditions de l'amour ; il tasche à représenter celles de l'amitié... Aulcune femme ne vouldroit tenir lieu de maistresse à son mary ; si elle est logée en son affection comme femme, elle y est bien plus honorablement et seurement logée... Peu de gents ont espousé des amies, qui ne s'en soyent repentis... Le mariage a, pour sa part, l'utilité, la justice, l'honneur, et la constance ; un plaisir plat, mais plus universel. L'amour se fonde

Les anciennes idées des troubadours sur l'amour se retrouvent ici : « Un mari, dit Montesquieu, qui aime sa femme est un homme qui n'a pas asse. de me. e pour se faire aimer d'une autre (1) ». On a cl. . hé l'explication de cette différence entre les idées des deux races, dans le tempérament plus froid des Germains; mais si cette explication va jusqu'à dire que les instincts sexuels des Germains sont plus faibles que ceux des peuples du midi, elle n'est pas exacte. La différence s'explique par les différentes habitudes de leur vie journalière, et ces habitudes à la vérité ne sont pas étrangères au climat. Le climat plus froid exige que la vie se concentre davantage dans les foyers, et par là les rêves de bonheur qui agitent l'âme du jeune homme planent plutôt autour des scènes de la vie commune qu'elles ne se nourrissent de la satisfaction des passions. Les races latines dont les habitudes sous un ciel plus clément donnent à la vie intime du foyer une importance moindre, ont par là appris à regarder le mariage essentiellement au point de vue de la famille, c'est-à-dire à celui des enfants et de la race. Peut-être ces habitudes les rendent-elles

au seul plaisir... ce n'est plus amour, s'il est sans flèches et sans feu ». Montaigne, *Essais*, Liv. III, chap. 5. « C'est une religieuse liaison et dévote que le mariage : voylà pourquoy le plaisir qu'on en tire, ce doibt estre une volupté aulcunement prudente et consciencieuse ». Liv. I. chap. 29. « Nous n'avons pas faict marché, en nous mariant, de nous tenir continuellement accouez l'un à l'aultre... La séparation du lieu rendoit la conionction de nos volontez plus riche. Cette faim insatiable de la présence corporelle accuse un peu la faiblesse en la iouïssance des ames ». Liv. III, chap. 9.

(1) Montesquieu : *Lettres persanes, Œuvres*, 1816, V, page 144. Comparez page 145 : « Les Français ne s'y piquent guère de constance. Ils croient qu'il est aussi ridicule de jurer à une femme qu'on l'aimera toujours que de soutenir qu'on se portera toujours bien ».

moins aptes à échapper aux conséquences funestes d'une législation libérale du divorce, parce que chez elles cette législation semblerait autoriser les passions, et les passions, il faut le souligner, ne trouvent jamais leur satisfaction naturelle dans les formes constantes du mariage. Chez les Germains pour le mariage l'inclination joue le plus grand rôle et voilà pourquoi on peut se fier davantage à leur stabilité naturelle, tandis que cela devient différent pour les peuples latins chez qui le devoir occupe à un si haut degré la première place dans les réflexions qui précèdent la fondation du mariage. Et cela deviendra peut-être pour eux une question grave, de relâcher cette exigence rigoureuse, qui impose à chacun de ranger sans restriction ses penchants sous l'idée du mariage.

Il va sans dire qu'un contraste comme celui que nous venons de faire ressortir ne doit pas être pris d'une manière absolue, mais nous croyons qu'il est caractéristique et qu'il explique beaucoup. Il nous met à même d'évaluer à peu près la portée des raisons dont les ennemis du divorce se sont servis. Cela prouve que la véritable raison fondamentale d'une telle défense ne se trouve pas, comme on pourrait le croire, dans l'idée du mariage, mais dans les mœurs et les coutumes étrangères au mariage même. Lorsque l'on soutient qu'on est époux de la même manière que l'on est père ou fils, c'est-à-dire une fois pour toutes, ceci repose sur une entière ignorance de la différence entre les sentiments de ces personnes. Tandis que les sentiments des parents et des enfants sont des sentiments unilatéraux, pouvant exister sans être payés de retour, l'amour conjugal est un sentiment réciproque exigeant la réciprocité. Ce n'est que lorsqu'on ne croit pas tout à fait à cette communauté, lorsque l'on se figure les époux se comportant l'un avec l'autre, dans tous leurs rapports, sous l'empire de l'idée de la famille, que la crainte du divorce devient fondée.

Une forme particulière de cette crainte, cette méfiance dans la valeur de la vie commune se fait valoir, lorsqu'on entend dire que la possibilité du divorce rendra les époux non seulement moins sérieux dans la fondation de leur mariage, mais aussi moins disposés à s'éduquer eux-mêmes, une fois qu'il sera établi. Ce qui à l'origine est fixé dans la vie comme conditions de di_vorce, on prétend que la loi elle-même en deviendra la cause. « Il se peut que ce droit augmente l'indépendance et l'orgueil de la femme, mais le divorce augmente assurément l'insolence et l'oppression du mari (1) ». On devrait presque croire que la pensée la plus naturelle des époux, fût de savoir comment ils pourront retrouver leur liberté. Comme habituellement, Hume soutient, aussi à l'égard de cette question, que l'individu est un amas de contradictions. Rien, dit-il, ne peut être plus épouvantable que de conserver par la force une union qui pour commencer a été établie par amour réciproque, et qui à présent en réalité est dissoute par haine réciproque. La liberté d'obtenir le divorce, soutient-il, est un gardien de la paix du foyer, parce que la liberté est une passion fondée dans la nature humaine, et l'idée

(1) Legrand : *Le mariage*, etc., p. 222. « It seems, however, to be a general law thas in countries in which divorces are permitted they have a tendency to multiply ». Lecky, *Democracy and liberty*, II, p. 171. En France il n'y eut en 1884 que 1657 cas de divorce; en 1890, au contraire, 6557; et en 1892 il y en eut même jusqu'à 7035.

que nous sommes liés irrévocablement nous excite à
haïr nos liens. « I had my choice, it is true, of my prison, but this is but a small comfort, since it must still
be a prison (1) ». Mais il oppose lui-même à cela, que
la considération des enfants doit se poser comme un
obstacle, et que rien n'est plus dangereux que de lier
deux individus aussi étroitement et intimement dans
tous leurs intérêts, et dans tout ce qui les concerne,
comme le sont les époux, sans faire cette union absolue
et éternelle (2). Puis enfin il dit : Si d'un côté il est
vrai que le cœur humain trouve une joie naturelle dans
la liberté, et déteste tout ce qui enchaîne, d'un autre
côté il est vrai aussi que le cœur humain tout naturellement se contraint quand il y a nécessité, et perd bientôt
une inclination lorsqu'il est impossible de la satisfaire.
L'amour est une passion inquiète et impatiente, pleine
de caprices et de changements... mais l'amitié est une
affection calme et affermie, conduite par la raison et
consolidée par l'habitude, elle naît d'une longue réunion des individus et de services réciproques... C'est
pourquoi nous n'avons pas besoin d'avoir peur de
nouer le lien conjugal, qui principalement repose sur
l'amitié, aussi solidement que possible. L'amitié entre
les personnes, lorsqu'elle est solide et sérieuse, gagnera

(1) Hume : *Of polygamy and divorces*. Essays, ed. Green et Grose,.
new ed., 1889, I, p. 237.

(2) Même ouvrage, ; 239. Hume semble ici n'avoir eu en vue que
l'autorité absolue de l'époux, comme elle existait alors en Angleterre,
de sorte que probablement son opinion est que si, on ouvre une perspective de divorce, l'on doit aussi donner à l'épouse la liberté de disposer plus entièrement de sa personne et de ses biens, que celle
qu'elle possédait alors, et dans ce temps-là l'on n'aurait pas regardé
cette conséquence comme s'accordant avec l'idée du mariage.

plutôt à cela, et si elle est momentanée et indécise, une telle manière d'en resserrer les liens est le meilleur moyen de la fixer (1) ». On peut ainsi, selon l'opinion de Hume, donner d'aussi bonnes raisons pour et contre le divorce, mais en réalité ce n'est que la considération latine et la considération germanique qu'il place en désaccord. Personne ne niera que dans la circonstance même qu'il existe une possibilité pour le divorce, il peut résulter que l'on se conduise moins scrupuleusement dans la pensée qu'on peut être délivré, et lorsque l'on désire dissoudre son mariage on peut créer une situation intolérable pour l'autre partie. Mais il est impossible de nier non plus, que la même perspective de divorce peut provoquer un redoublement de vigilance, en faisant craindre de donner à l'autre partie des raisons de demander le divorce. C'est essentiellement à la loi qu'il convient de déterminer ce que doit être le divorce. On raconte que Julef, roi d'Agra, supprima le divorce pour consolider le mariage, mais le résultat en fut que le nombre des mariages diminua, et que les époux attentèrent bien plus fréquemment à la vie de leurs conjoints, de sorte qu'il dut le rétablir (2). Cette histoire est une illustration typique de la crainte qui existe de rendre le lien conjugal indissoluble. On peut assurément se placer à ce point de vue que ce n'est pas l'affaire de la loi de combattre le vice en le légalisant (3) ; mais ce n'est pas non plus l'affaire de la loi de resserrer par trop les liens, et de provoquer

(1) Hume : Même ouvrage, p. 238.
(2) Tissot : *Le mariage, la séparation et le divorce*, 1868, p. 37.
(3) Legrand : *Le mariage*, etc., p. 218 : Mieux vaut le scandale en révolte contre la loi, que le scandale approuvé par elle.

par là toute une série de crimes d'un nouveau genre. La position de la loi vis-à-vis du mariage doit être dictée par la considération que, d'un côté, toutes les conjectures sont en faveur de ce que celui, ayant établi le mariage, avec les véritables sentiments, sera à même d'organiser sa vie d'après les exigences d'une telle vie, mais que, d'un autre côté, l'expérience ne montre que trop clairement qu'il peut survenir des déceptions, rendant absolument impossible, même pour l'effort le plus loyal, de maintenir une *communitas omnis vitæ*. C'est pourquoi la loi doit d'une part repousser absolument comme cause du divorce tout ce qui n'exprime que le simple fait que les sentiments se sont changés, et aussi dans l'intérêt même du mariage faciliter le divorce à ceux ayant échoué dans leur vie commune.

Il se trouve donc ici deux extrêmes en présence. Les Saint-Simoniens soutiennent, partant de la doctrine du droit absolu des sentiments, un droit au divorce totalement illimité. Il résulterait d'une législation semblable comme une invitation à renoncer entièrement à toute éducation de l'individu par lui-même et à toute évaluation des sentiments établissant le mariage. « M. Alfred Naquet dans sa proposition de loi trouve juste et tout naturel de délivrer de ses engagements l'époux qui n'aime plus ou qui en aime un autre (1) ». Quel que soit le droit qu'ait un sentiment, il n'en a un que s'il est loyal et profond, et aucun lorsqu'il est bizarre et superficiel. Souvent l'on cherche à faire passer pour un simple désaccord relatif motivé par des circons-

(1) Legrand : *Le mariage*, etc., p. 221, 209. Lecky : *Democracy and liberty*, II, p. 159 f.

tances spéciales ce qui en réalité est la suite d'un caractère absolument intraitable. Cet extrême contraire, Chateaubriand l'a exprimé quand il déclare catégoriquement que celui qui n'a pu rendre sa première femme heureuse, ne réussira jamais à faire la félicité d'une autre épouse (1). C'est aussi peu véridique que la doctrine du droit absolu des sentiments. « Je réponds, dit Laurent, que lorsque les cœurs se sont détournés l'un de l'autre, la vie commune est impossible. Lorsque l'un des époux est obligé d'avoir recours aux gendarmes pour forcer son compagnon à demeurer avec lui, il ne peut plus être question de vie commune (2) ». Au contraire, une vie commune ainsi obtenue par la force peut devenir la perte des deux parties, et faire surgir tout ce qu'il y a de mauvais dans leur nature. Goos exprime ceci d'une manière très juste lorsqu'il cherche la véritable raison centrale du divorce, en ce que la vie commune devient une perdition quand il existe un total désaccord intellectuel entre les époux (3). Les causes de divorce (idéales, mondaines et sensuelles), que la législation doit reconnaître, partant du point de vue éthique sont à considérer comme des critériums extérieurs de ce désaccord intellectuel, et non simplement comme une infraction aux stipulations juridiques dans l'accord du mariage.

Mais il nous faut encore présenter une considération, Le droit moral que nous attribuons au divorce, d'après ce qui vient d'être développé, trouve ses limites dans ce qu'il ne doit pas attaquer la sainteté même du mariage,

(1) Legrand : *Le mariage*, etc., p. 216.
(2) Laurent : *Droit civil international*, V, p. 117, comp. 112.
(3) Goos : *Doctrine générale du droit*, I, p. 506-510.

en donnant une trop grande latitude aux caprices de l'individu. Mais l'on peut avoir le droit d'étendre ces limites, dans le cas où l'organisation juridique du mariage est d'une telle nature, que vue idéalement elle ne répond pas à l'idée du mariage. « Aussi longtemps, dit Bridel, que le mariage restera légalement organisé comme il l'est en Suisse et en France, c'est-à-dire sans garanties suffisantes pour la femme : qu'on se garde bien d'entourer le divorce de trop de difficultés, puisqu'en définitive c'est fréquemment pour la femme l'unique moyen qui lui permette de sortir de misère... Tout le monde sera d'accord pour penser que le divorce n'est pas une solution idéale. Cherchons donc à rendre la maison habitable pour la femme, afin qu'elle ait autre chose à faire qu'à forcer la porte pour en sortir (1) ». C'est généralement la femme qui demande le divorce, et cela ne dépend pas seulement de ce que d'après sa nature elle se sent profondément offensée de ce que son compagnon ait rompu avec les conditions de la vie de famille, mais aussi de la position sans autorité qu'elle occupe dans son foyer. Plus les rapports mutuels des

(1) L. Bridel : *Le droit des femmes et le mariage*, 1893, pag. 93. Il cite dans le rapport du bureau suisse que pendant 5 ans, de 1886-90, 5.432 demandes de divorce ont été réglées. 1.423 étaient présentées par les deux parties, 1.376 par le mari seul. 2.633 seulement par la femme. Sur les demandes des maris 80 0/0 ont été accordées, tandis que 20 0/0 ont été reconnues mal fondées ; sur les demandes des épouses au contraire on en a accordé 91 0/0 et seulement 9 0/0 ont été regardées comme non fondées. Le rapport se basant sur les solutions existantes s'exprime ainsi : « En présence de ces faits on est tenté de ne considérer la diminution des divorces comme un progrès réel, que quand elle aura été obtenue par une diminution des causes de divorce, et non seulement parce qu'on aurait rendu cette dissolution du mariage plus difficile. » Comparer Lecky : *Democracy and liberty*, II, pag. 175.

époux sont organisés d'une manière satisfaisante, plus l'on pourrait exiger, que vues moralement les déterminations des causes de divorce soient sévères, et *vice versa* ; mais l'expérience historique semble apprendre le contraire, en ce que l'on peut regarder comme une règle, que plus le respect de la personnalité prend de l'extension et se montre dans une organisation du mariage reconnaissant aux époux des exigences personnelles, plus la législation du divorce devient libérale. On a simplement pensé pouvoir déclarer que la liberté du divorce et la fréquence du divorce inévitablement augmentent avec la civilisation. Chez les Juifs, chez les Grecs et chez les Romains la législation du divorce se relâcha à un tel point, que le mariage pour ainsi dire disparut. D'un état primitif où l'institution de la famille est honorée et considérée, où tous se mariaient et personne ne se séparait, une évolution s'est produite vers un autre état où le lien familial perdit de sa valeur, dans lequel beaucoup d'individus se dispensèrent de se marier, et où les divorces devinrent très fréquents. Cela paraît aussi pouvoir convenir à notre époque. Que l'on exige la dissolution des liens entravant la liberté de l'individu, et exige qu'on les dissolve aussitôt qu'on peut les regarder comme des empêchements à son bonheur, cela semble marcher de pair avec les agissements de plus enplus intenses de l'individualisme et de l'humanisme. Déjà le protestantisme, en permettant le divorce par opposition au catholicisme, marcha en somme dans cette direction. Le rationalisme plus tard alla plus loin, et eut pour résultat que la conception de l'Etat quant au divorce devint sensiblement moins sévère que celle de l'Eglise. C'est ainsi par exemple que la législation prussienne ne reconnut pas moins de **23** causes de divorce. Pendant la Révolution française on dénoua facticement au nom de la liberté et de l'humanité le lien conjugal par une simple déclaration de la volonté, la passion n'eut plus alors aucun frein. « Un individu condamné à douze ans de fers pour bigamie se pourvoit en cassation. Il faisait observer qu'on ne peut voir dans la bigamie que la négligence d'une simple formalité, que la bigamie n'était autrefois un crime que parce qu'elle portait atteinte aux droits du mariage, mais qu'il n'y a point de droits du mariage là où un des époux peut le dissoudre par un simple acte de sa volonté. Le pourvoi fut admis (1) ». Et de nos jours le divorce après avoir traversé différentes oscillations semble devenir général ; si par exemple en France et en Prusse on a reculé en arrière et fait subir une restriction aux déterminations du divorce, en France en tout cas on a dû faire un pas en avant, et la marche des choses semble vouloir amener une législation plus libérale (2). Où les États trouve-

(1) Legrand : *Le Mariage*, etc., pag. 226.

(2) En France il y eut en 1804 une restriction dans la liberté du divorce. En 1816 le droit au divorce fut aboli, mais en 1884 il fut établi de nouveau comme en 1804. En Prusse, bien des fois la législation en a restreint les dispositions, dernièrement en 1875. En Angleterre on exigeait autrefois un acte particulier du Parlement pour obtenir le divorce, mais c'était en réalité la même chose qu'un privilège pour les riches, cela coûtant très cher (environ 600 livres). En 1857 on introduisit le divorce par jugement (l'homme peut l'exiger pour cause d'infidélité de son épouse, mais la femme seulement lorsque l'homme en même temps l'a traitée cruellement). Cependant ceci était encore trop onéreux (environ 30 liv.) pour pouvoir devenir abordable pour tous, et en plus les affaires de divorce par leur publicité provoquent en général le scandale. Cette raison contribue certainement à diminuer le nombre des divorces, mais cela ne contribue pas à améliorer la vie commune entre les époux. L'élément du scandale que la pratique an-

raient-ils un point pour appuyer leur résistance à un tel courant? En Amérique les divorces prirent une grande extension résultant de la politique des Etats, déjà mentionnée, de vouloir combattre les unions libres en facilitant les mariages. Lecky dit avec raison que cela vaut la peine de remarquer qu'une grande facilité d'obtenir le divorce existe dans un pays qui longtemps a été renommé pour l'élévation de sa morale dans les choses sexuelles, et pour son profond sentiment de la sainteté du mariage (1). La crainte que cette vénération pour la famille soit détruite, si les divorces augmentaient par trop, semble d'autant plus fondée lorsque l'on regarde la facilité de divorcer comme un moyen d'amener les gens à se marier. Ceci montre qu'il peut y avoir un danger pour l'avenir du mariage, dans une aversion croissante d'en prendre toute la responsabilité. Et la question devient de savoir s'il existe des moyens efficaces de réagir contre cette aversion.

Le confortable le plus matériel d'une maison, peut être obtenu de notre temps, à meilleur compte et plus facilement, pour de l'argent, et dans les unions libres. Le mariage n'est pas comme auparavant à un certain degré un arrangement avantageux et économique, mais

glaise a pour conséquence, n'est pas une chose heureuse. Le divorce peut être le résultat de faits scandaleux, mais il peut n'être aussi qu'un malheur, et le scandale souvent ne surgirait pas si le mariage était dissous à temps. Tandis que si l'on concède au malheur son droit, on ne peut amener au grand jour de la publicité toutes les recherches sur les raisons du divorce demandé ; l'affaire doit donc s'arranger sans bruit, et par là l'on témoignera sans doute aussi une plus grande estime pour la sainteté du mariage.

(1) Lecky : *Democracy and liberty*, II, pag. 172 et ss. Comparer Tissot : *Le mariage, la séparation et le divorce*, 1868, pag. 26.

une nécessité de la civilisation, que quelques-uns, les meilleurs, comprennent, mais non les natures grossières. Le mariage est une nécessité de la civilisation que l'on doit payer comme toute autre commodité de la vie. Justement parce que c'est une nécessité de la civilisation d'une essence plus noble, beaucoup de gens préféreront se procurer les commodités plus grossières et plus égoïstes que les unions libres peuvent leur donner, et auxquelles souvent dans le mariage on doit renoncer pour pouvoir remplir ses devoirs envers sa famille. Dans l'ancienne Rome des circonstances semblables ont dissous à peu près totalement le mariage dans la haute société, et il est difficile de dire jusqu'où une législation de nos jours sera à même d'arrêter une semblable évolution. A Rome les lois furent impuissantes, et sans être appuyées par les mœurs, elle se montreraient à présent tout aussi impuissantes. Il est certain que si l'on détruisait le mariage, il se perdrait une valeur morale particulièrement importante ; le mariage est le témoignage de la sympathie, de la délicatesse et de l'estime de la personnalité des autres ; celles-ci font la substance du mariage, parce qu'il n'est pas possible sans ces vertus ; et ce témoignage ne pourrait disparaître sans que ces vertus aient perdu une partie de leur pouvoir sur les humains. Et en réalité je crois que ces vertus, tandis que chez quelques-uns elles atteignent une perfection qu'elles n'ont jamais eu auparavant, sont sur le point en somme de perdre leur puissance. En dégageant l'individu de ses anciens liens de famille et de caste, il en est résulté de grands biens, mais cela n'a augmenté en rien ses aptitudes de dévouement, sauf pour lui-même. Dans la société l'individu ne vaut quelque chose

que par sa richesse et par sa puissance, les liens du
cœur n'ont ici presqu'aucune signification ; pour celui
ayant des sentiments délicats, cela peut l'amener à regarder cette vie dans la société comme oiseuse et tout ce
qu'elle renferme comme des choses de figuration, et
à chercher ce qui véritablement a de valeur, dans les
rapports personnels les plus intimes. Mais cela devient
une singularité individualiste, car il ne doit pas exister
une aussi profonde opposition entre la vie privée et la
vie publique. Au contraire chez la plupart des individus,
les rapports intimes perdraient justement leur valeur, et
leurs pensées se tourneraient vers ce qui extérieurement
donne de l'importance et de la considération. Nous pensons y trouver la maladie la plus dangereuse de toutes
les civilisations. Aussi longtemps que la richesse reste
la principale source de la considération sociale, elle sera
le principal but des efforts individuels. La plupart des
gens en réalité se passent très facilement du luxe de la
vie, mais éprouvent une grande difficulté à se passer de
cette envie qu'il éveille chez d'autres, et de l'influence
qu'il nous donne sur eux. C'est pourquoi sur ce point les
intérêts de la famille se soudent à ceux de la démocratie. Ce n'est que si la démocratie réussissait à triompher,
et à créer une organisation de la société anéantissant la
grande importance sociale de la richesse, qu'alors nous
pourrions espérer avec quelque droit, que les nuages
sombres menaçant l'avenir de la vie de famille disparaîtraient.

C'est ainsi, selon notre opinion, que la question du divorce devient une question de la plus haute importance
et de la plus vaste étendue. Le divorce est en lui-même
une organisation humaine et nécessaire, ne menaçant

pas la sécurité et la sainteté du mariage. Mais quand la législation du divorce rencontre d'une part une organisation surannée et injuste des rapports entre les époux, d'une autre part, une aversion croissante pour le mariage, et lorsqu'on la prend au service d'un courant moral individualiste, accordant tous les droits au malheur et à la passion, aucun au devoir et au côté sérieux des choses, alors elle menace les plus profonds intérêts de la famille.

5. — *Le second mariage.*

La question d'un second mariage se trouve en proche connexion avec celle du divorce, car si l'on a le droit de se séparer, on doit aussi avoir celui de contracter un second mariage, non seulement après un divorce, mais aussi quand un premier mariage a été dissous par la mort. La fidélité a son droit assurément, et pour bien des individus la pensée d'un nouveau mariage serait synonyme d'infidélité aux souvenirs du premier ; mais il ne peut être question ici d'établir, ni un obstacle juridique pour un autre mariage, ni une désapprobation morale. L'influence que le temps exerce sur les sentiments et les souvenirs des individus exclut tout droit quelconque de pouvoir dire qu'un nouveau mariage, en lui-même, est le témoignage que l'on a vécu la vie commune avec son premier époux, sans une aussi grande vérité. Plus les sentiments personnels deviennent individualisés, si bien qu'il n'existe justement qu'une seule autre personne possédant les qualités pouvant éveiller et supporter ses propres sentiments à soi, plus il deviendra difficile de trouver satisfaction dans un nouveau mariage. Mais ceci est quelque chose qu'il faut tout à fait laisser à chaque individu le soin de décider, et sur quoi personne autre, en aucune manière, ne peut prononcer un jugement quelconque. Si l'on prend en considération qu'une intime vie commune avec un autre individu, dans des rapports aussi étroits que ceux du mariage, au plus haut degré est à même d'accroître et de continuellement rajeunir nos forces morales et intellectuelles, un nouveau mariage après la dissolution du premier serait même à représenter comme recommandable.

Il n'y a ici que la considération des enfants qui puisse amener une autre conception. Mais l'on pourrait assurément mentionner autant de raisons pour se justifier de leur donner un autre père ou une autre mère que celui ou celle qu'ils ont perdu, que pour approuver le contraire. Tout ce que la loi aura le devoir de faire quant à ces états de choses, c'est que les enfants soient assurés qu'aucun des droits dont ils jouissent de par le mariage de leurs parents ne se trouve lésé par le fait d'un nouveau mariage. Quels que soient les changements dans les rapports juridiques qu'un second mariage nécessite, et que la loi pense devoir établir entre les parents et les enfants, ces changements peuvent dépendre des mœurs et des coutumes ; mais la considération fondamentale doit être la même dans tout État civilisé, la part d'héritage des enfants doit être assurée, et ils doivent être protégés contre la possibilité, que leur père ou mère subisse la mauvaise influence pouvant découler d'un nouveau mariage. Mais tout ceci ne regarde pas le mariage considéré comme une vie commune entre les époux ; c'est pourquoi la loi ne doit pas donner à ses dispositions une telle extension, qu'elles entrent en une opposition ouverte avec la confiance dans le pouvoir de la tendresse des parents indispensable pour la loi. Il n'y a aucune raison de particulièrement attribuer à un second mariage la prépondérance sur toutes les autres influences, au point d'exercer un pouvoir affaiblissant vraisemblablement l'amour des parents pour leurs enfants. Et en laissant un second mariage amener de trop grands changements dans les rapports juridiques antérieurs des individus, la loi deviendra facticement l'expression d'une désapprobation d'un second mariage, mais il lui manque pour cela toute compétence (1).

(1) Voir d'ailleurs pour cette question : J. Jolly : *Des seconds mariages*, 1896.

CHAPITRE III

L'AUTORITÉ RESPECTIVE DES ÉPOUX

1. — *L'aversion pour le mariage.*

L'aversion pour le mariage, que nous avons constatée dans ce qui précède, a l'une des ses plus profondes raisons dans l'organisation juridique fixée par la législation, en concordance avec les mœurs, les coutumes et les besoins d'autrefois, mais n'étant plus en harmonie avec les exigences de nos jours. En ce qui concerne les hommes, cette dépendance croissante vis-à-vis de l'épouse, les égards qu'ils doivent avoir pour elle, et que la civilisation leur a imposés, deviennent un fardeau qu'ils trouvent d'autant plus lourd, qu'il n'ont pas la loi de leur côté ; dans les unions libres ils se sentent plus indépendants et peuvent davantage agir à leur guise. Quant à ce qui concerne les femmes, l'aversion pour le mariage s'accroît parce que le mariage ne leur offre plus une manière de vivre aussi indépendante et avec autant d'autorité qu'elles pensent devoir exiger. Nous parlerons plus loin et séparément de cette évolution que le mouvement général d'émancipation de la femme a créée ; ici, nous n'avons à nous occuper que des conséquences de ce mouvement, qui s'étendent jusque dans le mariage même, et qui en voulant changer la position de l'épouse, arrivent à exercer une influence sur l'avenir du mariage.

Il pourrait sembler que cette influence marche avec les autres menaçant le mariage, mais nous ne croyons pas qu'il en soit ainsi. Au contraire, nous pensons qu'un examen plus exact montrerait que ce mouvement doit être considéré comme un des plus actifs remèdes, dont la civilisation de notre temps, par opposition à ce qui a existé autrefois, puisse conjurer les autres dangers qui feraient disparaître le mariage.

« Partout, dit Paul Gide, où l'homme a dégradé la femme, il s'est dégradé lui-même, partout où il a méconnu les droits de la femme, il a perdu lui-même ses propres droits... Où la femme a conservé son indépendance, mais a perdu sa pudeur, où la licence des mœurs et la facilité des divorces ont déshonoré le mariage, on a vu bientôt le sentiment de la dignité personnelle s'effacer chez le citoyen comme chez l'homme privé, et la corruption, cachée d'abord au sein des familles, envahir de proche en proche le corps social tout entier. Partout, au contraire, où les institutions ont assuré à la femme sa liberté, sa capacité civile, sa dignité morale, on a vu fleurir, comme sur un sol propice, les vertus domestiques et les vertus civiques, les libertés de l'homme privé et les libertés du citoyen (1). »

Les rapports juridiques des époux dans le mariage doivent être regardés sous deux points de vue, qui assurément en pratique ne sont pas sans relation l'un avec l'autre, mais qui cependant à l'égard purement juridique peuvent être distingués et qui seront mieux compris

(1) P. Gide : *Etude sur la condition privée de la femme,* 1867, p. 7.

lorsqu'on les considérera séparement. Il faut distinguer entre l'autorité de l'époux sur la personne de l'épouse, et son pouvoir sur ses biens. Nous regarderons d'abord la question de l'autorité du mari sur la personne de la femme.

2. — *L'autorité du mari sur la personne de la femme.*

La prépondérance de l'époux sur l'épouse est d'ancienne date, par beaucoup elle est considérée comme une conséquence nécessaire de la nature même du mariage, comme une loi dictée par la Providence (1). « Il est écrit dans le rituel du mariage : Femmes, obéissez à vos époux ! » La cause primordiale de cet ordre de choses n'est pas difficile à démontrer, elle se trouve dans le caractère guerrier de la société à son origine ; à cette époque l'infériorité de la force physique des femmes tout naturellement devait leur donner une position inférieure. La famille s'est développée sur la base de cette organisation primordiale. Les conseils que pouvaient donner les femmes, ou leur participation au conseil délibérant les affaires guerrières de la tribu, ne pouvaient être d'aucune utilité ; c'est pourquoi elles étaient tenues en dehors de toute participation aux affaires publiques, et regardées comme devant s'occuper seule-

(1) « La prépondérance de l'époux sur l'épouse est donc un fait indestructible, qui tient aux racines mêmes de l'humanité ». « C'est la loi même de la Providence ». Legrand : *Le mariage*, etc., p. 281-283. Comparer les paroles de Napoléon au Conseil d'Etat pendant les délibérations du Code civil : « Un mari doit avoir un empire absolu sur les actions de sa femme », etc.

ment de l'intérieur de la maison, tandis que les hommes avaient le gouvernement de la famille dans ses rapports avec la société. Par là se développèrent des coutumes et des idées représentant cet ordre de choses comme la propre organisation de la nature : il était naturel que l'homme gouvernât comme chef de la famille, et que l'épouse obéît comme la plus faible, qui ne possédait aucune expérience, et avait besoin du secours de l'homme. A l'origine le mari exigea l'autorité et prit le commandement dans son propre intérêt. Le foyer était sa propriété, il y avait introduit son épouse comme sa compagne, mais il devait avoir le droit de veiller à ce que ses intérêts et ceux de sa maison ne fussent pas à la merci de ses caprices à elle.

Plus tard cette conception s'adoucit en ce que le foyer ne fut pas en première ligne l'endroit d'où l'homme dirigeait sa lutte pour l'existence contre tout ce qui était en dehors, mais au contraire celui où il pouvait se retirer et jouir en paix des fruits de cette lutte. La tutelle de l'homme fut alors maintenue parce que la femme fut toujours regardée comme un être faible, mais cette idée en transforma le caractère. L'homme devait être le maitre parce qu'il était le protecteur, sa tutelle ne fut pas pour le protéger lui-même contre les suites de la faiblesse et de l'inexpérience de l'épouse, mais pour la protéger parce qu'elle serait dans sa faiblesse sans secours si la tutelle du mari disparaissait (*fragilitas sexus*). Plus tard encore, cette conception se modifia un peu, en ce que la femme par suite de la faiblesse de sa nature avait besoin d'un tuteur, non pas tant pour la protéger contre les étrangers, que pour le faire contre elle-même et pour protéger ses enfants contre les suites possibles de ses résolutions inexpérimentées et inconsidérées.

Chez les Romains, où la famille reposait sur la *patria potestas*, cette idée fut la cause déterminante de l'évolution de la loi, et finit par détruire la prépondérance de l'époux sur l'épouse, en ce que la loi se chargea de défendre les intérêts de la femme et ceux de la famille vis-à-vis du mari, n'osant pas s'en remettre à la propre intelligence de l'épouse, tant était grande la méfiance de son pouvoir propre de résister aux suggestions de son amour. Sans doute ceci apparaît particulièrement dans ce qui concerne les biens, mais se trouve cohérent aussi avec la question de l'autorité personnelle. A Rome, on apprit à comprendre, que l'on ne peut pas être certain que l'homme remplisse toujours son rôle de tuteur avec la délicatesse et la conscience suffisante. Il fallait créer ici une protection pour l'épouse ; cette protection naturellement devait être cherchée dans sa propre intelligence, de sorte qu'en la rendant indépendante vis-à-vis de l'homme elle soit regardée comme suffisamment protégée ; mais la loi guidée par l'idée de la faiblesse de la nature de la femme la rendant la proie de ses propres passions, considéra cette protection comme insuffisante, et pour cette raison, elle se chargea elle-même de la tutelle (1). Le Code civil est entièrement pénétré de cette idée, et

(1) « Assurer la conservation de la dot dans l'intérêt général de la famille, tel est le but de Justinien, tel est l'objet constant de ses réformes. Il prend soin de garantir la dot non seulement contre les dissipations du mari, mais encore contre les complaisances de la femme elle-même ». P. Gide, *Étude sur la condition privée de la femme,* p. 220.

de nos jours dans la loi italienne de 1866, loi d'après laquelle d'ailleurs on a assuré à la femme une extrème indépendance et une condition d'égalité avec l'homme, il se trouve cette défiance dans les aptitudes de la femme à pouvoir se gouverner elle-même. « Ce Code suppose la femme assez forte pour se passer au besoin du mari et pour agir sans lui, la suppose trop faible pour agir contre lui et pour lutter contre sa puissance : dès que les intérêts des deux époux sont en conflit, la femme ne peut plus agir que sous le contrôle de la justice (1). »

Cette défiance des capacités intellectuelles de la femme se trouve au fond de toute l'évolution parcourue par les races latines. En ce qui concerne les biens, elle a pour conséquence que la liberté d'agir de la femme est restreinte vis-à-vis de l'homme, et se trouve placée sous son contrôle ou sous celui de la loi, et quant à ce qui concerne l'autorité personnelle, elle se montre en ce que la prépondérance de l'époux sur l'épouse est maintenue comme un état de choses naturel. « Toute femme, dit-on, veut dans le mariage un homme qui la domine, elle se sent plus humiliée de l'infériorité de son mari, que de son infériorité devant lui » (2). Mais ce désir existe assurément moins dans la nature de la femme que dans l'organisation de la loi, car si l'épouse doit obéir, on comprend facilement qu'elle demande que celui à qui elle doit obéir lui soit véritablement supérieur.

Chez les Germains l'autorité du mari s'est maintenue davantage, comme une condition nécessaire pour le

(1) Même ouvrage, page 486 ss.
(2) Legrand : *Le mariage, etc.*, page 280.

gouvernement même du foyer, car chez eux la famille reposait sur le mariage, et non sur le pouvoir du chef de la famille. C'est l'unité de la famille qui se trouve symbolisée et maintenue par la domination du mari. Mais lorsqu'on demande les motifs de cette organisation, le Germain se voit aussi contraint d'alléguer que le foyer ne peut pas être subordonné à deux volontés contradictoires, et que la volonté de la femme doit plier devant celle de l'homme parce qu'elle est la plus faible et la plus inexpérimentée (1).

Il y a ainsi en substance deux sortes d'arguments qu'il faudra examiner, à l'égard de la question de l'autorité de l'époux sur la personne de l'épouse. La permière concerne les qualifications personnelles de l'épouse, s'il est juste de dire que par sa nature elle est moins à même de gouverner que l'homme ; dans la seconde il s'agira de savoir, jusqu'où la nature de la vie de famille exige qu'une seule volonté gouverne pour conserver son unité, lorsque la volonté des époux ne va pas d'elle-même dans une direction semblable.

(1) Dans son célèbre ouvrage *L'assujettissement des femmes*, Stuart-Mill ne s'attache pour ainsi dire pas à la grande importance que le devoir de protéger la femme comme un être faible a eu dans le maintien de l'autorité juridique de l'homme. Que la force fut le point de départ historique, cela devient pour Mill la seule chose essentielle et décisive pour sa conception. Il existe pour cette raison une assez grande partialité dans cet écrit sans cela d'une haute valeur, et cette conception a contribué à lier les efforts pour améliorer la condition des femmes à des sentiments de révolte contre l'assujettissement, sentiments qui ne sont pas entièrement légitimes.

3. — *La nature de la femme.*

Incontestablement la faiblesse physique de la femme fut un facteur d'une importance décisive, aussi longtemps que la société avait un caractère guerrier prépondérant, mais dans l'état juridique cela ne joue plus aucun rôle, parce que sa base est que le pouvoir ne crée pas le droit.

C'est pourquoi la question devient uniquement de savoir si la femme est moins intelligente, et douée de qualités morales plus défectueuses que l'homme. Qu'en elle-même la réponse à cette question puisse être douteuse, cela ne viendra plus à l'idée de personne ; aussi la loi a-t-elle déjà donné sa réponse absolument indubitable, car en donnant à la femme non mariée la même autorité qu'à l'homme, le législateur a irrévocablement fixé sa conception que la femme en elle-même n'est pas incapable de diriger ses propres intérêts (1). Il s'est nécessairement montré impossible de soutenir l'opinion contraire en face des expériences faites dans une société où tous les hommes lorsqu'ils ne sont pas atteints d'aliénation mentale, et pour cette raison irresponsables, sont considérés comme pouvant agir de leur propre autorité, et où l'on regarderait comme un brutal empiètement de la loi, si elle voulait se constituer la tutrice des hommes faiblement doués ou inexpérimentés et légers de carac-

(1) Voir Laurent, *Code civil international*, V, p. 83. « Pourquoi la femme, capable au moment où elle se marie, devient-elle subitement incapable par le mariage ? Ce que Portalis dit est étranger à la question : « La force et l'audace sont du côté de l'homme, la timidité et la pudeur du côté de la femme ». Eh ! qu'importe ? N'en est-il pas ainsi en dehors du mariage, aussi bien que pendant le mariage ? »

tère. Que bien des hommes se montrent très peu aptes à gouverner leurs propres affaires, c'est malheureusement un fait reconnu, mais la justice et l'humanité n'enjoignent pas à la société de s'en occuper ; au contraire, la possibilité d'amener en eux une évolution intellectuelle, et celle de la conservation de leur dignité personnelle disparaîtraient, si on ne les laissait pas gouverner leur vie comme bon leur semble. Ils doivent supporter les heurts que leur propre incapacité et leur inexpérience leur préparent, et apprendre à vivre de leurs déceptions. Quelle est ici la raison pouvant faire qu'il soit plus juste que la loi s'occupe de la femme d'une autre manière qu'elle le fait pour l'homme, ce n'est pas facile à voir (1). Il n'est pas nécessaire d'examiner cette question très subtile et selon notre opinion absolument oiseuse, si les femmes pourraient atteindre un aussi haut degré d'intelligence et d'évolution intellectuelle que les hommes les plus remarquables (2). Il ne s'agit que de cette question beaucoup plus simple, si la femme peut se maintenir au niveau des hommes les moins doués, que la loi considère cependant comme ayant un droit d'autorité personnelle absolue, et si les conditions de son évolution intellectuelle, pour arriver à l'expérience et à la maturité de la pensée, sont pour elle

(1) « On répondra peut-être que les femmes n'ont pas à se plaindre, car si la loi les prive de leur crédit, c'est précisément par intérêt pour elles et de crainte qu'elles n'en abusent à leur propre détriment. Loin de nous ce détestable sophisme à l'aide duquel on a justifié tous les esclavages. » P. Gide, *Étude sur la condition privée de la femme*, p. 518 ss. C'est dans la connexion entre le manque d'autorité et celui de dignité que l'essence de la conception de Stuart Mill doit être cherchée.

(2) Voir sur ce sujet Lourbet, *La femme devant la science contemporaine*, 1896.

les mêmes que pour les hommes. Et sur cela aucun doute ne peut plus subsister.

Nous ne disconviendrons nullement qu'en général, il y a plus de femmes que d'hommes qui sont sans expérience de la vie pratique ; ceci n'est pas un résultat de l'imperfection de leurs forces intellectuelles, mais seulement la suite de leur manque de pratique, de l'insuffisance de leur éducation, et de leurs habitudes de vie. Il faut surtout convenir que les femmes qu'on marie de bonne heure n'ont généralement guère d'expérience, et dans les circonstances actuelles ces femmes ne peuvent aller de pair avec leurs maris exercés dans les côtés pratiques de la vie. Nous croyons que c'est de là, et non d'une envie égoïste de conserver le pouvoir, que remonte l'opposition des hommes à partager leur autorité avec les femmes. Il va sans dire qu'ils sont en très petit nombre, ceux qui prennent leur position d'après des considérations théoriques et abstraites ; la plupart la prennent, d'une manière pratique, d'après leurs expériences propres, et ces expériences n'aboutissent que trop souvent à démontrer l'injustice et l'iniquité de l'exigence, que les maris doivent partager leur autorité avec un être auquel font défaut toutes les conditions nécessaires pour juger les choses dont il s'agit. Si les épouses exigent une autorité personnelle et les mêmes droits que leurs maris, dans tout ce qui concerne les affaires de la famille, il ne sert à rien qu'elles s'en rapportent, à ce que leur nature en elle-même les place au même niveau que l'homme, elles doivent d'abord perfectionner leurs capacités et démontrer leur habileté par des arguments pratiques. Que la question de la position de la femme ait pu s'élever de nos jours comme une question de prin-

cipe, cela ne s'explique point par la connaissance croissante de la nature de la femme, mais par les expériences
qui se sont multipliées sous l'ancienne organisation existante, les femmes ayant trouvé l'occasion de prouver
leurs forces, et par là de démontrer l'injustice fondamentale de cette organisation vieillie. Si ardent qu'on soit
pour améliorer la situation de la femme, et quelque intérêt
qu'on puisse apporter à reconnaitre l'influence destruc-
tive que l'ordre juridique actuel exercerait sur la vie
de famille s'il continuait à subsister, l'on ne peut donc
pas absolument méconnaitre la légitimité des scrupules
du législateur à modifier les rapports d'autorité personnelle entre les époux, aussi longtemps que les femmes
seront moins instruites et moins expérimentées que les
hommes. Car dans de telles circonstances une réforme
de cette sorte n'aurait aucun autre motif raisonnable,
que celui de protéger l'épouse contre l'abus que peut
faire l'homme de son autorité, et alors il se montrerait
nécessaire, comme dans l'ancienne Rome, de placer la
justice ou le magistrat entre les époux, et aujourd'hui
comme dans ces jours lointains une telle organisation
ne servirait qu'à rendre la consolidation de la vie commune des époux plus difficile. Il y a cependant une
grande différence entre la situation de l'ancienne
Rome et celle des États modernes, car à Rome l'émancipation des femmes, primitivement privées de toute
capacité, commença dans le mariage, la loi s'occupant
de séparer les intérêts des époux pour protéger l'épouse.
Du mariage l'émancipation s'étendit jusqu'à la femme
non mariée, mais d'une manière extrêmement incomplète. Le résultat en fut qu'on continua à la considérer
comme incomplètement à même de se gouverner elle-

même, conformément à sa nature comme femme, et pour cette raison on créa un ordre de choses qui paralysa sa liberté d'agir, et dont le résultat devint qu'elle fut séparée des intérêts de son mari, et que la vie commune entre eux disparut. Mais dans notre société le mouvement s'est produit dans un sens contraire. Ici c'est la femme non mariée qui est arrivée à gagner son émancipation et de là l'exigence s'étend jusqu'à l'épouse, elle aussi doit être émancipée et ne pas perdre par le fait de son mariage la capacité et la liberté qu'elle possédait auparavant, et qu'elle s'est montrée capable de mettre à profit (1).

Il est donc constaté dans la loi, que ce n'est pas comme femme que l'épouse est incapable ; les expériences multipliées qu'elle est à même de diriger ses propres affaires, forcent le législateur à chercher le fondement de l'incapacité de l'épouse, dans cette raison absurde que le mariage est une affaire tellement difficile, qu'ici les qualités nécessaires pour se gouverner elle-même font défaut à la femme. Les expériences de la capacité de la femme libre rendront le maintien de l'incapacité de l'épouse impossible. Seulement deux raisons pourraient être imaginées pour justifier les dispositions de nos lois

(1) « Le contraste entre l'incapacité de la femme mariée et la capacité de la femme libre est l'un des traits les plus originaux et les plus caractéristiques du droit moderne..... L'incapacité du sexe ne commence qu'avec le mariage, et elle finit avec lui ». P. Gide, *Etude sur la condition privée de la femme*, p. 475. Ce contraste entre ce qui existait à Rome et ce qui existe dans les Etats-Unis et en Angleterre semble avoir échappé à l'attention de M. Lawrence. Il mentionne seulement que les expériences d'autrefois et celles de nos jours semblent marcher dans des directions opposées. B. E. Lawrence, *The history of the laws affecting the property of married women in England*, 1884, p. 15.

actuelles. L'une, d'une nature éphémère, donnerait à notre organisation de la famille l'empreinte de n'être qu'un état transitoire ; l'autre, au contraire, d'un caractère fondamental, servirait à présenter cette organisation comme une organisation nécessaire et inaltérable.

Les raisons de la première catégorie se résument en ce que le sexe féminin est encore dans un état d'éducation, qui avec le temps remédiera aux suites fâcheuses des conditions sous lesquelles les femmes ont jusqu'ici été placées. Plus les femmes libres entreront dans la vie pratique et acquéreront les connaissances et l'expérience qui y sont exigées pour se tirer d'affaires, plus elles recevront une éducation ayant pour but de les rendre capables, s'il devient nécessaire, de remplir une mission quelconque dans la vie pratique, et plus on pourra compter aussi sur ce que l'épouse deviendra l'égale de son mari, et alors la prépondérance de l'époux sur l'épouse disparaîtra sans inconvénient. Mais en attendant, il ne peut être question de cela, l'émancipation de la femme libre est de trop nouvelle date, on ne peut encore, en pratique, tirer la conséquence que l'épouse dans des conditions semblables, serait l'égale de l'homme en connaissance et en expérience. L'incapacité de l'épouse vis-à-vis du mari doit donc encore être maintenue provisoirement, car il est possible de laisser la femme libre et le plus souvent n'ayant à pourvoir qu'à ses propres besoins, supporter les fâcheuses conséquences de son incapacité, et en acquérir un jugement plus sûr et une expérience la mettant à même de savoir se guider ; mais quant à l'épouse, il serait injustifiable d'exposer toute une famille à souffrir des suites de son manque de connaissances et de pratique.

Nous ne trouvons aucun motif particulier pour nous arrêter davantage sur cet argument provisoire, concernant le maintien de la prépondérance de l'époux. C'est notre conviction, que le changement dans cet état de choses ne se fera que lorsque la femme prouvera qu'elle est capable d'être l'égale de l'homme dans la direction des affaires, et lorsqu'elle exposera ce qu'elle exige avec une énergie suffisante, et avec persévérance. Tous ceux mettant en avant l'argument provisoire conviennent que l'évolution future marchera vers une émancipation de l'épouse ; il ne peut être question ici que du temps, et de la manière dont le changement s'opérera. Il nous semble certainement ici y avoir trop de lacunes dans les raisons suffisantes, pour laisser durer longtemps cet état provisoire. Il ne peut aucunement être question d'attendre une évolution pouvant donner aux femmes de plus grandes aptitudes naturelles, cela ne pouvant s'accomplir que très lentement ; il ne peut s'agir que de leur créer d'autres conditions pour développer leur capacité et ceci n'exige qu'un court espace de temps. Si la législation ne se fait pas un scrupule d'exposer, sans aucun moyen de résistance, toute une famille aux malheurs pouvant découler de l'incapacité et de la légèreté de son chef, l'on ne peut avoir beaucoup de respect pour la sollicitude qu'elle montre pour la famille en mettant l'épouse en tutelle.

Bien plus important est l'argument fondamental, que la prépondérance de l'époux doit être conservée comme une organisation durable, parce que l'unité de la famille doit toujours exiger que ce soit une seule volonté qui gouverne en dernier ressort, et que cette volonté doit toujours être celle de l'homme, comme étant celui, quel que soit le résultat de l'évolution, sur lequel repose le soin de pourvoir aux besoins de la famille, parce que l'épouse en devenant mère se détournera des intérêts extérieurs, pour se consacrer davantage à ceux du foyer.

4. — *L'unité de la famille.*

Nous avons exprimé ci-dessus, qu'il semble exister une aversion croissante par le mariage, et que cette tendance n'est pas sans connexion avec l'exigence croissante de l'émancipation de la femme. L'homme renoncera à regret au droit d'agir selon sa volonté, non seulement parce qu'en traversant l'évolution précédente il s'est habitué tellement à se regarder comme le maître du foyer, qu'il se sent choqué à la pensée de partager son autorité avec son épouse, mais aussi parce qu'en général il ne lui semble pas que l'expérience prouve qu'une femme ait un entendement suffisant. Le même homme qui peut discuter patiemment avec son associé, et qui vis-à-vis des hommes comprend très bien qu'il ne peut toujours exiger qu'on s'incline devant sa volonté, et surtout sans qu'il puisse la justifier par des raisons abondantes, ce même homme ne peut sans impatience se résigner à ce que son épouse délibère ses résolutions avec lui, et au lieu de lui donner des raisons, il lui fera seulement connaître sa volonté, ou l'éconduira en lui faisant comprendre qu'elle n'y entend rien. Et de même que l'homme repousse la pensée de délibérer sur tout avec son épouse, de même la femme qui avant son mariage s'est habituée à avoir une volonté à elle, repousse la pensée d'y renoncer par le fait de son mariage.

On ne peut être étonné de cet état de choses, car il ne peut exister aucun doute, de ce que l'émancipation personnelle de l'épouse signifie un changement sensible dans les rapports existants, et qu'un événement semblable mette fin à bien des coutumes, avec lesquelles les individus s'étaient jusqu'ici familiarisés. Un moment transitoire semble généralement toujours désagréable. Ceux qui se sont trouvés le mieux dans l'ancien ordre des choses, c'est-à-dire ici la majorité des hommes, voudront se soustraire au nouveau et ne se marieront pas. Ceux qui aspirent au nouvel état de choses, c'est-à-dire ici la majorité des femmes elles-mêmes, ne se trouveront pas satisfaites de la lenteur avec laquelle il se crée, et concevront aussi une certaine aversion pour le mariage. Mais cela ne peut donc jouer un rôle décisif pour notre évaluation, parce que ce ne sont que des phénomènes transitoires ; nous devons seulement tourner notre attention vers cette question, si ce sont des raisons fondamentales cohérentes avec la nature de la vie conjugale, qui parlent pour ou contre un changement dans les rapports d'autorité personnelle entre les époux. Et ici nous serions disposés à dire comme un auteur français libéral, que si le mariage devait nécessairement amener que l'un des époux se trouvât subordonné à l'autre, la loi du mariage serait en opposition avec la morale, elle deviendrait une loi de guerre au lieu d'une loi de paix, et qu'il faudrait alors aider à la disparition du mariage (1). La solution de ce que le ma-

(1) Renouvier : *Science de la morale*, I, 1869, pages 587-589.

riage exige, dépendra de deux considérations tout à fait différentes : l'une part de savoir si la famille comme une unité vivante exige une seule volonté qui dirige, l'autre au contraire si l'amour comme un désir de la civilisation, pour atteindre cette *communitas omnis vitæ*, exige les sentiments reposant sur la différence ou bien ceux reposant sur l'égalité dans la position des époux.

Tout le monde conviendra aisément qu'une famille ne pourrait exister où chacun voudrait faire sa volonté. Ce foyer divisé par lui-même devient stérile. La famille n'est pas sur ce point autrement placée que toute autre chose devant se montrer comme une unité. Mais à cet égard on serait en droit de comparer la famille à l'Etat (1). De même que celui-ci doit s'assurer de l'unité de son gouvernement, la famille doit le faire aussi. Autrefois on a cherché cette sécurité en ce qu'un seul des facteurs du pouvoir de l'Etat avait la prépondérance absolue sur tous les autres, mais l'évolution de la politique de nos jours a changé cet état de choses, et en créant des institutions parlementaires on a justement accentué qu'aucun facteur isolé ne peut se faire valoir séparément, mais que l'unité doit être obtenue par concordance mutuelle. Théoriquement cela pourrait sembler vouloir rendre le débat permanent, mais la justification des institutions parlementaires se trouve, en ce qu'on a raison de se baser sur

---

(1) Mill compare la famille aux rapports existant entre des associés (*L'assujettissement des femmes*). Mais la comparaison avec l'Etat me semble plus explicite parce que le mariage n'est pas un contrat pouvant être dissout par un simple avertissement, c'est une vie commune dans laquelle on est, et avec laquelle il faut s'accommoder, comme simplement l'on est dans un Etat et ne peut se dégager des rapports vous y attachant, tandis qu'on est à même de se dégager d'un contrat.

ce que tous les facteurs concomitants sont pénétrés de la valeur de leur union politique, et c'est justement pourquoi tous, chacun de son côté et avec ses désirs particuliers, s'efforceront de contribuer au bien de l'Etat. Si l'on se figurait, ou si l'expérience forçait à convenir, que chacune des parties ne travaillait que pour elle-même, et regardait la collectivité de l'Etat comme un mal inévitable, il serait impossible à un Etat de prospérer avec les institutions parlementaires. La base d'une telle organisation politique est, chez tous ceux qui y coopèrent, une compréhension dominante de la valeur de la collectivité, et une aptitude à pouvoir en tout cas à peu près distinguer entre ce qui est important et ce qui ne l'est pas, entre les grandes et les petites questions. Si un Etat doit progresser sûrement et vite, il doit exister une unité entre toutes ses parties ; s'il est impossible de l'obtenir il faut que l'Etat reste provisoirement au régime antérieur, et l'on pense avec raison que dans une situation semblable cela serait plus sain et meilleur qu'un progrès amené brusquement et d'une manière trop exclusive, sans le concours de tous les éléments de la nature Il y a des moments où les volontés se tendent à peu près dans la même direction, mais il y en a d'autres où ce serait la ruine d'un Etat s'il cherchait à aller de l'avant, parce que dans ce cas factiquement, une grande partie de la nature ne pourrait suivre dans cette direction, et le progrès amènerait alors la division ou l'affaiblissement d'une grande partie des forces actives. Les monarchies absolues ont souvent préparé par là l'affaiblissement des Etats, en les conduisant dans des voies impossibles à suivre pour toute la nation.

Quant à ce qui concerne la famille, des considérations analogues se présentent. Lorsqu'on demande que l'épouse ait une autorité personnelle vis-à-vis du mari, cela peut sembler à beaucoup comme si l'on voulait introduire des différends dans la famille. Mais cette opinion signifie, en l'exprimant clairement et sans équivoque, que l'on suppose que le mari et la femme, en général, sont ennemis l'un de l'autre et que l'unité de la famille ne peut être conservée que par l'autorité absolue de l'une des parties (1). En nous faisant l'avocat de l'autorité personnelle de l'épouse, c'est dans la conviction que les deux époux considèrent la vie commune comme le but principal de leurs efforts, et comme des gens raisonnables, qu'ils savent distinguer entre ce qui est important dans les rapports, et ce qui ne l'est pas dans leurs désirs personnels.

Dans une famille comme dans un Etat, le travail énergique au progrès de la collectivité repose sur ce que les deux volontés concomitantes soit unies, mais, dans une famille comme dans un Etat, il peut aussi y avoir des moments où il vaut mieux provisoirement rester dans le *statu quo*, au lieu de brusquer le progrès d'une manière exclusive, dans une direction déterminée. Et dans une famille ceci est peut-être encore plus nécessaire que dans un Etat, parce que l'évolution de la collectivité et le progrès dans la famille ne peuvent être mesurés en première ligne sur la position sociale que la famille acquiert au dehors, mais, au contraire, doivent l'être sur la compréhension et l'harmonie qui existent entre les époux (2).

(1) Comparer Mill, *L'Assujettissement des femmes.*

(2) Legouvé, comme bien des Français, ne peut se figurer l'unité de la famille assurée sans que l'homme soit la volonté supérieure qui gouverne. Il veut seulement que cette volonté soit limitée par un con-

Les objections à ce que l'épouse soit placée dans les mêmes conditions que l'époux se résument en somme en cette idée, que cela ne consolidera pas les bons rapports entre les époux, si l'un est empêché de faire ce qu'il considère comme un avantage pour la situation de la famille, en ne parvenant pas à amener l'autre à comprendre sa conception. Naturellement, il peut se trouver ici des cas où une telle désharmonie irritera réciproquement le caractère des époux, comme dans la vie politique un débat entre des facteurs parlementaires peut être dirigé avec animosité. Mais de tels cas autorisent aussi peu dans la famille que dans l'État à rejeter l'organisation parlementaire, car ils doivent être mesurés par les dissensions et l'animosité créées par la dépendance absolue de l'une des parties. Dans les combats parlementaires qui, des deux côtés, sont dirigés sous les formes parlementaires, c'est-à-dire sur la base de la discussion, et avec un respect prépondérant pour les données les plus essentielles de la vie commune, l'animosité ne devient jamais aussi violente que celle provoquée pendant les périodes révolutionnaires, où l'un des partis cherche dans les institutions existantes le droit d'ignorer complètement les désirs de l'autre. Lorsque l'on considère si scrupuleusement le ressentiment possible d'un homme se trouvant hors d'état d'amener son épouse à accepter ses plans, et par là se voyant dans la nécessité de renoncer à les mettre à exécution, il est alors singulier que l'on attache si peu d'importance à ce qu'une épouse doit ressentir d'offensant et d'humiliant, à voir

seil de famille. Mais ceci ne fera qu'empirer les choses, et le rôle de ce conseil dans la pratique française est d'une valeur très douteuse. *Histoire morale des femmes*, 10e éd., page. 178. Comparer pag. 171.

que l'homme agit absolument sans égard pour ses opinions à elle. Aussi longtemps que l'épouse sentira véritablement qu'elle n'entend rien aux affaires dont il s'agit, un tel état de choses n'amènera pas trop d'inconvénients, mais aussitôt qu'elle aura raison de croire que son entendement est aussi bon que celui de l'homme, il est impossible qu'elle ne sente son incapacité forcée comme une dégradation. Et de nos jours l'homme entêté ne dira que très rarement avec raison que sa femme est sans entendement; n'évite-t-il pas plutôt une délibération avec elle parce qu'il craint de ne pouvoir lui donner des raisons vraiment convaincantes ? Elle devient pour lui une sorte de personnification de sa mauvaise conscience, de ses propres scrupules secrets, qu'une tentation supérieure ou une trop grande légèreté de caractère l'empêche d'écouter.

La grande influence dont jouissent les épouses dans les rapports juridiques existants, rend aux yeux de beaucoup leur exigence d'obtenir une entière autorité personnelle extrêmement déraisonnable. L'épouse, dit-on, doit se contenter de la réalité et ne pas s'efforcer d'en acquérir les marques extérieures ou chercher à se l'assurer comme un droit : « Son pouvoir, dit Legrand, ne peut être qu'un pouvoir d'influence non sanctionné par la loi, et dû tout entier à la puissance de l'attrait, ou plutôt à des concessions affectueusement faites. Il faut que son intérêt force la femme à être aimable et qu'elle soit condamnée à plaire » (1). Cependant cette conception

(1) Legrand : *Le mariage et les mœurs en France*, p. 283. Et: « Sans doute, si l'épouse est intelligente et le mari médiocre, comme le pouvoir revient toujours à l'intelligence, il est juste que celui-là saisisse les rênes qui est le plus capable de les tenir. Mais ce déplacement

qui est très répandue ne s'accorde pas avec la considération des intérêts de la famille, mais seulement avec
cette idée héréditaire de regarder la femme en vertu de
sa nature comme un être inférieur, devant lequel en réalité l'homme s'abaisse lorsqu'il lui laisse prendre de l'influence sur lui. « En général, dit Bryce, l'homme européen a le sentiment qu'il s'abaisse quand il parle à une
femme de choses sérieuses ; même si elle lui est supérieure comme esprit, comme caractère et comme position sociale, il pense que lui, comme homme, l'emporte
sur elle, et consciemment ou inconsciemment il le prend
de haut. Et elle est trop accoutumée à ce traitement pour
en être offensée, à moins que les formes polies et voilées
de la société ne soient brisées. Une telle idée ne viendra
jamais à la pensée d'un Américain. Il parle à une femme
de la même manière qu'à un homme, avec simplement
une nuance de politesse en plus... Et de son côté une
dame américaine ne s'attend nullement à ce qu'on lui
tienne conversation... L'épouse européenne fait souvent
sa volonté, mais elle l'obtient par une adresse pleine de
tact, par la flatterie, par sa tendresse, elle profite de la
faiblesse de l'homme, tandis que le devoir et le désir de

d'autorité ne doit jamais apparaître au dehors. La femme doit se contenter alors de la réalité du pouvoir sans en réclamer l'apparence. Elle
peut quelquefois gouverner ; il faut toujours que le mari règne. Sinon
le principe d'autorité s'amoindrit et la famille se discrédite. » Comparer même ouvrage, p. 281. « Il n'y a donc, Mesdames.., que le
manque de jugement, des idées communes et le défaut d'éducation
qui puissent porter une femme à se croire en tout l'égale de son mari.
Il n'y a du reste rien de déshonorant dans la différence ; chacun a ses
propriétés et ses obligations: vos propriétés, Mesdames, sont la beauté,
les grâces, la séduction ; vos obligations, la dépendance et la soumission. » *Mémoires de Sainte-Hélène*, par Las Cases, 1823, IV,
pag. 139.

l'homme en Amérique est de céder à sa femme, et de lui rendre les services que le tyran anglais exige de sa compagne... On ne peut dire, ni en Angleterre, ni en Amérique, que le principe d'une égalité absolue soit introduit, car en Amérique la balance penche presque autant, pour ne pas dire autant, en faveur de l'épouse qu'en Angleterre elle fait en celle de l'homme... Autant qu'il m'a été possible de savoir l'opinion de ceux qui ont vécu dans les deux pays, je les ai entendus s'exprimer à l'avantage des coutumes américaines, peut-être parce que la théorie sur laquelle elles reposent diffère moins de l'égalité absolue que la théorie anglaise » (1) .C'est en réalité ceci qui continuera à être le point culminant dans la question de l'autorité personnelle de l'épouse, vis-à-vis du mari ; celui-ci peut-il se défaire de l'idée de sa supériorité comme homme, et celle-là deviendra-t-elle plus sensible à l'offense existant pour elle dans cette idée chez un conjoint? Ce serait une ineptie de croire que ceci s'obtiendra à l'aide d'une théorie, on ne réussira qu'avec celui de l'expérience, c'est-à-dire en ce que les hommes soient placés vis-à-vis des femmes qu'ils doivent respecter, comme intellectuellement leurs égaux. A cet égard, les Américains, dans leur vie de colonisateurs, ont possédé des expériences qui nous ont manqué en Europe. Cette vie de colonisateurs amena des individus, ayant l'esprit développé par la civilisation européenne, dans des situations faisant de la femme l'égale absolue de l'homme, en leur faisant sentir qu'ils avaient

(1) Bryce : *The american commonwealth,* 3e éd., 1895, II, pag. 737.

Comparer Tocqueville : « Aux Etats-Unis, on ne loue guère les femmes, mais on montre chaque jour qu'on les estime ». *La démocratie en Amérique,* 3e éd., IV, pag. 101.

également besoin l'un de l'autre, pour sortir victorieux de la lutte pour la vie. Et pour le développement ultérieur de l'Amérique, cette indépendance de la femme a été de la plus grande importance (1).

Quant à l'Europe, la question deviendra donc, si les progrès de la civilisation forceront les hommes de voir dans leurs femmes des auxiliaires placés sur un pied d'égalité, la lutte avec les besoins de la vie exigeant qu'on se soutienne mutuellement, qu'on travaille en commun pour les mêmes buts. Cette lutte peut être ou la lutte brutale pour subvenir aux besoins élémentaires de la vie, ou cette lutte plus subtile pour satisfaire aux exigences cultivées de sa vie intérieure et à l'éducation des enfants, demandant de l'éducateur une connaissance parfaite de la vie, dans laquelle plus tard les enfants doivent entrer.

Mais aussi pour la vie personnelle réciproque des époux, abstraction faite de leurs mutuels intérêts économiques et de leur communauté dans l'éducation des enfants, il serait d'une grande importance si l'épouse acquérait son influence d'une manière détournée, par ses charmes, par sa tendresse, ou si elle la devait au sentiment de l'homme qu'elle est essentiellement son égale. Si ce sentiment ne se peut former, alors seulement l'unité de la famille se trouvera compromise, par la cessation du droit du mari de faire valoir sa volonté. L'influence indirecte ne peut satisfaire. « Ni dans la famille ni dans l'Etat, dit Mill, le pouvoir n'est une compensation de la liberté » (2). Et comme l'influence que la femme s'est ac-

(1) Comparer Tocqueville : *La démocratie en Amérique*, IV, pag. 104. Bryce : *The american commonwealth,*, II, pag. 743.

(2) Mill : *L'assujettissement des femmes.*

quise par des chemins détournés, généralement se montre avantageuse pour l'époux, pour la famille et pour la vie commune, il est tout à fait déraisonnable de demander qu'elle ne puisse s'acquérir que par ces chemins détournés. Une conviction certaine et fondée sur l'expérience que l'influence de l'épouse est fructueuse, n'est pas autre chose qu'une déclaration de l'égalité de son intelligence ; et si cette persuasion s'impose, il serait dangereux de forcer l'épouse à n'exercer son influence que par des chemins détournés. Ce serait dangereux parce que ce serait absurde, en ce qu'une influence exercée de cette manière n'a pas de justes limites ; elle ne peut en avoir que lorsqu'elle est une influence acquise par des raisons et non par la séduction (1). Chez l'épouse, la conscience de pouvoir acquérir, par des moyens secrets, une influence qu'on ne lui concède pas ouvertement, doit provoquer un mépris plus ou moins conscient de celui qu'elle amène de cette manière à faire sa volonté. Au contraire, celui qui persuade un autre par ses raisons ne ressentira jamais du mépris pour lui, mais concevra plutôt une plus grande confiance dans la force de son jugement et dans l'impartialité de son esprit. Une telle égalité légitime aura aussi généralement sur le caractère des époux cette influence fructueuse qu'exerce toujours l'estime des autres, tandis que la situation actuelle encourage l'égoïsme de l'homme, en lui inculquant l'adoration de sa propre volonté, et encourage l'insociabilité de la femme, en lui dérobant toute règle précise pour juger si ses désirs passent les limites du raisonnable et du possible. « Il n'est pas au pouvoir d'un législateur quelconque, dit P. Gide, de paralyser et de supprimer chez aucun

____

(1) Mill : *L'assujettissement des femmes.*

homme son activité naturelle, pas plus qu'il n'est en son pouvoir de changer la nature humaine ; ce que le législateur peut faire, c'est de transformer une activité licite et utile, en une activité illicite et nuisible, et c'est ce qu'il fait chaque fois qu'il déclare incapable d'agir celui qui en est capable par nature. Par là il ne supprime pas l'activité sociale de l'incapable, il la pervertit (1) ».

5. — *La nature de l'amour.*

L'incapacité personnelle de l'épouse ne peut donc se baser sur les nécessités de l'unité de la famille, ni sur le caractère de sa nature. Il y a pourtant encore une raison possible pour concevoir cette incapacité. Cette raison, assurément, entre dans le domaine de la considération de sa nature, mais d'une manière tellement particulière, qu'elle mérite d'être mentionnée séparément. Il pourrait se faire que les caractères distincts des époux comme êtres sexuels, établissant sous bien des rapports une profonde différence entre eux, aient une importance dans la question de l'autorité de l'épouse, par la manière dont elle détermine l'amour chez l'un comme chez l'autre. La nature de l'amour sexuel pourrait être d'une substance si particulière que l'homme fût forcé de conserver la prépondérance pour qu'elle puisse avoir la totalité de son développement. L'amour conjugal diffère d'une simple amitié, en étant un amour sexuel exprimant une entière vie commune. Nous venons de voir que l'idée d'une semblable vie commune ne peut être déduite de la prépondérance d'une des parties ; peut-être une telle organisa-

(1) Gide : *Etude sur la condition privée de la femme*, page 522.

tion s'accorde-t-elle avec le caractère particulier de la vie commune entre des individus de sexes différents.

Nous avons vu plus haut que le sentiment de protection, aussi loin que remonte l'amour entre l'homme et la femme, a été un élément dans l'amour de l'époux, et a contribué à le distinguer du simple sentiment érotique qu'on ressent pour une maîtresse. Ce sentiment de protection se développa certainement à l'origine dans le cours du mariage comme le reflet des souvenirs de protection donnée, et de l'appréciation de la compagne comme un être digne de protection. Mais par l'influence des mœurs, il vient tout naturellement, dans la perspective inconsciente des rêves d'avenir planant devant les yeux du fiancé, avant d'amener l'épouse dans son foyer. Et chez la femme, la confiance et le tendre dévouement correspondent à ce sentiment de protection chez l'homme. En accordant la capacité personnelle à l'épouse on apporterait assurément un changement dans ces sentiments, et l'on ferait que l'amour se formerait différemment ; l'on ne peut nier que l'amour en perdrait un des facteurs les plus précieux l'ayant soutenu jusqu'ici. Sans doute le sentiment de protection n'aurait jamais été à même de créer le mariage, mais l'on ne peut se refuser à constater que le sentiment de protection a puissamment contribué à soutenir les mariages créés par d'autres raisons, et que le sentiment de bonheur qu'on ressent en donnant et en recevant la protection, joue un grand rôle dans le rêve de bonheur qu'on se forme avant le mariage, en pensant à sa vie future comme époux ou comme épouse. Il est douteux qu'on puisse trouver quelque moyen de mesurer la perte dont souffrira l'amour, lorsque les rapports de protection disparaîtront lors de l'anéantissement de l'autorité de l'époux, ou en donner un pour mesurer les rapports entre cette perte, et l'avantage qu'on pense obtenir, en faisant du mariage une union entre des personnalités placées à un même degré d'égalité. Le sentiment de protection a de la valeur, parce qu'il est un sentiment d'égoïste pouvoir uni à une sanction morale de la manière dont on exerce son pouvoir. Le sentiment de se sentir protégé est de son côté un sentiment de sécurité, uni à l'idée que sans la protection l'on ne pourrait vaincre les difficultés de la vie, à l'aide de ses propres forces. Pour que ces sentiments unissent plus étroitement la vie commune entre les époux, il doit exister véritablement chez l'épouse ce besoin de protection, qui exige de l'homme la protection, comme un devoir moral. Que la nature de la femme se prête à ce que son amour se manifeste comme une soumission, et que celle de l'homme se manifeste comme une protection, sont des idées complètement irrationnelles.

L'expérience nous prouve seulement que l'amour de la femme s'exprime comme dévouement et comme soumission quand elle ressent le besoin d'être protégée, et que celui de l'homme est un désir de protéger où il se voit le plus fort. Mais si l'homme maintient son désir de protéger où il n'est plus le plus fort, ce désir se transformera en une jouissance égoïste de pouvoir ; et il deviendra comme à l'époque la plus brutale, un besoin de dominer et d'agir selon son bon plaisir, non un résultat de la tendresse. Et si la femme continue de se soumettre et de chercher la protection sans nécessité, cela ne formera plus une partie de sa tendresse pour l'homme mais seulement un manque d'énergie, une lâcheté, qui avilit son caractère. C'est pourquoi il faut reconnaître que psychologiquement, il ne sera possible de maintenir la valeur du sentiment de protection, et du dévouement qui en dérive, là où les qualités de l'époux et de l'épouse, et où la nature des rapports en font en réalité un acte arbitraire, de le laisser figurer comme protecteur et elle comme protégée. Si l'on veut essayer de maintenir ces sentiments lorsqu'ils ont perdu leur véritable valeur et leur réelle conformation, on affaiblira les possibilités de la vie commune au lieu de les affermir. Les rapports du protecteur et de la protégée, et toutes les relations qui y correspondent, sont, sans nul doute, pour le mariage, des valeurs impossibles à remplacer aussi longtemps que l'épouse aura réellement besoin d'être protégée ; mais où ce besoin réel n'existe plus, forcer le mariage à rester sous la dépendance de cet ordre d'idées, ce serait s'en servir comme d'un but pouvant plaire à l'égoïsme de l'un ou de l'autre des époux, mais étant tout à fait étranger au mariage même considéré comme une vie commune.

Au contraire, dans des circonstances où les rapports réels contraignent l'individu à reconnaître chez l'homme et chez la femme d'aussi grandes aptitudes pour figurer et pour agir, l'amour pourrait avoir un puissant soutien dans la réunion de leur volonté, de leur énergie, si chacune séparément se sentait incapable en agissant seul d'atteindre un entier résultat de sa vie. Plus chaque individu a le sentiment de sa force, en pensant pouvoir absolument s'aider lui-même, moins naturellement le besoin du mariage se fera sentir. Évidemment ce danger n'est pas étranger à l'évolution qui se prépare. L'épouse cherchant à se délivrer de son incapacité, conçoit facilement l'idée que c'est l'indépendance envers l'homme qu'elle veut obtenir, ou en tout cas qu'il s'agit pour elle de prouver qu'elle peut vivre sa vie sans autre secours que celui de ses propres forces, et qu'elle n'a pas besoin de la protection de l'homme. Très facilement elle confondra l'indépendance, qualité de savoir se suffire soi-même, avec l'égalité vis-à-vis du mari. Mais ces deux choses n'ont en réalité rien à voir ensemble : on peut très bien être absolument à un même niveau d'égalité avec un autre sans être indépendant de lui, justement lorsque la dépendance est réciproque.

La femme se trompe en croyant qu'il s'agit pour elle de montrer qu'elle peut se passer de l'homme, et sur cette erreur repose en grande partie l'opposition contre le mouvement d'émancipation qui dans ces derniers temps s'est produit du côté des femmes y ayant pris part elles-mêmes, ou en tout cas qui ont été les représentants de l'émancipation intellectuelle de la femme (1). C'est une opposition qui soutient que la femme par son émancipation ne deviendra pas uniquement une répétition de l'homme, mais qu'elle conservera un caractère distinctif comme femme, et que ce caractère distinctif trouvera son expression la plus typique dans ce à quoi son sexe la destine, c'est-à-dire à être épouse et mère. Mme Marholm-Hansen exprime ceci d'une manière assez paradoxale, en disant que la femme n'existe que par l'homme. Ceci est vrai en tant que la vie de la femme ne trouve son entière réalisation que lorsqu'elle est vécue avec l'homme, dans une union basée sur une affection réciproque. Sans l'homme elle peut acquérir de quoi vivre, agir au service de grandes idées, bref atteindre tout le bonheur qui se trouve dans le fait d'agir, et de contri-

(1) Ellen Key : *Kvinno psykologisch kvinnelig logik*. Laura Marholm-Hansen : *Modern Women*, Boston, 1896. *Vi kvinder og vore diglere*. Copenhague, 1896.

buer à résoudre les questions humanitaires. Mais elle n'atteint en général le bonheur personnel d'une manière absolue que dans le mariage. Nous n'hésitons pas même à aller jusqu'à dire, que si un mariage malheureux est pire qu'une vie isolée, un mariage tant soit peu tolérable vaut mieux qu'une existence solitaire, parce que même où le mariage n'atteint pas l'idéal dans la profondeur du sentiment et dans la tendresse de l'attraction mutuelle, il rend la vie plus sérieuse et plus personnelle qu'il n'est possible dans une existence isolée.

Une femme peut aussi sans être mariée exercer son dévouement et répandre son affection, mais il lui manquera ce que la vie dans son foyer donne à l'épouse, même si cette vie n'est qu'un glissement banal et uniforme sur la plus modeste surface de la terre, cette chose unique et précieuse que le foyer est « le mien ». Elle peut ici se servir de ce petit mot « mon », « mon foyer », « mon mari », « mes enfants ». Et cela signifie beaucoup, car tout sentiment de tendresse n'atteint son caractère distinctif absolu que lorsqu'il devient concret. Et les rapports de l'individu à l'idée ou la cause qu'il sert, soigner les malades, s'occuper des enfants ignorants et abandonnés, conserveront toujours quelque chose d'abstrait. Sa propre existence ne se fond pas absolument avec celle de ceux pour qui l'on vit. Si dans la nature de la femme, en vertu de sa nature nouvelle, et de son rôle de mère pour lequel la nature l'a destinée, il existe une disposition particulière de tendresse, il existe en cela pour elle un besoin de donner à cette tendresse une direction concrète, et cela ne peut avoir lieu d'une manière absolue que dans le mariage. Un mariage ordinaire ne satisfera peut-être pas les exigences intellectuelles de la femme intelligente, mais il deviendra seulement pour elle une souffrance intolérable, si son mari lui est par trop inférieur. Plus l'intelligence de la femme se développera, plus assurément elle sera influencée dans le choix de son amour, par la considération des aptitudes et des mérites intellectuels de son prétendant. Les mariages malheureux, dus à ce qu'une femme s'éprend d'un bel homme lui étant intellectuellement inférieur, seront d'autant plus rares que la maturité de son esprit acquerra plus de développement. Mais ici vient s'ajouter que même si une grande différence s'établit entre les besoins intellectuels de son mari et les siens, ce ne sera pas nécessairement un obstacle pour les côtés essentiels de l'amour conjugal. La tendresse de la femme se conservera, si seulement l'harmonie dans la vie intime des époux continue à exister. Ce qui tue sans retour la tendresse d'une épouse, c'est la trivialité et la grossièreté dans les sentiments et dans la manière de penser de l'homme, parce que cela la blesse dans ses sentiments à elle. Mais aussi longtemps que les choses n'en sont pas arrivées là, pouvoir dire « mon foyer », « mon mari », sera d'une si grande valeur pour le sentiment de bonheur féminin, que l'on peut volontiers admettre, comme Mme Marholm-Hansen, que la femme n'existe que par l'homme.

Mais cette phrase ne se comprend complètement que si l'on y oppose cette autre phrase : que l'homme n'existe que par la femme. Il n'acquiert jamais le bonheur personnel et caractéristique de sa vie, qu'en devenant époux et père.

Ce n'est peut-être pas autant chez lui le besoin de témoigner de la tendresse que celui de recevoir les marques d'affection et de sympathie, qui déterminent le sentiment de bonheur qu'il éprouve en ayant un chez lui, un foyer. Ici en général c'est lui qui reçoit, et la femme qui donne.

Partant de cette conception, ce serait elle qui devrait avoir conscience d'être la protectrice, lui qui devrait ressentir une reconnaissance pour la protection, et dans cet état de choses il serait juste que l'épouse commandât et que l'homme se conformât à sa volonté. Dans les bons ménages, nous pensons que les relations des époux se formeront en conséquence. Le sentiment de protection de l'homme a eu sa base dans les relations du foyer avec le monde extérieur ; il protégea son épouse contre les attaques de ce monde, et c'est cela qui a déterminé sa position juridique vis-à-vis d'elle. C'est pourquoi il s'accoutuma à regarder l'aide, la sympathie et l'encouragement qu'il reçut d'elle dans son foyer, comme une récompense qui lui était due pour le remercier de sa protection. Mais c'est en réalité considérer ceci sous un point de vue trop étroit : le foyer devient ainsi seulement l'endroit où l'homme se délasse des fatigues du jour, afin de réparer ses forces pour recommencer le lendemain. Et si cette considération était juste, le foyer, d'après le point de vue de l'homme, n'existerait qu'à cause de cette vie et de ce travail du dehors. Il devait en être ainsi dans les temps barbares, il en est encore ainsi aujourd'hui, mais il n'est pas nécessaire qu'il en soit ainsi plus longtemps. Pour beaucoup d'hommes, le besoin qu'ils ressentent d'avoir un foyer ne signifie encore autre chose que le besoin d'avoir un endroit de repos, où une main habile et tendre prend soin d'eux, et leur assure le calme nécessaire après le travail. Mais ce besoin n'exprime pas l'essence du foyer, où l'homme se rencontre avec une épouse personnellement son égale.

Déjà dans les temps barbares, le foyer remplissait aussi un autre rôle que de servir comme base pour la vie au dehors. Le foyer représentait en somme les buts de l'existence de l'individu, les valeurs pour qui il continuait sa lutte dans le monde extérieur. Dans ces temps-là, ces idées ne s'exprimaient pas dans les rapports de l'époux vis-à-vis de l'épouse, mais dans ceux vis-à-vis de ses parents ; le foyer représentait ce devoir religieux qui donnait à sa vie une raison d'être, la conservation et le soutien de la maison, la considération de la parenté et les sacrifices offerts aux ancêtres. Mais par la suite ce rôle du foyer a acquis son expression dans l'épouse, dans la vie commune avec elle, dans la conservation et dans le développement de tous les côtés de la nature humaine que le monde extérieur ne peut satisfaire, mais que celui pour qui le sentiment de sa vie personnelle devient fort regarde presque comme un devoir religieux de protéger. Pour l'individu civilisé ce sentiment de sa propre existence ne consiste plus seulement dans les sentiments de pouvoir se reposer, de pouvoir étendre ses membres, etc., mais dans le sentiment d'être un caractère, de pouvoir vivre dans ce qui donne à son existence sa couleur distinctive, de pouvoir utiliser les forces dont la société n'a pas directement besoin, mais dont elle tire indirectement profit par l'évolution personnelle que ces forces donnent à l'individu.

Ce sentiment généralement humain qui se trouve dans le besoin de tendresse, d'avoir quelqu'un à qui l'on s'intéresse et avec qui l'on partage le fruit de son travail, l'homme le possède aussi bien que la femme. Seulement il n'est pas chez lui aussi fort que chez elle au point de vue physiologique, et cherche à s'exprimer d'une manière tant soit peu différente. Que l'homme généralement soit moins apte à prodiguer des soins que la femme, est en grande partie le résultat du manque d'habitude ; cela ennuie l'homme parce qu'il n'y trouve pas une occupation intellectuelle suffisante, mais il cède à ce sentiment d'ennui, parce qu'il pense être plus utile à celle ayant besoin de son aide, en laissant ces soins entre les mains féminines, et en procurant par son travail le nécessaire. Son rôle comme celui de pourvoyant aux besoins, le détourne du véritable travail consistant en soins à prodiguer, et amoindrit par là ses capacités à s'en charger le cas échéant.

Mais même si une grande partie de son inaptitude à s'occuper des soins du foyer peut véritablement venir, à l'origine, de son rôle de pourvoyant aux besoins de tous, et ne repose pas sur des particularités appartenant à sa nature comme homme, il existe probablement une telle différence dans ses dispositions originaires et celles de la femme, quant à la manière d'exprimer sa tendresse, que dans le cas où il devient nécessaire que l'un se charge des soins, l'autre du travail consistant à pourvoir aux besoins, ce sera toujours l'homme à qui celui-ci incombera, et la femme qui se trouvera chargée de ceux-là. Et les rôles seront ainsi distribués parce que l'épouse est, par sa nature, plus apte à prodiguer des soins, et non parce que l'homme est plus apte à pourvoir aux besoins de la famille. C'est la femme qui prime l'homme dans le foyer, et par là lui indique qu'il doit agir et travailler au dehors, plutôt que lui par sa supériorité ne s'approprie le travail de pourvoir aux besoins, en rejetant sur son épouse celui moins important de prodiguer des soins. Des dispositions naturelles donnent le premier choc, les coutumes sociales les développent d'une telle manière que le jeune homme laissant ses pensées chercher à approfondir l'avenir, se rendra compte que c'est en grande partie sur lui, si ce n'est exclusivement sur lui, que reposera le soin de pourvoir aux besoins de la famille. Et pour cette raison, naturellement ce qu'il attend trouver dans le mariage, dans la vie commune avec l'épouse, sera déterminé d'une manière particulière. Dans son épouse il s'attendra à trouver quelqu'un pouvant l'aider à concevoir des résolutions, qui peut-être difficilement lui viendraient à l'esprit, une personne pouvant l'aider à résoudre des difficultés qui pour lui seul seraient un obstacle, lui donner des conseils, les examiner avec lui, choses qu'il ne peut s'attendre à trouver chez personne autre au monde, parce que personne autre n'a le temps de l'aider, ni l'intérêt pour le faire de cette manière, non-seulement aujourd'hui, mais jamais.

Si les rôles dans le foyer se partagent ainsi différemment pour les deux époux, ceci n'entraîne donc pas une supériorité morale de l'un vis-à-vis de l'autre. Mais l'égalité morale entre les époux ne peut être exprimée sans l'intermédiaire d'une égalité juridique. Des différents rôles que chacun doit remplir, il ne pourrait résulter une classification juridique, qui subordonnerait l'un des époux à l'autre, sans que cela amenât une différence morale dans leur position. Il serait possible qu'il s'ensuivît ici différentes exigences juridiques de rôles différents, mais ils devraient en tout cas réciproquement se compenser (1).

(1) Comparez Goos : *Doctrine générale du droit*, I, pag. 453.

La loi ne peut prescrire aux époux la façon dont ils doivent se partager les rôles dans leur vie commune réciproque, c'est à la vie que cette tâche incombe, sans cela il ne peut être question du développement de personnalités, mais seulement de les former plus ou moins artificiellement. Puisqu'il en est ainsi, la loi ne peut plus donner d'avance à l'un des époux une position juridique déterminée soit inférieure soit supérieure, ce n'est que la liberté absolue dans les rapports d'autorité qui peut être l'expression de la pensée morale, formant la base du mariage.

6. — *La valeur civilisatrice du mariage.*

Tandis que les véritables et les plus subtiles valeurs civilisatrices du développement de la vie la plus personnelle, ne peuvent jamais s'attendre à attirer qu'une minorité, tandis que la majorité des individus se trouvera satisfaite d'une vie sous les formes les plus banales, la position de l'homme comme celui devant pourvoir aux besoins des siens, donnera au mariage une base très large et très solide, accessible pour tous, et donnera à la vie de l'individu même le plus ordinaire une idéalité profonde et vraie. Cela pourrait amener à penser que cette préoccupation de l'homme de pourvoir aux besoins de la famille enserre la famille et le mariage dans ce cercle étroit, ne leur donnant une raison d'être qu'à cause de ce travail du dehors. Mais il n'en est pas ainsi. Le travail pour la plupart des individus n'a que la valeur d'être le moyen de gagner sa vie, ils chercheront les véritables valeurs de la vie dans ce qui leur rend le travail plus facile et plus fructueux ; et personne autre que l'épouse ne peut le faire, non pas tant en se chargeant d'assurer le repos de l'homme et en ayant soin que rien né lui manque, que en apprenant à connaître à fond son travail, sa situation, et par-là à devenir à même de lui être utile, en se concertant avec lui, et en lui donnant des conseils judicieux. L'amour reposant sur cette base, exige cependant que l'homme reconnaisse son épouse comme une personnalité placée absolument au même niveau que lui, et pour ceci une égale capacité est la seule expression tout à fait conforme. Autrefois c'était un avantage économique de fonder une famille, à présent il en est autrement, même si une épouse dans des condition du reste semblables coûte moins cher qu'une personne tenant votre maison ; d'avoir à pourvoir aux besoins d'une famille est une augmentation de vos charges économiques. Et c'est de là que proviennent les influences ayant provoqué une décroissance dans l'envie de se marier. Aussi longtemps que la situation mondaine d'un individu continuera à être considérée comme plus estimable et plus assurée, quand il est marié que lorsqu'il vit en garçon, cela réagira contre la tendance à rester célibataire ; car pour sa considération mondaine l'individu est décidé à faire d'assez grands sacrifices pécuniaires. Mais ceci n'est pas une confirmation morale satisfaisante du mariage, et à la longue cela ne formera pas non plus un contrepoids suffisant contre l'aversion de contracter le mariage ; sitôt qu'il existera un nombre suffisant de célibataires, la sanction mondaine disparaîtra. Si véritablement le mariage n'aide pas l'individu à supporter le poids de la vie, mais en augmente les charges, son existence n'est plus qu'une question de temps, ou s'en trouve profondément menacée. Cependant le surcroît dans les charges d'un individu, ne peut uniquement se mesurer objectivement sur l'extension du travail qu'il doit rendre, il dépend essentiellement du sentiment subjectif de ses efforts. L'homme a été pendant si longtemps habitué à travailler seul pour subvenir à sa vie et à celle de sa famille, que généralement il ne compte pas sur l'aide qu'une épouse ici est à même de lui donner ; mais peu à peu il la découvrira, à mesure que l'épouse devient son égale comme personnalité, non seulement juridiquement mais en réalité.

Dans les couches sociales inférieures, l'avenir du mariage dépendra du travail en commun des époux, car l'épouse y a toujours exercé facticement une grande influence comme l'aide le plus actif de son mari, non-seulement en participant au travail pour subvenir aux besoins de la famille par sa propre activité à elle, mais aussi comme celle faisant connaître son opinion sur tout ce qui concerne le travail de l'homme et les intérêts communs. En revanche, dans cette classe de la société, souvent en raison de son incapacité, l'épouse s'est trouvée exposée à être brutalement repoussée par l'homme, et à en être plus ou moins maltraitée. Au contraire dans les hautes classes de la société, en général, l'épouse n'a pu exercer son influence que par des chemins détournés, ce qui a rendu sa position d'autant plus difficile, surtout lorsque le travail de l'homme a été d'une nature pouvant s'emparer de son ambition sociale, captiver ses intérêts, et réduire son foyer à n'être plus pour lui que d'une valeur secondaire. En revanche, dans cette classe de la société, le foyer a profité du goût plus élevé qui s'est fait sentir, pour l'évolution des qualités personnelles civilisatrices les plus subtiles et du besoin qu'elles existent ; par leur aide les épouses dans bien des cas ont recouvré aux côtés de leurs maris, la place que leur exclusion du travail de l'homme leur ôtait. Les différents degrés de civilisation dans la même société, continueront aussi dans l'avenir à créer différents types de mariages ; les types inférieurs, une fois que l'épouse aura acquis la capacité, gagneront à l'égard moral en général, en ce que les côtés brutaux dans le caractère de l'homme seront repoussés, et l'estime pour la personne de l'épouse, l'empire sur soi-même et le sentiment de tendresse acquerront à la fin une plus grande place. Les types supérieurs y gagneront une plus haute portée, et deviendront en réalité une vie commune, en ce qu'il ne sera pas nécessaire que l'épouse joigne personnellement ses efforts à ceux de l'époux, pour travailler à pourvoir aux besoins de la famille, tandis que ce travail deviendra en même temps moins une fatigue qu'une chose donnant à la vie une raison d'être. Si l'épouse devient à même de pouvoir intelligemment partager les espérances et les craintes de son mari, sa fierté et ses chagrins, la communauté entre eux en acquerra une plus grande portée. Mais assurément le danger que le mariage ne trouve pas son compte en devenant une vie commune entre deux personnes d'une capacité égale, sera plus grand dans les mariages d'une civilisation supérieure, parce que généralement les individus vivant dans les hautes classes de la société ont leurs intérêts les plus importants en dehors du foyer. Dans les couches sociales supérieures, l'homme généralement n'a pas le sentiment que seulement la vie dans le foyer peut donner le bonheur absolu, et c'est pourquoi l'aversion pour le mariage a particulièrement une perspective de s'y répandre, comme cela fut le cas dans l'ancienne Rome.

Pour s'opposer à cette aversion, notre société n'a

qu'une seule force, c'est la valeur de l'épouse dans le travail exigé pour assurer à soi et aux siens la position sociale qu'on désire atteindre. Une fois que l'épouse aura prouvé qu'ici elle peut devenir l'aide le plus important, les liens du foyer en seront resserrés davantage, et auront pour résultat naturel que le travail au dehors du foyer capturant les intérêts de l'homme sera jugé par les deux époux ; l'homme cessera de regarder ce travail comme le but de son existence et n'y verra plus qu'un moyen ; le bonheur du travail ne sera alors complet que par le sentiment qu'un autre être partage tous les soins et tous les intérêts. Ainsi est la marche de la civilisation : elle nous rend en même temps plus isolé dans le monde et plus dépendant de lui. Dans ce monde hétérogène où nous sommes si peu connus des autres, et où personne ne pense à nous, si nous ne nous rappelons pas à lui en pénétrant dans son existence par notre travail, nous devenons facilement plus isolés que dans un désert. La vie du monde nous procure beaucoup de joies intellectuelles d'une valeur véritable, et beaucoup de joies de sentiment, presque toutes vaines, parce que l'existence de l'individu est assez indifférente à la foule. Mais en face de cette vie vient se placer le monde plus restreint, où les liens resserrent davantage parce qu'ils resserrent plus personnellement, car il y existe des intérêts réciproques non seulement aujourd'hui, mais demain, n'importe quand. Et ce monde plus restreint est en première ligne le mariage entre deux personnes ayant la même capacité. Ce mariage ne révélera assurément ses valeurs, que pour celui ayant ressenti la douleur de se savoir isolé dans ce sens qu'on est abandonné, et la plupart des âmes sont susceptibles de la sentir. C'est sur

cette douleur que la religion a basé son pouvoir dans le
monde, elle a donné aux individus le sentiment de ne pas
y être isolés et abandonnés, et c'est aussi là-dessus que
sont fondées les perspectives du mariage afin qu'il devienne la religion naturelle de l'individu, ce qui lui donnera ce point de stabilité que nous brûlons tous de trouver (1). Si différemment que la civilisation puisse se ré-
partir dans une société, la tendance, la direction de toute
la vie civilisatrice est donc pour tous, celle de trouver ce
point stable donnant à l'individu le sentiment d'une valeur vraie dans la vie. Dans ce mouvement de la civilisation le mariage reste avec les plus grandes possibilités;
mais elles s'amoindriraient très vite, si l'épouse continuait d'être incapable, tandis que sa capacité les augmen-
tera considérablement et ne laissera de côté que ce qui se
trouve en dehors de ce qui est le secret le plus intime et
le plus personnel du mouvement de la civilisation.

On peut déjà renvoyer à quelques expériences pratiques en ce que la question de la capacité de l'épouse
n'est plus entièrement une question théorique. Premièrement les mœurs dans la plupart des pays ont bien

(1) « Que l'homme étant revenu à soi, considère ce qu'il est au prix
de ce qui est ; qu'il se regarde comme égaré dans ce canton détourné
de la nature, et que, de ce petit cachot où il se trouve logé, j'entends
l'univers, il apprenne à estimer la terre, les royaumes, les villes, et soi-
même son juste prix.... C'est ce qui nous rend incapables de savoir certainement et d'ignorer absolument. Nous voguons sur un milieu vaste,
toujours incertains et flottants, poussés d'un bout à l'autre. Quelque terme où nous pensions nous attacher et nous affermir, il branle et nous
quitte....Rien ne s'arrête pour nous. C'est l'état qui nous est naturel,
et toutefois le plus contraire à notre inclination. Nous brûlons de désir
de trouver une assiette ferme et une dernière base constante pour y édi-
fier une tour qui s'élève à l'infini. » Pascal : *Pensées*, éd. V. Rocher,
Tours, 1873, pag. 46-51.

devancé l'autorité de l'épouse consacrée par la loi. Dans les bons mariages les époux gouvernent en commun. L'on trouve cependant qu'il serait inquiétant de laisser la loi devenir une expression pour les mœurs, car l'on prétend que la loi doit donner à l'homme le pouvoir de faire sa volonté lorsqu'il se trouve en présence d'une épouse inintelligente ou mauvaise. On ne peut répondre à ceci que d'une seule manière, en demandant s'il ne faut pas avoir égard à la possibilité que l'homme soit méchant, et fasse un mauvais emploi de son pouvoir. C'est une pensée singulière que l'on puisse attacher autant d'importance à conserver un mariage où seulement le pouvoir brutal peut retenir ensemble les époux.

La confiance dans la raison des individus, dans le pouvoir de l'amour, et la valeur de la vie conjugale se montrent bien mieux en donnant par la loi cette expression qui est la pensée fondamentale du mariage, et que les mœurs à un degré croissant ont réalisée. Pendant la Révolution Française avec sa croyance dans la nature humaine, tous naturellement ont conçu la pensée d'abolir la prépondérance de l'époux. A la Convention en 1793, il n'en existe plus de trace dans le projet de Code de Cambacérès. Ce fut Napoléon pendant la rédaction du Code civil qui la fit rétablir, et l'entoura de très grandes garanties. Il serait assurément injuste de n'attribuer ceci qu'à l'influence de Napoléon et de ses juristes, et à leur brutale manière de considérer les femmes ; si cela n'avait pas concordé avec les opinions régnantes dans le peuple, on aurait difficilement pu l'introduire, et encore moins la maintenir jusqu'à nos jours. Selon nous, en France, c'est moins l'autorité de l'époux sur la personne de l'épouse qui plaît aux hommes, que le pouvoir sur la fortune de l'épouse que cette autorité leur donne ; ils y renonceront à regret, et ils n'ont aucun autre moyen pour le conserver. Dans ces derniers temps la pensée se fait pourtant jour de modifier les décisions sévères du Code civil en France et en Belgique (1).

Au contraire, dans les États-Unis l'autorité de l'époux est presque entièrement disparue depuis 1840, époque à laquelle le Vermont donna l'exemple. L'Angleterre aussi a osé faire un grand pas en ce qui est d'accorder à l'épouse une autorité personnelle par le radical « property act » de 1882 (2). On peut assurément dire que ces organisations ne datent pas d'assez longtemps pour pouvoir s'en faire une opinion certaine, et en déduire l'influence qu'elles auront à la longue sur la vie commune conjugale.

On peut même faire remarquer la détente survenue dans le lien conjugal en Amérique, en ce que le divorce s'obtient facilement et est devenu très fréquent, ce que nous avons mentionné ci-dessus. Pour donner la véritable mesure. il faudrait chercher quelle a été l'influence de l'autorité accordée à l'épouse sur la vie commune des époux, dont le mariage continue à exister. Le relâ-

(1) Voir Laurent, *Avant projet de revision du Code civil belge*, 1882. Bridel, *La femme et le droit*, 1884, *Le droit des femmes et le mariage*, 1893. Frank, *Essai sur la cond. pol. de la femme*, 1892, etc.

(2) Voir Th. Barrett Lennard, *The position in law of women*, 1883 ; Lawrence, *The history of the laws affecting the property of married women in England*, 1884. Par ces lois le pouvoir du mari a disparu pour tous les intérêts particuliers des époux ; au contraire, il a continué à exister pour les intérêts communs que la vie commune a pour conséquences.

chement des lois du divorce n'est pas un résultat nécessaire d'une réforme quelconque dans l'ordre juridique intime du mariage, il agit plutôt en provoquant des mariages irréfléchis et légers, n'ayant pas en eux-mêmes les conditions nécessaires pour durer. Et sur cela il semble que tous ceux qui connaissent la situation en Amérique, sont d'accord pour dire que la vie commune entre les époux y a gagné en intimité, en force, et en vigueur. En tout cas il ne peut régner aucun doute, que la capacité de l'épouse ait été en Amérique et en Angleterre la conséquence nécessaire des meilleurs côtés de la vie de la nation, et des qualités remarquables dont les femmes de ces pays ont été en possession, et ceci doit donc déterminer plus que toute autre chose le jugement sur la valeur de la réforme. Le grand rôle que les femmes américaines ont joué dans l'évolution de leur pays, dans les rapports journaliers les plus ordinaires, comme dans les grands mouvements nationaux, (la lutte pour l'indépendance, le mouvement en faveur de l'abolition de l'esclavage, les lois sur l'enseignement etc.), leur a signé leur propre lettre d'affranchissement, et en Angleterre bien que dans de moins grandes proportions le cas a été le même. La conservation de la prépondérance de l'époux ne convient pas au sentiment que ressentent les femmes de leur propre valeur.

Quelques objections pratiques, contre l'autorité égale et absolue des deux époux, sont fréquemment mises en avant, quoiqu'elles n'aient pas en elles-mêmes une grande valeur. Le droit de déterminer le lieu où doit résider la famille, le pied sur lequel on doit vivre, la manière dont la vie journalière doit être organisée et l'autorité sur les enfants, sont toutes choses exigeant une solution

et finalement pour cette raison devant dépendre d'un
seul individu. Déjà Stuart Mill a répondu à cela : « Il
est absolument vrai que les choses devant être décidées
chaque jour, ne pouvant pas être ordonnées peu à peu
ou attendre pour être résolues d'un commun accord,
doivent dépendre d'une seule volonté. Une seule personnalité doit résoudre ces difficultés, mais il ne s'ensuit pas pour cela que cette personnalité doive toujours
être la même. La manière naturelle d'organiser les
choses est le partage du pouvoir entre les deux parties
en ce que chacune d'elles conserve la direction absolue
de ce qui la concerne, et que tout changement de système
ou de principe exige le consentement de l'une et de
l'autre (1) ». Goos a aussi reconnu qu'ici, il n'y avait en
soi-même aucune nécessité, pour que ce soit l'homme
à qui appartienne dans de tels débats la prépondérance de
l'autorité. « Celui des époux qui par son activité procure le nécessaire pour le ménage doit aussi déterminer
sa résidence, et en général sinon toujours ce sera
l'homme. Celui ci doit aussi être le maître d'organiser
le foyer, cependant avec égard à la position d'égalité
morale mentionnée ci dessus. Tout cela va de soi,
comme une conséquence naturelle des circonstances
données (2) ». Quant à l'autorité sur les enfants, elle
doit selon nous être décidée de la même manière, mais
nous pensons devoir remettre l'examen plus détaillé de
ce point, parce que nous n'avons pas encore examiné
les idées sur lesquelles la valeur morale du pouvoir
des parents est basée.

(1) Mill, *L'assujettissement des femmes*, p. 77.
(2) Goos, *Doctrine générale du droit*, I, p. 455-457.

7. — *La capacité des époux quant aux biens.*

La question d'accorder une capacité personnelle absolue à l'épouse, est liée au plus haut degré avec celle de son droit de disposer de ses biens. « Rien ne marque la subalternité morale aussi vivement que la dépendance pécuniaire. Les questions de délicatesse et de dignité se trouvent liées étroitement aux questions d'argent, et livrer au mari la fortune de la femme, c'est la condamner elle-même à une éternelle minorité morale, c'est le créer, lui, maître absolu des actions et presque de l'âme de sa compagne (1) ». De nos jours le travail qui se fait partout pour arriver à accorder à l'épouse une majorité complète a aussi pour but, en première ligne, de lui donner le droit de disposer de ses biens.

Dans les différents pays, on trouve un grand nombre de dispositions différentes des biens des époux. Pour notre but, il s'agit plutôt de faire ressortir les grandes pensées fondamentales ayant déterminé ces dispositions, et si l'on fait abstraction des détails secondaires, on peut distinguer deux grandes formes principales, le régime dotal romain et le régime germain de la communauté. L'organisation dotale romaine est partie de cette idée que l'épouse doit apporter sa part pécuniaire, pour ne pas occasionner un surcroît de dépenses dans son nouveau foyer. A l'origine, cette quote-part, sa dot, devenait la propriété absolue de l'homme, mais plus le lien du mariage se relâcha, plus il devint nécessaire d'assurer à la femme la faculté de rentrer dans ses biens, si le divorce

(1) Legouvé, *Hist. morale des femmes*, 10e éd., pag. 147.

amenait la dissolution du mariage. C'est pourquoi, peu à peu, la loi ne restreignit pas seulement le droit du mari de disposer de la dot de sa femme, mais aussi son propre droit à elle de le laisser agir à sa guise, en ce qu'on craignait, comme nous avons dit plus haut, que son amour peut-être seulement passager ne la portât à agir inconsidérément. La dot de l'épouse devint pendant le mariage une sorte de fidéicommis, de propriété inaliénable. Ce qu'elle possédait en dehors de cette dot ne regardait pas son nouveau foyer, cela continua à être son entière propriété, ses biens paraphernaux, qu'elle pouvait elle-même administrer, quoique pour les achats, les ventes etc., elle dût avoir un tuteur pour donner à ses actes leur entière validité juridique. Il n'était pas nécessaire que ce tuteur fût son mari.

Le régime germain de la communauté n'est pas l'organisation primordiale des biens des époux. Il est issu de l'obligation que l'homme avait primitivement en se mariant de payer une somme déterminée, lui donnant le droit de disposer de la personne de l'épouse, et aussi de son obligation d'assurer sa veuve. Cette somme, dans les temps anciens, revenait à la famille de l'épouse ; plus tard elle lui fut laissée à elle et fut reconnue en sa faveur comme créant une hypothèque sur les biens de l'homme. Aussi longtemps que durait le mariage, le bien ainsi hypothéqué était à la disposition de l'homme et seulement à sa mort devenait la libre propriété de l'épouse. Quand, plus tard, le droit de succession des filles fut admis, une épouse put posséder d'autres biens que cette somme donnée par le mari lors du mariage, et pour tous ces biens il en était fait conformément au même ordre d'idées ; cela était et restait sa propriété, mais se trouvait à la disposition du mari pendant la durée du mariage. Cette autorité administrative était un résultat de l'autorité de l'homme, comme maître et comme époux, sur la personne de l'épouse, et ne renfermait de son côté aucune prétention sur une partie quelconque de la fortune de l'épouse ; il ne devait pas, comme à Rome, recevoir une rétribution pour la prendre comme épouse et pourvoir à ses besoins ; il devait au contraire en donner une pour l'avoir comme épouse. C'est pourquoi, d'après la conception de la loi, dans le mariage l'épouse était majeure, il lui manquait seulement une matière pour exercer sa majorité ; celle-ci existait à l'état latent. Dans quelques cas elle pouvait avoir des effets positifs : si la femme vendait par exemple une partie de ses biens, la vente était valable si l'homme ne s'y opposait pas, elle-même se trouvait liée par son action. De même elle pouvait prendre des dispositions testamentaires.

Cette organisation qu'on trouve encore dans le Miroir de Saxe (*Sachsenspiegel*), avec le temps fut modifiée dans deux directions différentes. Une de ces modifications consista en ce qu'au lieu de laisser l'homme assurer à l'épouse son assistance comme veuve, en hypothéquant en sa faveur une partie des biens du mari, tandis que pour le reste les deux parties conservaient chacune leur propriété respective, on rassembla toute la fortune qui devint les biens de la communauté, et chacun des époux fut alors regardé comme possesseur de la moitié. Cette organisation était bien plus simple et généralement en faveur de l'épouse ; ce fut en considération de cela qu'elle trouva accès. Une forme mixte se présenta, en ce qu'on trouva naturel que la femme fut admise à la participation aux bénéfices réalisés pendant le mariage, soit à l'aide de ses biens, soit par son énergie et son activité dans le gouvernement de la maison. Tandis que sans cela, les époux avaient chacun leurs biens, et que l'on retirait la part de chacun à la dissolution des biens de la communauté lors de la mort de l'un des époux, ils devaient posséder en commun les acquêts et les épargnes (*Erringenschaft*) ; tout cela au partage des biens devait être divisé en deux parts égales. L'autre modification consistait en ce que toute la fortune de l'épouse ne tombât pas sous l'administration du mari, mais seulement la part qui lui était formellement abandonnée au moment du mariage. Cette dernière modification se fit particulièrement admettre dans les villes, tandis que la première pénétra dans les campagnes. Dans plusieurs endroits elles pouvaient se mêler de la manière la plus irrégulière. Ainsi par exemple en Brandebourg où les statuts municipaux Magdebourgeois étaient en vigueur, le mari n'administrait qu'une partie des biens de son épouse ; mais cela fut modifié de la manière suivante, en ce que là on accorda aux colons venus de Westphalie et des contrées du Rhin, le privilège de conserver les coutumes de leurs pays, d'après lesquelles la totalité des biens à la mort de l'un des époux devait être partagée en deux parties égales. Il régnait donc ici un droit tandis que les époux vivaient, un autre, lorsqu'à la mort de l'un d'eux les biens devaient être partagés. Mais si confuses que les organisations juridiques puissent en paraître, elles continuèrent seulement à être les conséquences de l'idée dominante que l'homme par le mariage devait assurer son épouse au détriment de son propre bien, et non lui-même par le mariage augmenter sa fortune en s'appropriant une partie des biens de son épouse, tandis qu'en vertu de son autorité de maître et d'époux il avait le droit de surveiller les actions de son épouse et pour cette raison en tant que la propriété signifie faculté d'agir, il devait avoir plus ou moins la disposition des biens de son épouse.

Si différentes que soient les considérations fondamentales sur lesquelles l'on se basait chez les Romains et chez les Germains, il existe donc néanmoins une idée commune, fondamentale et d'une très grande importance. Cette idée consiste en ce que le mariage en lui-même n'altère pas l'état de la fortune de chacun des époux. Les Romains ont considéré comme juste que l'épouse contribuât pour sa part, dans les dépenses qu'elle suscitait ; les Germains, au contraire, exigeaient que l'homme se chargeât de pourvoir à l'avenir de son épouse. Du reste les fortunes restèrent ce qu'elles étaient avant le mariage, le bien propre des individus, tout en conservant les droits de succession de chaque famille, tels qu'ils étaient sans tenir compte du mariage. Cette pensée fondamentale qui était alors basée sur les intérêts des familles et non sur les sentiments naturels et les intérêts des époux, a créé de nos jours et maintenant dans l'intérêt seul des époux, le troisième système, à côté du système dotal et de celui de la communauté, le système de la séparation de biens. Comme l'idéal ou plutôt comme la conséquence logique du mariage considéré comme une communauté, on pourrait soutenir avec M. Laurent et M. Nordling que l'organisation de la fortune doit être une communauté de biens avec administration commune ; mais si l'on doute qu'une telle administration commune soit possible en pratique, la séparation de biens, en donnant à chacun des époux le droit de disposer librement et entièrement de sa propriété, se présenterait comme l'organisation s'accordant le mieux avec l'entière égalité des époux. « Les rapports personnels que le mariage établit entre les époux, dit M. Bridel, en se joignant à M. Arntz, sont indépendants des droits qu'ils ont sur leurs biens. La séparation de leurs intérêts pécuniaires n'est pas inconciliable avec l'union intime de leurs personnes. Le mariage ne doit donc pas nécessairement changer les droits que chacun des époux avait sur ses biens avant d'être marié (1) ».

Mais on ne peut choisir entre les différents systèmes, sans distinguer nettement entre la propriété et le droit de disposer des biens. C'est ce dernier, et non le droit juridique de propriété, qui devient décisif pour les rapports réciproques des époux. Sous le système de la communauté c'est généralement le mari qui administre le tout, et c'est ce droit d'administration qui rend l'épouse mineure dans la pratique. Une communauté de biens peut cependant coexister avec une administration séparée, comme c'était le cas dans l'ancien code Brandebourgeois. Chez nous, en Danemark, la loi du 7 mai 1880 a donné à l'épouse le droit de disposer de ce qu'elle acquiert elle-même par son travail, mais cela appartient néanmoins à la communauté des biens et, au décès du mari, quand les biens de la communauté doivent être divisés en deux parties égales, ces acquêts entrent dans la masse de la succession. Nous pouvons absolument nous en tenir à l'opinion de M. Goos, « que l'injustice de l'organisation habituelle des biens n'est pas que l'homme ait sa part des acquêts de la femme, mais qu'il ait le droit absolu d'en disposer de la même manière que de ses propres

(1) Bridel, *Le droit des femmes*, 1893, page 81.

acquêts. Les avocats de la séparation de biens, continue-
t-il, partent de ce que ce droit injuste de disposition ne
pourrait être évité qu'en renonçant à la communauté de
biens, mais cela n'est pas vrai. Ce n'est ni une nécessité
logique, ni une nécessité juridique, que le principe de
la communauté des biens ait une telle organisation du
droit de disposition comme conséquence. Le principe de
la communauté des biens n'est pas un obstacle pour établir cette règle, que l'époux ayant le droit de disposer
d'un bien déterminé soit celui dont activement le travail
l'a acquis ou par ailleurs celui de qui le titre dérive (1) ».
La différence entre la séparation de biens et l'administration de ses biens propres, et celle entre la communauté de biens et l'administration séparée ne se fait pas
voir pendant la durée du mariage, elle apparaît seulement lors du partage des biens après la dissolution du
mariage. La communauté de biens consiste donc, dans
ce que la fortune rassemblée est partagée, tandis qu'où
la séparation de biens est établie, il ne peut à vrai dire
être question de partager les biens, mais simplement
d'établir une séparation des fortunes ayant été alliées
jusqu'ici. Il est certain que chacune de ces organisations
présente ses avantages.

Le régime de la communauté a son origine historique
dans ce que les Germains achetaient leurs femmes, et
que le mari était obligé de pourvoir aux besoins de sa
veuve ; cela date d'une époque où l'épouse ne possédait
rien autre chose, et par conséquent cette communauté
était un avantage pour elle et pour ses héritiers. Mais
à présent cela n'a plus de portée. Si encore dans un

(1) Goos, *Doctrine générale du droit*, II, pages 286 à 290.

grand nombre de cas, l'existence économique de la famille repose sur les gains du mari et sur les épargnes, l'épouse elle-même apporte aussi fréquemment de la fortune, et le mari peut donc aussi bien que l'épouse gagner par le régime de la communauté des biens. En outre, même dans le cas où l'épouse n'a rien apporté et ne gagne rien, le système de la communauté n'est plus basé sur l'idée d'un achat de la femme, mais exclusivement sur l'idée de la vie commune. S'il arrive que ce soit le plus riche des époux qui vient à mourir, le régime de la communauté montre ses effets, en ce que le survivant conserve la moitié de la fortune comme sa propriété. Le régime de la communauté est donc une assurance que le survivant peut continuer sa vie dans des conditions à peu près analogues à celles dans lesquelles il a vécu pendant le mariage. On pourrait appeler cela une rente de survie du veuf ou de la veuve, s'il n'y venait pas la conséquence ultérieure que les héritiers du survivant à sa mort héritent de cette fortune qui lui était dévolue par la mort de son conjoint. Où il existe des enfants issus du mariage cette conséquence sera sans grande importance, parce que ce sont les mêmes individus héritant après la mort de l'époux survivant, qui auraient aussi hérité lors du décès du premier époux Tout ce qui a lieu en ce cas n'est que l'ajournement d'une partie de la succession des enfants. Mais il faut ajouter à cela le risque, que renferme le droit de libre disposition accordé à l'époux survivant, que cette part de la fortune originaire puisse être dissipée ou perdue. S'il n'y a pas d'enfant il ne concorde pas avec les droits de la famille, que la moitié de la succession revenant à l'époux survivant devienne l'héritage de ses héritiers collatéraux. Assurément la loi a laissé de côté les anciens droits de succession de la famille, lorsqu'elle abolit le droit de succession forcé des héritiers collatéraux ; leur droit est basé en réalité exclusivement sur la bonne volonté du testateur, même si elle se montre négative en ce qu'il ne laisse aucune disposition testamentaire. On pourrait regarder la dévolution de la moitié de la succession à l'époux survivant, comme une sorte de testament supposé, au détriment des héritiers collatéraux. Même si l'on ne pouvait admettre que celui des époux mourant le premier, et duquel, comme nous le supposons ici, provient la fortune, aurait désiré que la moitié de cette fortune allât aux héritiers collatéraux du survivant, au lieu de retourner à ses propres héritiers collatéraux, il n'existera donc pas de trop grands scrupules à maintenir cette disposition, lorsqu'on regarde que le point de départ est la vie commune du décédé avec le survivant, et le respect qui par conséquent doit être pris de ses intérêts et de ses désirs. On pourrait plutôt s'étonner que toute la succession n'échût pas au survivant, peut-être avec une restriction dans sa liberté de tester, en faveur des héritiers collatéraux du premier époux décédé. Par des dispositions testamentaires les époux peuvent exclure leurs héritiers collatéraux en faveur de l'époux survivant ; mais la question est de savoir si la loi ne devrait pas supposer un testament semblable, là où il n'existe pas. Lorsque c'est l'époux sans fortune qui meurt le premier, l'organisation du régime de la communauté montre une singulière injustice envers le survivant. Y a-t-il des enfants issus du mariage ? L'homme peut toujours, la femme quelquefois demeurer dans l'indivision, mais, s'il n'y a pas d'enfants, le survivant ne peut empêcher les héritiers collatéraux de prendre leur part à moins que l'époux décédé n'ait par testament pris une disposition contraire ; s'il n'existe aucun testament, le décès de l'un des époux est cause que le survivant perd la moitié de sa propre fortune, en faveur de personnes auxquelles il ne s'intéresse peut-être pas, et avec lesquels la vie commune avec son conjoint ne l'a peut-être jamais mis en contact. Dans un tel cas le système de la séparation de biens aurait été le plus juste, tandis que dans le cas précédemment mentionné, où c'est l'époux possédant la fortune qui meurt le premier, il aurait été injuste que l'époux survivant restât sans ressources.

La question de l'organisation des biens entre les époux se divise ainsi en réalité en deux : la question du droit de disposer des biens pendant le mariage et celle du droit de succession de l'un des époux lors du décès de l'autre. La communauté de biens est une forme historique accordant à l'un des époux le droit d'hériter de la moitié des biens à la liquidation de la succession, et lorsqu'elle s'éloigne de l'idée du droit de succession, elle n'est un avantage ultérieur que seulement pour les héritiers collatéraux. Au contraire la séparation de biens est la forme historique donnant à chacun des époux le droit de disposer de ses biens pendant le mariage, et les protégeant ainsi que leurs familles contre les exigences de leurs héritiers collatéraux réciproques. Conformément à leur origine historique, et aux considérations fondamentales sur lesquelles est basée l'organisation de la famille dans les différents pays, se montre une tendance différente dans l'organisation des biens des époux. Les pays romans conservent leur respect pour

les droits du sang en se montrant peu disposés à donner
à l'un des époux le droit d'hériter de l'autre, tandis
qu'au contraire ils hésitent moins à donner à l'épouse le
droit de disposer de ses biens sans le concours du mari.
Les pays germains, au contraire, ont témoigné la haute
valeur qu'ils accordent à la vie commune, en montrant
leur aversion d'accorder à l'épouse le droit de disposer
de ses biens indépendamment du mari, tandis qu'ils ont
été bien plus disposés à donner de l'extension au droit
de succession de l'un des époux lors du décès de l'autre.

Le droit de l'épouse de disposer de sa fortune est dans
les pays romans une chose connue depuis longtemps,
et en substance une continuation de l'ancien régime
dotal des Romains. Dans le Midi (de la France) et en
Italie, ce système est développé à un haut degré, tandis
qu'au contraire l'Espagne et le Portugal se rapprochent
davantage de l'organisation germanique, avec le régime
de la communauté et le droit de disposition du mari.
Mais le système dotal, dans les pays mentionnés, a, dans
l'intérêt du mariage, de plus en plus rejeté les liens empêchant dans l'ancienne Rome l'un des époux de disposer
de ses biens propres en faveur de l'autre, par exemple
pour des dons ou des cautionnements ; on voulait dans
l'ancienne Rome, par ces limitations de la libre disposition de l'épouse, la protéger contre les conséquences
irréfléchies de son propre amour, mais on n'arriva qu'à
relâcher les liens entre les époux. Le Code italien de
1866 a rendu les époux presque absolument libres, la
prépondérance de l'époux se montre seulement en ce
que l'épouse administrant ses biens immeubles ne peut
les vendre sans le consentement du mari. Une différence
semblable existe aussi en France entre le droit des deux

parties de disposer de leur bien particulier ; tandis que
la séparation de biens est l'organisation légale en Italie,
le régime de la communauté est le système établi en
France par la loi et la séparation de biens y doit toujours être faite par un contrat de mariage (1). La communauté de biens donne à l'époux le pouvoir absolu, et même
sous le régime de la séparation de biens son autorité se
montre en ce que l'épouse, ni par un contrat de mariage
ni d'une autre manière, ne peut être autorisée à disposer
librement de ses biens en dehors de la simple administration. Toute autorisation de vendre ce qui lui appartient n'est valable que dans ce seul cas déterminé,
et doit être exactement spécialisée, de sorte, qu'en
réalité c'est l'homme qui fixe les conditions de remploi.
En Italie, au contraire, soit par un contrat de mariage,
soit par une autorisation générale de son mari, l'épouse
peut acquérir une autorisation une fois pour toutes. La
dot de l'épouse administrée par le mari lui est assurée
par une hypothèque sur ses biens à lui, et il ne peut les
vendre sans le consentement de l'épouse (2).

Dans les pays germains il est possible par contrat de
mariage d'instituer la séparation de biens, il s'ensuit
donc que l'épouse a le droit de disposer de ses biens,
de les administrer et de les vendre. L'indépendance des
époux vis-à-vis l'un de l'autre devient ici bien plus ab-

(1) Dans l'intérêt du mariage et à cause de l'unité de la famille,
Napoléon aurait voulu rendre la communauté obligatoire, mais il fut
obligé d'avoir égard aux protestations du Midi, de sorte qu'on permit
aux époux de prendre par contrat de mariage l'organisation de fortune
qu'ils désirent, en ayant soin qu'elle n'empiétât jamais sur l'autorité
du mari, tant protégée par la loi.

(2) Voir sur ce sujet P. Gide, *Etude sur la condition privée de
la femme*, p. 496 et ss.

solue. Cette organisation est devenue légale dans les
États-Unis (peu à peu à partir de 1840), en Angleterre
(à partir de 1882), au Canada, en Australie et en Russie
(à partir de 1835). La règle des époux pour les rapports
dans les biens y est très simple ; ils se trouvent placés
comme s'ils n'étaient pas mariés. L'évolution de cette
organisation est particulièrement singulière en Angleterre, où auparavant la propriété de l'épouse se trouvait
entièrement absorbée dans celle de l'époux. En 1870,
cette organisation fut modifiée, en ce que la séparation
de biens pouvait exister par contrat de mariage, mais
déjà, en 1882, on eut le courage d'adopter comme légale la nouvelle organisation. Ce fut surtout l'exemple
des États-Unis qui encouragea l'Angleterre à le faire, et
le motif fut, en première ligne, ici comme là-bas, le sentiment de l'injustice que l'épouse ne puisse se protéger
contre les dettes du mari. Pour l'instant, plus de la moitié du monde civilisé vit sous une organisation assurant
aux époux une entière capacité en ce qui concerne les
questions économiques (1), et ainsi la question de l'influence d'une telle organisation sur le mariage n'est plus
une question théorique. Quant à l'influence de cette organisation sur la stabilité de la vie commune conjugale,
nous ne pouvons que répéter ce que nous avons dit plus
haut sur l'importance de la capacité personnelle. Si l'on
doute jusqu'à quel point cela s'accorde avec la nature
du mariage comme une communauté, nous ne pouvons
qu'ajouter que l'hypothèse que la civilisation contemporaine cherche à vérifier semble être que toute commu-

(1) Voir un exposé semblable dans Bridel, *Le droit des femmes et
le mariage*, p. 73 ss.

nauté doit résulter des efforts libres des individus. La valeur morale du mariage dans l'évolution civilisatrice moderne, dépendra du point de savoir s'il peut prospérer sur cette base. Le droit de disposer librement de ses biens n'est qu'une expression de la confiance, que l'épouse se laissera guider principalement par la considération des intérêts de la vie commune. Pendant des siècles on a vécu sur la confiance que l'homme se laisserait guider par la considération des intérêts de son foyer ; aujourd'hui, on accorde aux deux époux la même confiance. Que dans cette question les pays germains aient pris les devants, cela est encore très caractéristique comme un témoignage de ce qu'ils croient davantage à l'importance de la vie commune pour les époux eux-mêmes.

Précédemment, dans différentes occasions, je me suis exprimé en faveur de ce que les époux administrent leurs biens en commun, au lieu d'en disposer séparément (1). Il existe toujours pour la vie commune un danger caché dans la division économique, et l'on voit d'après ce qui a existé primitivement qu'on peut établir cette règle, que le mariage se trouve affaibli à mesure que la famille réussit à assurer à la fille qu'elle marie une indépendance économique. A Rome, quelque chose de semblable eut lieu. On peut donc s'attendre que la séparation de biens et le droit de disposer de ses biens propres amèneront de nos jours les mêmes résultats, le mariage n'étant plus indissoluble comme pendant tout le moyen âge. La raison de la mauvaise influence découlant de l'indépendance économique réciproque des époux, doit cependant être moins recher-

(1) *La famille primitive*, 1891, p. 264 et ss.

chée dans le droit même de disposer librement de ses biens que dans les circonstances spéciales qui faisaient de cette libre disposition l'instrument des intérêts différents. A Rome, la loi se plaça entre les époux, et n'eut en vue dans l'organisation des rapports réciproques des époux que leurs intérêts lors d'un divorce éventuel. Dans les États primitifs, chacun des époux était profondément lié par les intérêts de sa famille, plus que par le mariage, et pour cette raison leur indépendance économique amena que les familles s'interposèrent entre les époux réciproquement. Je n'ai pas fait suffisamment remarquer, dans ce que j'ai dit touchant ces questions, que de nos jours le droit de disposer de ses biens propres ne peut sans réserve être placé au même rang que ces organisations, justement parce que la vie commune n'est plus comme auparavant un devoir auquel l'individu doit être forcé, et pour cette raison il m'a fallu aussi modifier mes opinions. Ces modifications n'ont eu lieu qu'à l'égard du droit même de disposer des biens, en tant que cette disposition se sépare nettement de la question de propriété, c'est-à-dire en substance de celle de succession. Dans les efforts faits partout pour remplacer le système de la communauté par la séparation de biens et le droit de disposer de ses biens propres, il n'y a aucune clarté sur la différence existant entre ces deux choses. L'organisation de la séparation de biens se distingue du droit de disposer de ses biens propres en ce que l'un des époux n'a, en raison de la vie commune, rien à attendre de l'autre, et, à présent comme auparavant, il me semble que cette idée doit être absolument combattue parce qu'elle est réfractaire à la pensée de la communauté. Cette idée fausse apparaît souvent entre

autres dans l'argument singulier auquel les avocats de la
séparation de biens ont souvent recours, que la loi ne
doit pas servir à l'établissement des règles pour les heureux mariages mais qu'elle doit seulement être un expédient pour les époux ne pouvant s'entendre dans le
règlement de leurs relations ; mais cet argument se rap-
proche trop des idées de la Rome ancienne, pour que
nous puissions l'admettre. Les réflexions qui l'ont em-
porté en pratique, là où la séparation des biens a été
établie, ont donc aussi été d'une toute autre nature ;
elles ont eu pour but de protéger l'un des conjoints, c'est-
à-dire l'épouse, contre les créanciers de l'autre, c'est-à-
dire ceux du mari.

Le droit de disposer de ses biens propres n'est en lui-
même qu'une forme de capacité, et tombe sous le même
point de vue que toute autre forme de la capacité ; mais
justement un tel droit de disposer de ses biens propres
ne doit être conçu que de cette manière, et non comme
une séparation de biens, c'est-à-dire comme la marque
d'une indépendance économique absolue dans le sens de
séparation et de contrariété des intérêts des deux époux.
On commet une telle faute, par exemple, chaque fois
qu'on laisse le droit de disposer de ses biens propres se
baser sur des idées qui, à vrai dire, appartiennent à la catégorie du métier, comme lorsqu'on a pensé qu'il est
indigne pour l'épouse d'être entretenue par son mari,
mais qu'elle doit être payée par lui pour s'être chargée du
gouvernement de sa maison. Que l'épouse soit entretenue
par son mari, cela ne devient une pensée humiliante pour
elle, que lorsqu'elle ne se fait pas une idée assez haute
de l'importance de la vie commune. Or, contre une évaluation aussi fausse, l'idée de la communauté des biens

est une protection énergique et effective, en ce qu'elle implique que les époux ont besoin l'un de l'autre. La substance de ce régime est, comme nous l'avons dit, le droit de succession réciproque des époux, et en le maintenant on peut aussi atteindre le même résultat sous le régime de la séparation de biens, c'est-à-dire que chacun, séparément, d'après ses forces et ses moyens, ne travaille que pour des buts auxquels les intérêts de l'autre partie sont aussi rattachés.

Contre le régime de la séparation des biens il y a encore une difficulté à considérer. Organiser la disposition des biens de la famille comme une affaire commune pour les deux époux serait en somme le plus conforme à l'idéal, mais la question est de savoir si cela se laisse arranger en pratique, sans qu'il faille donner en même temps aux créanciers de l'un des époux le droit de recours contre l'autre. La protection qu'on a cherchée dans la séparation de biens tomberait alors, et c'est pourquoi il faut, selon nous, conserver pour chacun des époux le droit de disposer de ses biens propres. Mais on peut objecter que si pour de tels motifs ou des raisons semblables, on est obligé de maintenir la séparation de biens, on coupe aussi aux époux le chemin le plus facile pour arriver à une intimité complète, cette intimité qui naît des actions communes répétées et dont l'administration commune des biens est la plus parfaite expression. Au lieu de l'intérêt commun pour les affaires, qui, à la rigueur, ne sont que le métier de l'un des époux, il naîtra facilement une organisation où les deux époux auront chacun leur profession. Plus la femme libre sera admise aux emplois civils, plus l'épouse devenue capable sera tentée de se créer une profession la mettant à même de gagner sa vie, ou bien de continuer le travail qu'elle avait commencé avant son mariage. Et une telle situation, les deux époux ayant leurs afffaires indépendantes, pourrait peut-être renfermer un danger pour le mariage, pour la vie commune entre les époux, et encore plus pour les rapports avec les enfants. Il sera assurément tout à fait impossible, quand la loi d'ailleurs reconnaît la capacité de l'épouse, de fixer des limites juridiques de sa libre participation au travail pour la vie ; veut-on limiter ces occupations, il faut renoncer à rendre l'épouse capable. Nous pensons que l'administration en commun des biens contribuerait considérablement à satisfaire le besoin d'activité de l'épouse, en exigeant d'elle de se tenir au courant du travail du mari et d'y participer selon ses moyens ; mais si cette organisation est impraticable, il n'y aura rien à faire que de s'en rapporter aux forces régulatrices de la vie. Si les devoirs envers le mari et les enfants ne peuvent normalement s'accorder avec un travail régulier de l'épouse en dehors de la maison, notre confiance dans la valeur de ces devoirs se montrera mieux encore, en ce que nous ne doutons pas qu'ils détourneront normalement l'épouse de choisir de telles occupations

La vie possède dans ces états de choses tant de possibilités, et de nature si différente, que la loi ici ne peut établir une nomenclature dans laquelle chacune en particulier pourrait trouver sa place ; on doit donc s'en remettre à l'individu de choisir, comme bon lui semble, selon son habileté personnelle de vivre la vie, et d'en apprécier les valeurs.

Si nous nous éloignons de la question du droit des époux de disposer de leur fortune, pour passer à celle de leur droit de succession, celle-ci doit être considérée essentiellement sous le point de vue de la vie commune entre les époux.

Sa raison principale consiste donc dans le droit du veuf ou de la veuve à une rente de survie ; que la fortune devienne la propriété de ce veuf ou de cette veuve, et après sa mort revienne à ses propres héritiers, cela est une question d'une importance secondaire. D'après le droit de succession danois, l'époux survivant prend la moitié de la masse de la succession comme sa part de la propriété commune et, en outre, comme héritier légal du décédé, une portion virile de sa succession (1), s'il y a des héritiers naturels ; un tiers seulement, s'il y a des héritiers collatéraux. S'il n'existe pas d'héritiers collatéraux au quatrième degré, l'époux survivant hérite de la totalité. Parmi les différentes organisations qui se trouvent dans les autres pays, celle-ci occupe une position intermédiaire, et si l'on considère la moitié de la fortune accordée à l'époux survivant par le régime de la communauté comme une sorte d'héritage, cette organisation devient une des plus favorables pour le survivant. L'organisation la plus favorable pour l'époux survivant se trouve à Berne, où il hérite de la totalité des biens, de sorte que seule l'existence d'enfants limite les droits de la veuve, en tant qu'elle ne peut demander alors que l'usufruit, ce qui correspond chez nous en Danemark à son droit de demeurer dans l'indivision. L'organisation la plus défavorable pour le survivant se trouve dans le Code civil comme il est encore en vigueur en Belgique : là l'époux survivant n'hérite qu'après les parents au douzième degré, et n'a vis-à-vis de ses propres enfants que

(1) Cette portion virile ne doit pas dépasser 1/4 de la totalité.

le droit de jouir de l'usufruit jusqu'à ce qu'ils aient atteint 18 ans; envers les héritiers collatéraux, l'époux survivant n'a aucun droit. En France même, cette organisation rigoureuse et injuste a été modifiée en 1891, de sorte que le survivant a l'usufruit du quart de la fortune, s'il y a des enfants issus du mariage, d'une part d'enfant (qui ne doit pas dépasser 1/4 de la totalité), s'il y a des enfants d'un autre lit, de la moitié s'il n'y a que des héritiers collatéraux. Ce droit d'usufruit n'est pas un droit forcé, mais seulement un droit *ab intestat* et les héritiers peuvent le convertir en une rente équivalente. Si le survivant se remarie, il perd ce droit d'usufruit. S'il existe un testament dans lequel le survivant n'est pas mentionné, et s'il se trouve dans une position précaire, il peut exiger des héritiers une rente alimentaire.

Cette modification est, comme on peut voir, entièrement dictée par la pensée qu'on ne doit pas empiéter sur les droits des héritiers par le sang, tandis que cependant la vie commune entre les époux donne au survivant le droit d'exiger avec raison qu'on ne le laisse pas dans le besoin à la mort de son conjoint (1). D'après M. Bridel, nous pouvons donner l'aperçu suivant sur les organisations existantes, à l'égard de la question de savoir avec qui le survivant se trouve en compétition pour l'héritage, en considérant si sa part de la succession devient un droit de propriété ou seulement un droit d'usufruit (2).

I. — Le survivant hérite :

A. *Après* toute une série d'héritiers collatéraux, tandis

____

(1) Montaudon : *Des successions entre époux, d'après la loi du 9 mars 1891*, Paris, 1896; voir surtout pag. 8, 57, 68-71.

(2) Bridel : *Le droit des femmes et le mariage*, pag 125 ss.

que cependant l'extension de la parenté successible tantôt est élargie et tantôt restreinte, en Belgique, dans le Jura Bernois, dans les Pays-Bas (dans ce pays, par une autre voie que celle de la succession, il hérite de la moitié en raison du régime de la communauté).

B. *Avec* une série d'autres héritiers sans en exclure aucun, étant du reste successible, ou peut devenir exclu par eux, en France, en Autriche, en Angleterre, en Russie, en Pologne, à Genève, à Zurich, dans les pays scandinaves (l'époux survivant n'exclut que l'Etat).

C. *Avec exclusion* de tous les héritiers collatéraux ou d'une partie seulement, en Prusse et en Italie (où le survivant exclut les héritiers au sixième degré), en Espagne, en Saxe, et après le projet de Code civil allemand (où le survivant exclut tous les héritiers collatéraux), à Berne (où seuls les enfants sont pris en considération avec le survivant).

II. — Le survivant hérite :

A. D'un droit d'usufruit en France et en Espagne.

B. D'un droit d'usufruit lorsqu'il y a des héritiers naturels ; du droit de propriété lorsqu'il n'existe que des héritiers collatéraux, en Autriche, en Italie, à Genève et à Berne.

C. Du droit de propriété en Prusse, en Saxe, en Russie, en Angleterre, dans les pays scandinaves.

Si l'on compare ces dispositions on trouvera que tandis que l'effort pour assurer.à l'époux survivant une situation en cas de mort de son compagnon, s'est fait sentir dans la plupart des pays, aussi bien dans les pays germains que dans les pays romains, ceux-ci montrent leur respect du droit du sang à la succession, en n'accordant généralement au survivant que le droit d'usufruit. En

Italie, qui parmi les pays romains traite le survivant le
plus favorablement, on ne lui accorde qu'une part d'enfant (un quart au plus de la totalité), avec droit d'usufruit, s'il y a des héritiers naturels ; où il existe des ascen-
dants, des enfants naturels, des frères, des sœurs ou
leurs descendants, un tiers avec droit de propriété ; où
il n'y a que des héritiers collatéraux éloignés jusqu'au
sixième degré, on accorde au survivant les deux tiers
avec droit de propriété. L'organisation de la fortune
étant d'ailleurs la séparation de biens, la situation du
survivant est donc moins favorable en Italie que d'après
la loi danoise. Au contraire les pays germains accordent comme règle au survivant l'héritage qui lui revient
avec droit de propriété. D'après le projet de Code
civil allemand, l'époux survivant hérite d'un quart
lorsqu'il y a des héritiers naturels, de la moitié quand
il existe des héritiers collatéraux en première et en
deuxième ligne, dans tous les autres cas de la totalité.
Ainsi, d'après ce projet, le survivant sera moins bien
traité vis-à-vis des héritiers naturels et des héritiers collatéraux les plus proches, que d'après la loi danoise,
puisque le régime de la communauté n'y existe pas.

La direction dans laquelle doit se faire l'évolution,
pour exprimer la grande valeur éthique de la vie commune, doit sans nul doute être cherchée dans l'organisation germanique (1). L'époux survivant doit être
compté parmi les héritiers les plus proches, et si quel-

____

(1) « Fortifier « la famille » dans le sens restreint et naturel du
terme, tel est le but à poursuivre, la solidarité créée par le mariage,
devant trouver son expression dans le droit de succession et y être
profondément empreinte. » Bridel, *Le droit des femmes et le mariage*, page 137.

qu'un doit être héritier forcé, c'est lui qui doit l'être, de même que sa part d'héritage doit au moins être aussi forte que l'existence de la communauté l'exige, c'est-à-dire doit comprendre la moitié de toute la fortune. Cette pensée est amenée par le régime de la communauté, et par l'introduction de la séparation de biens l'on ne ferait que diminuer ce que le survivant est en droit d'exiger. En Angleterre, l'introduction de cette séparation de biens signifie une amélioration de la position du survivant, car avant 1882 il n'y existait aucune communauté de biens, mais la propriété de la femme revenait entièrement à l'homme, elle n'avait qu'un droit de succession *ab intestat* à un tiers des biens-fonds et des valeurs s'il y avait des héritiers naturels, de la moitié de la propriété mobilière s'il n'y avait pas d'enfants. Elle a conservé ce droit de succession, tandis qu'en même temps elle jouit librement de ses biens propres. Au contraire une introduction de la séparation de biens, chez nous en Danemark, dans la plupart des cas ne serait pas favorable au survivant, si en même temps l'on n'augmentait pas son droit d'héritage. Nous parlerons plus longuement de la nature du droit de succession à l'occasion des rapports entre les parents et les enfants; ce droit de succession, que l'un des époux doit avoir sur l'autre, est d'une nature tout à fait spéciale, il n'exprime qu'un droit de survie, droit résultant de la vie commune.

Il serait possible de tirer de cet exposé différentes conclusions.

Tandis que sans nul doute, il serait inutile de déclarer la femme capable et l'égale du mari, si on exclut de cette capacité les questions économiques, il n'est pas du tout facile pour un cas déterminé de choisir les moyens les plus appropriés pour lui assurer l'efficacité de cette capacité. La valeur idéale de la confiance en la personnalité libre, comme élément de l'évolution civilisatrice et de la consolidation de la vie commune conjugale, peut certainement très facilement amener à des conséquences abstraites, qui en réalité déroberaient à l'épouse les privilèges qu'elle possède, sans rien lui donner en compensation. C'est l'importance de la vie commune qu'on doit affermir et protéger, tandis qu'on s'en remet aux individus pour lui donner son développement particulier. Tout ce qui dans la législation, provoque l'idée, que la liberté de l'épouse ne peut être protégée, qu'en affaiblissant et en amoindrissant les devoirs exigés d'elle par la communauté ou les prétentions que lui donne la communauté, encouragera un raisonnement par lui-même hostile à la communauté et rendra aussi, sur des points concrets, sa situation moins assurée qu'auparavant. Sur aucun point ce contraste n'apparaît davantage que dans la question des rapports économiques entre époux. Au moins on doit réfléchir que la réalisation conséquente, enthousiaste et abstraite, de la liberté de la personnalité, en demandant la séparation de biens et l'administration séparée des biens propres, dans quelques endroits a pu être une réelle amélioration de la situation de l'épouse, mais dans d'autres, comme chez nous en Danemark, en signifierait un amoindrissement positif et très important.

CHAPITRE IV

LES PARENTS ET LES ENFANTS

1. — *Le mariage et les enfants.*

La morale du foyer n'est pas seulement déterminée par les rapports entre les époux. L'exposé précédent a souffert de l'abstraction que nous avons faite, des rapports entre les parents et les enfants ; ces rapports deviennent, par les sentiments qu'ils font mouvoir, et par les devoirs qu'ils imposent, non seulement un facteur à côté de la vie commune des époux, mais au plus haut degré ils l'influencent aussi et la déterminent. Autrefois, on a donné une place si importante aux rapports entre les parents et les enfants, parmi les considérations d'après lesquelles on jugea de la valeur de la vie de famille, que les propres rapports personnels des époux presque s'effacèrent. Comme une protestation à cela, nous avons jugé utile de rechercher principalement les valeurs que le mariage représente pour les époux eux-mêmes. Le mariage stérile a le même droit moral que celui riche en enfants ; ce n'est pas l'espoir d'avoir des enfants qui prévaut lorsqu'on choisit une épouse dans les véritables sentiments d'amour ; les enfants ne sont pas la condition du mariage, mais un surcroît, le rendant encore plus riche. Le mariage stérile peut plus difficilement atteindre l'idéal, parce que les rapports avec les enfants offrent aux parents une tâche commune, dont l'accomplissement leur facilite de se trouver, de se connaître et de se tenir l'un à l'autre. Cette crainte pour l'avenir du mariage, si fondée dans les conditions actuelles de la civilisation, cette aversion croissante du mariage trouvent dans les rapports avec les enfants, et des motifs encourageants et un contrepoids très effectif. La crainte de l'éducation coûteuse et onéreuse des enfants a une influence décourageante; le désir d'avoir autour de soi des êtres qui sont à vous et pour lesquels on peut vivre, conduit au mariage. Auparavant, les facteurs décourageants étaient sans grande importance, tandis qu'au contraire les autres facteurs possédaient une grande force; les relations entre parents et enfants, pour cette raison, se formèrent autrefois tout autrement qu'aujourd'hui. Autrefois, il était possible de voir dans le désir d'avoir des enfants le plus puissant motif du mariage, mais en même temps les relations avec les enfants étaient en elles-mêmes d'une nature particulièrement abstraite et spéculative. De nos jours, on doit assurément reconnaître que c'est plutôt le mariage qui est la base solide du désir sérieux d'avoir des enfants, et qui, en même temps, donne aux rapports avec eux un caractère plus personnel et plus positif

La grande importance que possédait autrefois le désir d'avoir des enfants n'a pas ici besoin d'être prouvée. Les cérémonies du Phallus ayant lieu lors du mariage, le droit ou plutôt le devoir de se séparer d'une épouse stérile, etc., sont des choses connues (1). Cet intérêt

(1) Les Romains disaient formellement : *Uxorem habes liberorum quærendorum gratia.*

d'avoir des enfants ne découlait pas de l'amour qu'on ressentait pour eux, mais était exclusivement un intérêt pour son sang. L'homme sans enfant n'avait personne pour le défendre pendant sa vieillesse, personne pouvant apporter des offrandes sur son tombeau, son nom disparaissait de la terre, et son âme et celle de ses aïeux ne trouvaient aucun repos après la mort. C'est pourquoi d'avoir des enfants était un devoir de piété vis-à-vis des morts, une sollicitude pour le bonheur futur de sa propre âme : l'enfant ne comptait pas en soi, mais seulement par relation à ses parents. Si la nature refusait à un homme des enfants, cela était regardé comme un malheur auquel on devait remédier d'une manière quelconque ; l'adoption, le lévirat, le myoga, etc., émanaient seulement de cette idée, que c'était un devoir religieux de prendre soin que la famille ne disparût pas.

Le christianisme apporta un intérêt plus personnel et fit prévaloir la cause des enfants ; chaque enfant était une âme qu'il fallait sauver, et la Réforme fit même de cet intérêt un motif principal pour le mariage. Le mariage était, d'après cette conception, institué par Dieu pour procurer de nouveaux corps aux âmes chrétiennes, et l'amour conjugal devint, en grande partie, regardé comme émanant du sentiment religieux qu'on devait éprouver pour cet être avec lequel Dieu vous avait permis d'engendrer des enfants pour la gloire de son nom. C'étaient toujours les intérêts de la famille qui se dissimulaient sous cette pensée religieuse. A travers tout le moyen âge, l'idée de la famille joua un grand rôle ; le principal but des individus était de la maintenir dans une position satisfaisante, de prendre soin de sa considération, même si ce n'était que dans un dessein tout à fait mondain. Aussi longtemps que ces intérêts de la famille conservèrent leur force, le désir d'avoir des enfants continua à garder une place prédominante comme motif pour le mariage et la vie commune personnelle entre les époux n'occupa que le second rang, le mariage continuant à être le moyen de conserver le sang. Ce n'est que lorsque ces intérêts du sang ont disparu, que l'individualité s'est fait une place dans le monde, que le mariage s'est fait apprécier par soi-même, et en repoussant à un plan secondaire le désir d'avoir des enfants, a donné à l'amour des parents son véritable caractère comme un amour pour les enfants comme individus.

2. — *L'amour des parents.*

L'organisation actuelle de la société impose aux parents un grand nombre de devoirs vis-à-vis des enfants et leur donne en revanche beaucoup de droits, mais dans les dispositions de la loi apparaît encore l'ancien respect pour le sang, qui fait obstacle à la considération des parents et des enfants comme individus. Le cas est le même à l'égard des sentiments qui agissent dans l'amour des parents ; il existe encore ici bien des vestiges des anciens sentiments de la famille, et nous pensons que leur influence sur l'organisation juridique apparaît particulièrement dans les dispositions de la loi concernant les droits des parents ; ces droits dépassent encore de beaucoup ce que les parents pourraient exiger, comme moyens nécessaires pour veiller sur l'enfant d'une manière suffisante, ou comme un retour de la sollicitude qu'ils lui ont témoignée. Qu'un enfant, moralement, soit obligé d'être reconnaissant à ses parents de l'affection qu'ils lui ont montrée, est une chose à part, car un devoir de reconnaissance ne peut être l'objet d'une sanction juridique, et si la loi sanctionne les droits des parents, on doit donc y voir l'expression d'une série d'idées différentes. Et l'autorité que la loi accorde aux parents, afin qu'ils puissent convenablement remplir leur devoir de prendre soin de l'enfant, n'est pas en elle-même un droit pour les parents, mais une partie de leurs devoirs vis-à-vis de l'enfant ; lorsque l'autorité des parents dépasse ces bornes ou devient indépendante de ces devoirs, sa confirmation doit aussi être cherchée dans une autre série d'idées. Il n'y a que les anciennes idées de la famille auxquelles nous pouvons recourir ici, elles se montrent encore en ce qu'on admet toujours, que même le fait d'être l'auteur d'un enfant donne un droit sacré que l'enfant doit respecter, idée montrant encore davantage sa liaison avec les anciens préjugés de la famille, en ce qu'en substance elle ne concerne que les enfants légitimes issus du mariage.

Il va de soi, que si l'on veut que la société ne périsse pas, il faut soigner les enfants, et à mesure qu'ils grandissent les protéger et les élever. Si la famille ne s'entend pas à s'en charger, la société doit prendre soin d'atteindre le but par une autre voie. Ainsi, le rôle des parents comme nourriciers et éducateurs de leurs enfants pouvait être regardé comme un mandat provisoire leur ayant été confié par l'État. Mais l'enfant, comme un être vivant, a aussi un droit par lui-même, et non pas seulement à cause de la société, à ce que son existence faible et débile soit protégée, et ce devoir doit principalement être à la charge de ceux qui l'ont mis au monde. Que la société se soit arrangée de manière à ce que les parents fussent chargés de prendre soin des enfants, cela date du temps où le plus ardent désir de la famille était d'avoir des descendants ; la société n'est pas préparée à pourvoir aux nécessités des enfants par d'autres moyens, et dans le cas échéant elle soutiendra que le devoir de prendre soin de l'enfant repose sur celui qui l'a mis au monde. Or, l'on ne regarde pas seulement ceci comme une organisation provisoire, mais comme l'organisation naturelle de l'avenir, et dans cette idée nous trouvons la réflexion, que c'est à la fois la manière la plus sûre de protéger les enfants, et la seule organisation que les parents soient disposés à accepter ; jamais ils ne regarderont le soin de leurs enfants seulement comme un devoir, un fardeau, mais aussi comme un droit qu'ils seront jaloux de conserver. L'amour des parents y apparait comme la base véritable de la conservation du foyer comme l'éducateur naturel de l'enfant. Ce sera donc essentiellement un examen de la valeur et du caractère de ce sentiment sur lequel nous nous concentrerons dans ce qui va suivre. La société respecte-t-elle le droit des parents d'avoir une autorité sur les enfants à cause des parents, ou à cause des enfants mêmes ? Les rapports entre les parents et les enfants sont-ils organisés comme ils le sont, parce que dans le cas contraire on empiéterait sur les intérêts de la famille et des époux, ou bien parce que l'on reconnait que les enfants ne pourraient d'aucune autre manière être protégés sensiblement aussi bien ?

L'autorité des parents était autrefois et est encore aujourd'hui essentiellement une autorité du père, elle est essentiellement cohérente avec le pouvoir du mari. L'autorité de la mère apparaît seulement lorsque le père est mort, ou se trouve incapable d'agir. Lorsqu'on dit, par exemple dans le Code civil, que les enfants ne doivent pas se marier sans le consentement de leurs parents, mais que dans le cas de dissentiment entre les parents la volonté du père est celle qui l'emporte, la considération que l'on montre ici pour la mère n'est donc d'aucune importance.

Ce n'est ni l'amour du père, ni celui de la mère pour l'enfant, que la société a respecté dans son organisation de l'autorité des parents ; c'est l'intérêt du père de gouverner pour son enfant, comme descendant de la famille, qui a trouvé sa sanction dans l'ancien droit de la famille. Ce n'est qu'à mesure que disparaissent ces institutions surannées que nous voyons un amour paternel développé et abrité par ces institutions se faire valoir par ses propres forces, un amour qui ne se trouve plus satisfait des dispositions des législateurs d'autrefois, et qui peut supporter la comparaison avec celui qui chez la mère existe de nature comme un instinct. Les dispositions juridiques ne sont que l'expression des habitudes et portent le témoignage des sentiments qui ont gouverné la vie journalière ; or, les coutumes qui ont régularisé les rapports entre le père et l'enfant, portent toutes l'empreinte de l'idée que l'enfant était redevable à son père comme tel ; mais ce n'est pas par ces coutumes seules, que l'on peut voir si cette paternité signifie le rapport de la procréation, ou la position comme chef de la famille. On le constate, au contraire, en les comparant à toute une série d'anciens us et coutumes. Que le père possédait des droits sur l'enfant non comme procréateur mais comme chef de la famille, cela est d'accord avec les faits physiologiques, l'amour paternel étant sans base physiologique et seulement un produit sociologique. Le fait seul d'avoir engendré l'enfant n'allume pas dans son cœur cet amour irrésistible qui le mène comme une force inconsciente à prendre soin de son enfant aux dépens de ses propres intérêts égoïstes ; l'enfant devient un objet de ses intérêts, parce qu'il vit avec la mère et tient tous les deux sous son pouvoir pour s'en servir en faveur de sa famille. L'idée de procréation n'est pas la source sanctifiant les liens du sang, au contraire ; car à l'origine l'individu considéra tous ceux avec lesquels il se trouvait dans des rapports juridiques particulièrement proches, comme étant ses compagnons consanguins : le sang porteur de la vie devint l'entité mystérieuse, la métaphore qui symbolisa l'absolu et le sacré des devoirs juridiques de l'individu. Si sa position légale s'altère, on dit qu'il est devenu d'un autre sang ; celui qui a le pouvoir de déterminer le sang de l'individu détermine aussi sa position légale (1). De la même manière que les autres compagnons juridiques, les membres d'un même clan, etc., le père et l'enfant devinrent des consanguins parce qu'ils étaient par l'autorité du père soumis au même droit. Primordialement il était tout à fait indifférent à un père qu'il eût engendré ou non les enfants qu'il appelait les siens : il n'avait en vue que la position légale. Mais tandis que pour la plupart de ces rapports, on

(1) Sur la valeur métaphorique de l'idée du sang et de la base purement juridique de l'idée primitive de la consanguinité, voir notre livre : *La famille primitive*, 1891, 2ᵉ partie.

a peu à peu compris que la communauté du sang n'était qu'une métaphore donnant à ces rapports juridiques une sanction sainte, il en fut autrement quant aux rapports entre le père et l'enfant, car à mesure que le mariage se développait et que les rapports juridiques individuels se différenciaient dans la tribu, ceux concernant l'enfant devaient être toujours plus étroitement liés avec la paternité physique, et l'amour du père fut ainsi déterminé par l'idée que l'enfant avait été engendré par lui. Le fait de la procréation devint donc la base de l'idée de la consanguinité et on s'en servit pour fortifier les liens juridiques et les rapports de l'autorité sous la domination desquels le père désirait placer l'enfant ; le fait de la procréation ne créa pas un devoir pour le père de prendre soin de l'enfant, mais un devoir pour l'enfant de lui témoigner du respect. L'enfant remplissait ses devoirs en continuant la famille, en étant le soutien de son honneur, et ceci déterminait en substance le sentiment paternel, qui se changeait en colère et en haine si l'enfant trompait ses espérances. C'était la famille qu'on aimait dans son enfant. C'est pourquoi Montaigne conseille même, surtout aux nobles, de ne pas se marier trop jeunes, afin qu'il existe une assez grande différence d'âge, entre soi et ses enfants (1). Une autre conséquence de ces idées était que l'on préféra les fils appelés à continuer la famille, aux filles qui entrèrent dans des familles étrangères ; et lorsque les filles commencèrent à être prises en considération comme ayant droit à une dot et à leur part d'héritage, cela ne fut pas dû à une modification du sentiment paternel, mais seulement à un sentiment de famille plus délicat : l'on ne voulait pas

(1) Montaigne, *Essais*, Liv. II, chap. VIII.

laisser l'enfant de la famille, sans protection, sans soutien et sans gloire dans la famille étrangère.

L'amour paternel considéré à ce point de vue n'a aucune valeur, par soi-même, parce qu'il n'est qu'un reflet de la vénération pour la famille et, si celle-ci s'efface en cessant d'avoir une importance sociale, l'amour paternel qui s'y trouve lié s'effacera aussi. L'amour paternel ne peut avoir une valeur indépendante, que lorsqu'il se prodigue à l'être même qui en est l'objet, qu'il est individualisé d'après l'enfant, et supporté par l'intérêt de sa prospérité comme individu. Où cette transformation s'opère, l'idée se perdra que ce soit le droit du père de sacrifier le caractère et les penchants de l'enfant sur l'autel des traditions de la famille, par exemple en lui prescrivant une profession déterminée pour sa vie. De nos jours cette transformation n'est pas entièrement accomplie et, comme nous l'avons dit, l'on rencontre toujours les traits caractéristiques du culte de la famille dans l'amour paternel. Etre père est encore pour beaucoup synonyme de posséder un droit sacré d'être obéi et respecté. Si autrefois l'on voyait dans l'enfant l'honneur de la famille, l'on y cherche peut-être à présent le sien ; l'amour paternel est la fierté du père de voir les qualités de l'enfant, qui sont comme un miroir où le père se reconnaît : il se voit revivre en son enfant, toute qualité excellente de l'enfant est comme un témoignage de quelque chose de bien dans le père, il possède non seulement dans l'enfant quelque chose que les autres lui peuvent envier, mais quelque chose qui, d'une certaine manière, est une prolongation et une continuation de son propre être. Si c'est un enfant d'extraction étrangère que l'on a adopté, on peut l'aimer comme l'on fait pour tout ce que l'on prend sous sa protection, et aussi par l'éducation faire de cet enfant son propre ouvrage ; cependant, l'idée de son origine étrangère se placera facilement entre vous et l'enfant, et vous empêchera de ramener absolument ses qualités jusqu'à vous-même. Ce sentiment de fierté et de joie de se reconnaître dans son enfant, est assurément indispensable pour donner à l'amour paternel sa couleur caractéristique en contraste avec tout autre amour au monde. Il n'est pas en lui-même mauvais pour cela, tout sentiment égoïste n'est pas condamnable, mais il peut facilement amener à ce que l'on s'efforce de faire de l'enfant sa propre image ; l'amour paternel n'est alors qu'une variété plus restreinte, et pour cette raison plus condamnable, de l'ancien sentiment de la famille, faisant considérer l'enfant comme un moyen, au lieu de le considérer comme étant lui-même un but indépendant. Cependant plus l'amour paternel évite ce danger, plus il tend à devenir un sentiment de même nature que l'amour maternel, dont il différait absolument à l'origine.

La nature féminine a dans l'amour maternel sa particularité prédominante. Même si l'on avoue que Stuart Mill a raison de dire qu'on ne connaît pas la nature de la femme et que les spéculations sur la « nature » d'un être, c'est-à-dire sur ses possibilités métaphysiques, ne sont que des jeux d'esprit (1) ; même si l'on peut convenir que la pression d'une civilisation exclusive peut faire sortir l'amour maternel de toutes les limites possibles, et l'amener vers un idéal d'abnégation et de dévouement exalté et injustifiable, et qu'une civilisation

(1) Stuart Mill, *L'assujettissement des femmes*.

contraire pourrait le resserrer dans des bornes trop restreintes; même si l'on convient de tout cela, on conservera le droit de dire que ce serait faire violence à la nature d'une femme, si l'on voulait en arracher l'instinct maternel. Cet instinct n'est pas une habitude, mais une impulsion physiologique, et cette disposition de la nature provient aussi de ce penchant mentionné plus haut, à prodiguer son affection et ses soins, que les coutumes ont développé ultérieurement chez la femme. L'instinct maternel a cette particularité que généralement il ne s'éveille dans toute sa force que pour l'enfant que la mère elle-même a mis au monde, et qu'il ne conserve toute sa puissance qu'à l'aide des soins concrets qu'elle donne à l'enfant. Nous voyons assurément que chez les animaux l'instinct peut s'égarer en se tournant vers des petits que la mère elle-même n'a pas mis au monde et qui ne sont même pas de son espèce. Une chatte peut nourrir des ratons, une poule peut prendre soin des petits d'une belette, etc. Chez les femmes primitives, il arrive souvent quelque chose d'analogue, en ce que les mères qui ont tué leurs enfants au moment de la naissance, nourrissent quelquefois d'autres enfants, ou même les petits d'un animal quelconque. Il semblerait donc que dans l'amour maternel, l'élément le plus important fût l'influence des soins prodigués à l'enfant et de son allaitement. Ceci est confirmé davantage par les fréquents infanticides chez les peuples primitifs, où l'amour maternel ne semble pas s'éveiller avant l'allaitement, en ce qu'une mère peut, de sang-froid, et souvent avec une grande cruauté, tuer l'enfant qu'elle n'a pas encore allaité, mais elle ne fait jamais de mal à celui qui a pris le sein. Et les mères de nos temps civilisés conviendront que si l'amour maternel peut s'éveiller lorsqu'elles portent encore l'enfant dans leur sein, on pourrait plutôt appeler cet amour un sentiment de béatitude abstraite et impersonnelle du bonheur que ressent la mère à la pensée que bientôt se réalisera l'espoir inculqué en elle par les traditions existant dans la société et par l'éducation qu'elle a reçue. Aussitôt après la naissance de l'enfant, elle ressentira un étonnement d'une nature étrange lorsque, pour la première fois, on mettra le nouveau-né dans ses bras. Ce n'est qu'après lui avoir donné plusieurs fois le sein, quand elle a appris à comprendre le jeu de sa physionomie et qu'elle sent sur sa poitrine la caresse de ses petites mains, que l'amour maternel véritablement s'éveille. Même si l'on devait dire que l'amour maternel est directement déterminé par le sentiment du plaisir qu'on trouve à prodiguer des soins à l'enfant, qui a tellement besoin de vous, et par les marques de son contentement et de son chagrin, par la propre affection de la mère déterminée par la pitié et par le sentiment de protection, il reçoit néanmoins sa forme caractéristique par l'idée qui se trouve derrière toutes ces passions, l'idée que c'est son propre enfant. Chez les animaux et chez les peuples primitifs, cette idée peut disparaître parce que le souvenir n'a qu'une durée éphémère et la pensée est très indécise, mais il n'est pas besoin d'un grand progrès dans la civilisation pour que cette idée se fasse valoir avec une force déterminante. Le lien du sang, comme véritable rapport d'origine physique entre les parents et les enfants, trouve dans l'amour maternel son point de contact le plus fort avec la morale. Cependant, chez la mère, cette idée que c'est son enfant ne repose pas comme chez le père sur une reconnaissance d'elle-même dans l'enfant, ses rapports avec lui sont directement déterminés par l'enfant lui-même. C'est pourquoi l'amour de la mère est en premier lieu un amour se proposant comme but le bien-être personnel de l'enfant, ce n'est que lorsqu'elle-même se trouve placée sous l'influence des traditions de la famille et de ses aspirations comme directrices pour l'individu, qu'elle inculque à l'enfant la vénération de la famille. Tandis que le père rêve avec fierté que la grandeur et la gloire de la famille seront augmentées par son fils, le rêve de la mère voit le fils accablé d'honneur et de gloire par la famille dont il est devenu l'idéal typique et le héros.

3. — *La reconnaissance de l'enfant.*

L'amour naturel de la mère est donc le type moral de l'amour des parents ; c'est le père qui doit apprendre de la mère la véritable manière d'aimer l'enfant. Ce n'est que par les soins qu'on prodigue à l'enfant, en ayant pour but son bien-être personnel, que l'amour des parents acquiert sa légitimité morale ; il n'existe rien dans leur position elle-même comme parents qui puisse créer des devoirs qu'ils seraient en droit d'exiger de l'enfant. Que le rapport de procréation crée des droits, cela est une invention des parents qu'ils amènent l'enfant à croire, à force de la leur inculquer. Assurément ce commandement de Dieu « honore ton père et ta mère » a une valeur morale, mais elle se trouve dans ce qu'il doit exister un manque moral, dans le caractère de celui qui n'est pas reconnaissant des soins qui lui ont été prodigués. Cependant telle n'a pas été la pensée de ce commandement de Dieu : ce n'était pas pour les remercier de leur amour que l'enfant devait honorer son père et sa mère, c'était comme leur descendant. Mais dans la procréation il n'y a rien de méritoire pouvant être à même de créer des devoirs ; quant au père il ne peut en être question, cependant il se pourrait que la grossesse de la mère, les douleurs de l'enfantement, le danger dans lequel elle s'est trouvée lui donnassent des droits à la reconnaissance de l'enfant ; l'on fait aussi valoir fréquemment ces considérations vis-à-vis de l'enfant, et même vis-à-vis du père, en ce que renvoyant à ces rapports physiologiques, l'on trouve cruel et injuste que l'autorité du père sur l'enfant soit plus grande que celle de la mère. Malgré cela nous ne pouvons pas concéder à la mère, que la procréation en elle-même lui donne un droit quelconque. Tous les désagréments physiques de la mère ne dépendent pas de sa volonté, et en tout cas elle ne les encourt pas à cause de l'enfant. La procréation est un fait de la nature, l'enfant n'a pas à remercier ses parents de l'avoir mis au monde, ce n'est que pour le développement ultérieur de sa vie qu'il peut être reconnaissant à ses parents.

La vénération des parents n'est qu'un des nombreux exemples de l'exaltation du sentiment d'autorité aveugle. On a cherché dans l'activité de ce sentiment chez les jeunes gens une force morale, d'une valeur sociale très considérable. De même qu'on leur a recommandé de respecter les personnes âgées, on leur a inculqué de vénérer leurs parents. Le pouvoir des coutumes et des lois reposait autrefois sur la vénération du passé, mais vu moralement le passé n'a que le droit qu'il possède comme étant le préliminaire du présent, et les rapports

des parents ne pourront se soustraire à une évaluation
semblable. En se basant sur cette considération, il semble naître ici différentes difficultés. Nous pouvons être
certains que plus l'amour des parents aura véritablement pour but le bien de l'enfant, plus on condamnera
les parents qui auront négligé de s'occuper de leur enfant, et plus on pardonnera à l'enfant qui aura supporté
les effets de la négligence, de ne pas aimer ses parents.
Mais l'on pourrait objecter à présent que le devoir des
parents de s'occuper de leur enfant, doit être en raison
inverse de la reconnaissance qu'ils sont en droit d'exiger
de lui, car on ne peut prétendre à la reconnaissance, si
l'on n'a donné que ce qu'on devait. Il nous semble que
cela touche absolument au point culminant des relations
entre les parents et les enfants. La faute en est à ce que
l'éducation sociale, dont on a fait l'objet les sentiments
qui se rattachent à ces relations, a toujours eu comme
point de départ les rapports d'autorité. On n'arrive pas
seulement de cette manière à calculer quels sont les devoirs que les parents peuvent exiger de l'enfant, mais
aussi quels sont ceux que l'enfant peut exiger d'eux.
Nous avons refusé de reconnaître le rapport de procréation comme une source de droits pour les parents, mais
jusqu'à quel point leur impose-t-il des devoirs vis-à-vis
des enfants ? Plus les cadres de ces devoirs s'élargissent,
plus le devoir de reconnaissance de l'enfant se restreint
et plus on arrive à donner à l'enfant le droit de calculer si ses parents lui ont donné davantage que ce qui
lui était dû, et d'après cela d'établir le degré de reconnaissance qu'il leur témoignera. Mais il en est pour les
parents et les enfants, comme pour les autres êtres entre
lesquels se développent des rapports d'amour récipro-

que : l'amour dépend de ce que l'existence de l'un apporte de précieux dans celle de l'autre. Dans tout amour il y a la place de la reconnaissance, parce qu'il jette du bonheur dans notre existence et nous invite à travailler pour le conserver. Mais, logiquement parlant, la reconnaissance, dans son sens strict, présupposera qu'on a reçu quelque chose qu'on n'avait pas mérité et qu'on n'avait aucune raison d'attendre, et ce contenu logique de la reconnaissance se rencontrera dans toutes les relations dont on cherchera à la faire la base. C'est pourquoi il n'est pas juste d'accentuer particulièrement la reconnaissance dans les rapports existant entre les parents et les enfants ; le devoir de reconnaissance que les parents pourraient exiger des enfants n'est pas un vrai devoir de reconnaissance, car l'on ne peut pas se rendre compte où cesse le devoir des parents, et où commence leur bonté gratuite et volontaire. Le devoir de reconnaissance dont il peut être question ici est seulement la compréhension et le sentiment des enfants que les parents leur ont été utiles, dans ce sens qui crée l'amour entre les hommes. Nulle part peut-être cette ancienne idée, que les parents ont le droit d'exiger la vénération de leurs enfants, simplement parce qu'ils sont leurs parents, n'est plus enracinée que dans ce penchant à appeler reconnaissance le sentiment des enfants vis-à-vis des parents, tandis qu'on refuse à donner le même nom aux sentiments des parents vis-à-vis de leurs enfants. Ce penchant, le résidu de la vénération de l'autorité, est en désaccord absolu avec l'injonction croissante des devoirs des parents envers l'enfant.

L'amour des parents n'a une valeur morale que parce qu'il est un amour, ce ne peut donc être ni le respect ni la reconnaissance qui particulièrement doivent se développer en retour chez l'enfant, mais au contraire la confiance et l'amitié. Si les parents sont supérieurs aux enfants par leur jugement et leur expérience, tandis que ceux-ci sont petits, cette supériorité n'est que transitoire, et on ne doit pas fermer les yeux sur la différence essentielle, entre les sentiments de respect qui s'annoncent naturellement chez un enfant, vis-à-vis de quelqu'un plus âgé et d'une intelligence plus développée, et ceux qui découlent de l'idée que ce n'est pas en vertu de son âge et de son intelligence que l'individu devant lequel il se trouve peut prétendre être respecté, mais parce qu'il est son père. Dans le premier cas, le sentiment de respect n'est par lui-même qu'une chose indifférente et un résultat passager, si ce n'est naturel, de toutes les relations entre les deux individus ; au contraire, dans le dernier cas, il serait en lui-même le but qui devrait être atteint et conservé pendant la vie. Nous pensons que le rôle de ce sentiment de respect est terminé, et que ce sont seulement ses vestiges qui, de nos jours, apportent ce manque de sincérité, d'intimité et de tendresse dans les rapports entre les parents et les enfants.

4. — *L'amour des parents et le foyer.*

Dans l'évolution juridique moderne, il est souvent assez difficile de reconnaître le point de vue d'où le législateur a déterminé les relations entre les parents et les enfants ; l'évaluation morale de l'enfant comme personnalité libre et de son bonheur individuel comme le seul but admissible de ses éducateurs, a rendu les législateurs des différents pays très homogènes. La conception romaine que le pouvoir des parents était fondé sur celui du chef de la famille, a été très modifiée dans les pays latins, et particulièrement dans ce qui touche à la fortune ; la légitimation du *peculium* de l'enfant a eu pour conséquence que le père peut seulement comme un tuteur sauvegarder les intérêts pécuniaires de l'enfant, mais ne peut disposer librement de ses biens. Dans les pays comme l'Autriche, qui ont été très influencés par l'idée juridique romaine, la conception germanique du pouvoir des parents a maintenu sa place comme un *mundium* ou un rapport de protection, reposant sur la parenté (1). Le pouvoir des parents ne peut donc être en substance considéré que comme le moyen mis par l'État entre les mains des parents, afin qu'ils soient à même d'accomplir le devoir de protection, et de prodiguer les soins qui reposent sur eux.

Mais il continue néanmoins à exister une différence entre la conception latine et la conception germanique, en ce que la première sur bien des points, plus encore dans les mœurs que dans l'ordre juridique, considère le pouvoir des parents, surtout le pouvoir du père, comme un droit qu'il a sur son enfant, droit devant lequel l'enfant doit s'incliner à jamais, sans avoir égard à son âge et à sa propre volonté, tandis qu'au contraire la conception germanique se base sur l'idée que le pouvoir des parents, c'est-à-dire ici et celui du père et celui de la mère, est une charge imposée aux parents, et qui pour cette raison doit cesser quand les enfants ont atteint l'âge de majorité. Vu théoriquement, une fois majeur, l'enfant

(1) V. Anders, *Das Familienrecht*, 1887, pag. 176.

est beaucoup plus libre chez les Germains que chez les
Latins, mais, en revanche, chez ceux-ci les parents vivent davantage pour leurs enfants que chez ceux-là.
Cela ne veut pas dire que les parents latins s'occupent
plus personnellement de leurs enfants, le contraire serait plutôt le cas, le foyer étant d'une importance moindre chez les Latins, et l'éducation des enfants s'y trouvant souvent confiée à des étrangers. Cela veut dire
seulement que les parents latins regardent avec plus
de conscience et plus généralement comme leur devoir,
de s'occuper de l'avenir de l'enfant, en lui assurant une
dot et un héritage. C'est pour la famille que les parents
travaillent en travaillant pour leurs enfants, et leur sollicitude devient en substance la même vis-à-vis des enfants qu'ils élèvent sous leurs propres yeux comme de ceux
qui, élevés dans des internats chez des étrangers, leur
sont restés inconnus comme personnalités. Il résulte de
cette adoration de la famille, que dans les choses intéressant particulièrement la famille, par exemple le mariage
de l'enfant, les parents conservent toujours une certaine
autorité sur l'enfant, mais, d'un autre côté, il en résulte
aussi que les parents ne s'attendent pas à être particulièrement remerciés de ce qu'ils font pour l'enfant, et
que celui-ci peut suivre librement ses inspirations et ses
penchants personnels.

Chez les Germains, au contraire, ce devoir d'assurer
l'avenir de l'enfant dans le sens purement économique
n'existe pas. Rien n'étonne plus un Français dans les
mœurs anglaises que de voir les filles se marier sans dot,
et les fils ne compter que sur eux-mêmes pour se créer
une position (1). Ce qu'on exige des parents chez les Ger-

(1) Taine : *Notes sur l'Angleterre*, 1872, pag. 121, etc.

mains est un minimum, parce que c'est une charge qu'on leur a imposée. C'est pourquoi, là où l'amour des parents donne plus que d'après la loi, ils sont en droit d'exiger quelque chose en retour, et ceci est généralement le cas, il peut facilement naître l'idée que les enfants doivent leur être reconnaissants, et, pour cette raison, les rapports personnels entre les parents et les enfants ont ici une plus grande signification que chez les Latins. L'étendue et la force de l'amour des parents dépendent essentiellement du degré d'intimité dans lequel ils ont vécu avec leurs enfants. Mais il peut aussi résulter de cela, que tandis que l'enfant devient absolument libre juridiquement aussitôt qu'il est majeur, il continue à être lié par tous ces liens personnels qui souvent tiennent l'âme dans un esclavage plus dur et sont plus difficiles à rompre que les liens juridiques. C'est ici qu'apparaît la différence très nette existant entre les Latins et les Germains, car, tandis que la famille domine davantage chez les Latins, le foyer est pour eux d'une moindre importance.

La famille signifie l'union des membres vis-à-vis de la société ; le foyer, qu'ils continuent à travailler dans les voies accoutumées. C'est pourquoi où règne le culte de la famille, l'individu jouit d'une assez grande liberté pour choisir sa route, et il peut s'éloigner bien loin sans s'apercevoir du lien qui le retient ; mais le lien ne cesse jamais d'exister. Où c'est le foyer qui détermine les mœurs, l'individu peut avoir le champ libre, des liens invisibles l'empêchent d'en faire usage. La famille semble arrêter la marche du temps et paralyser l'originalité de l'individu. Les Latins connaissent rarement ce sentiment très ordinaire chez les Germains, que les parents ressentent une certaine douleur de voir leurs enfants devenir indépendants, non seulement en se mariant et en s'établissant eux-mêmes, mais en s'éloignant dans leurs opinions, dans leurs actions, dans toute leur manière d'être des coutumes du foyer paternel. Ce péril pour la liberté de l'évolution des enfants est essentiellement fondé, sur ce que les parents croient que l'enfant leur est particulièrement obligé. Le foyer est exposé à périr de vétusté, et cela presque en raison directe de l'intimité des sentiments qui y ont régné. Les parents ont derrière eux toute une vie d'habitudes et ne comprennent que difficilement les nouveaux temps, et plus ils aiment leurs enfants, plus il leur est pénible que ce soit eux qui les contredisent. Les nouvelles idées et les nouveaux problèmes du temps trouvent souvent leur plus forte résistance dans le conservatisme des foyers. Ce danger n'est pas aussi grand chez les Latins où le foyer a moins de pouvoir, le sentiment de la famille qui y règne peut isoler les individus devant les problèmes de la société et les rendre indifférents pour leur solution. Mais il leur laisse une plus grande liberté dans le choix de la manière et des moyens de maintenir la famille dans la société. Même si les mœurs latines semblaient l'emporter, il existe donc un motif tellement en faveur du foyer dans la forme germanique, que nous n'hésitons pas à la préférer, et ce motif est la reconnaissance absolue de la valeur de l'individu. Comme tel, plus on reconnaîtra cette valeur, plus le sentiment de la famille succombera, car l'influence restrictive de ce sentiment sur la position de l'individu vis-à-vis de la société est inévitable : renoncer à cette influence sera pour la famille cesser d'exister ou au moins s'effacer. Au contraire, l'influence stagnante du foyer n'est pas une conséquence nécessaire de l'amour du foyer, mais seulement de ce qu'il n'est pas assez éclairé et assez affranchi des restes non encore disparus de l'égoïsme des parents. La douleur de voir ses enfants suivre leur propre route disparaîtra, à mesure que les parents s'arrangeront dès le commencement à regarder les enfants comme des êtres indépendants, et à mesure qu'ils apprendront par les soins constants qu'ils leur prodigueront à connaître leur manière de penser. Le foyer, qui si souvent aujourd'hui peut être regardé comme la grande école des préjugés, de cette manière se transformera en l'éducateur de la véritable liberté d'esprit : Comme le type de l'évolution qui s'opère dans nos sociétés, et comme le but que moralement nous devons aussi approuver et trouver le plus juste, nous devons considérer le foyer dans lequel le pouvoir du père s'est trouvé réduit à n'avoir qu'à protéger celui dont l'intelligence n'est encore qu'imparfaitement développée. Le père de famille anglais peut être chez lui un tyran, ses rapports avec ses fils sont autoritaires et peu chaleureux, cependant la base de toute la conception est la reconnaissance de l'indépendance personnelle de l'enfant. Lorsqu'on a donné à l'enfant la protection que demande son jeune âge, il n'a plus le droit de rien exiger, le père et le fils se trouvent placés dans des rapports d'indépendance réciproque. Si le Français se loue que dans son pays les rapports entre les parents et les enfants sont plus amicaux et plus tendres, il faut faire remarquer qu'en France, le père a le droit de faire enfermer l'enfant qui lui est rebelle dans une maison de correction jusqu'à sa majorité, chose dont il ne peut être question en Angleterre (1).

En Amérique le pouvoir du père a absolument disparu, parce que l'importance de l'indépendance personnelle y a été reconnue sans réserve et a pénétré partout dans ce pays. Tocqueville présente formellement cet état de choses comme une opposition à l'organisation aristocratique de la famille dans les pays romans, où le père gouverne la famille parce qu'il en est l'auteur et le soutien. En Amérique, dit-il, le père se regarde comme le protecteur de l'enfant, non comme son maître, le fils s'approche de la virilité et devient maître de sa conduite, sans que cela soit la suite d'une lutte intérieure dans la famille, car dès le commencement on a prévu l'époque, où devait expirer l'autorité du père. A mesure que l'aristocratie perd son pouvoir dans les sociétés, le pouvoir du père disparaît aussi, et si l'on peut supposer que la société y perde quelque chose, l'individu y gagne assurément. La démocratie détend peut-être les liens sociaux, on devrait ajouter les faux liens sociaux. mais elle resserre les liens naturels (2). Les parents et les enfants ne se trouvent pas placés réciproquement, comme des personnes exigeant que la vie des unes soit vécue à cause des autres ; leurs existences se touchent d'une manière plus intime que celles des autres individus, mais elles ne se confondent pas absolument. L'enfant est aussi peu mis au monde à cause des parents, que ceux-ci existent à cause de l'enfant. Ce point de vue, qui est celui des rapports entre personnes jouissant d'une

(1) En Danemark un droit analogue a été aboli en 1771.

(2) Tocqueville : *Démocratie en Amérique*, 3ᵉ éd., 1840, IV, pag. 60-70.

indépendance réciproque, est le seul pouvant donner aux
rapports entre les parents et les enfants une valeur incontestable.

5. — *Le foyer comme centre d'éducation.*

Nous pensons donc que le droit des parents de diriger
l'enfant jusqu'à son âge de virilité, n'est pas institué à
cause des parents, mais pour les enfants. On doit aux
enfants des soins constants, ce devoir est reconnu par la
société, mais elle cherche à le rejeter entièrement sur
les parents, en ce qu'elle n'apparaît elle-même qu'à
leur mort, ou quand ils ne se trouvent plus en état de
remplir leurs devoirs; puis la société se réserve le
droit de veiller à ce qu'on prenne soin de l'enfant d'une
manière satisfaisante. C'est le fond des dispositions
du législateur. Mais à côté de ces dispositions vient se
placer la considération morale, en vertu de laquelle les
parents demandent comme leur droit naturel qu'on leur
laisse l'autorité sur leurs enfants et le droit de veiller
sur leur enfance. Il se présente ici différentes questions concernant d'abord les limites des soins et de
l'éducation que les enfants sont en droit d'exiger, puis
si la famille est plus apte à se charger de cette mission
que tout autre organe de la société.

Si nous examinons d'abord la grande question des limites des soins et de l'éducation que l'enfant peut exiger, nous nous heurtons à des considérations contraires,
en ce que d'un côté l'on soutient que la société ne doit
à l'enfant que le strict nécessaire, tandis que d'un autre

côté on exige que l'éducation soit la même pour tous. Et encore, ce qui est le strict nécessaire peut être déterminé différemment, et, à différentes époques, ceci s'est trouvé être le cas. Mais l'éducation ne deviendra une tâche de la société que parce que c'est pour elle un avantage que les individus en deviennent des membres aussi capables et aussi utiles que possible, cela ne peut pas être à l'égard de l'individu lui-même. Il en est de l'éducation considérée comme une tâche de la société, comme il en est de la charité publique ; la société a seulement organisé ce qui était l'intérêt de tous les individus particulièrement ; que les faibles et les indigents puissent trouver aide et secours, est une organisation efficace pour remédier aux malheurs qui frapperaient la société si elle ne prenait pas à cœur cette mission. Ce ne peut être la tâche de la société d'assurer le bonheur de chacun, elle peut seulement protéger les individus pendant la lutte pour le bonheur, et l'on ne pourra soutenir qu'il faille instituer une éducation égale pour tous, avant qu'on ait pu démontrer que c'est la condition nécessaire pour lutter pour le bonheur. Cependant, il n'est pas possible de soutenir que la différence dans l'éducation détermine à présent la place de l'individu dans la société ou la prospérité qu'il sera à même d'acquérir. Il y a un certain minimum de connaissances indispensable pour que l'individu ne se trouve pas placé en dehors de la société civilisée et de ses éventualités ; et même si l'on soutenait que ce minimum est déterminé parcimonieusement dans nos écoles élémentaires, il y a loin entre demander l'amélioration de l'instruction dans ces écoles et demander l'éducation égale pour tous. La société gagnerait à ce que la distance qui sépare les écoles élémentaires des écoles supérieures fût diminuée, afin que les unes deviennent davantage le complément des autres et cessent de représenter de différentes espèces ; mais ceci ne touche pas à la question de l'instruction égale pour tous, qui exigerait que tous les individus passassent par tous les degrés de l'instruction, ou au moins que ce fussent les capacités des élèves et non leurs moyens pécuniaires qui déterminent s'ils peuvent continuer leur intruction. C'est une erreur de croire que ce sont les capacités seules qui doivent déterminer le degré d'instruction dont un enfant doit profiter. La vie pratique n'exige pas un si grand nombre de connaissances théoriques que la carrière administrative, mais il faut prendre garde de donner plus d'aliment à ce préjugé que la carrière administrative est la seule convenable pour les intelligences d'élite. Si la vie pratique demande moins de connaissances théoriques, elle exige assurément des capacités aussi grandes et une intelligence plutôt supérieure. Puis, il faut ajouter à ceci que les positions auxquelles l'éducation supérieure peut faire prétendre, semblent plus élevées que celles offertes par la vie pratique ; cela repose aussi sur un préjugé qui s'est développé à une époque où l'on avait une déférence particulière pour tout ce qui touchait à la carrière administrative. L'exigence d'une instruction égale pour tous ne peut être établie sur la base de ce préjugé qu'on doit faire tous ses efforts pour déraciner. Et là-dessus, ce n'est pas seulement l'éducation universitaire qui, de nos jours, dépend des conditions pécuniaires dans lesquelles on se trouve, c'est aussi le choix d'une position qui en dépend. Il faut avoir une famille qui puisse vous aider à vivre pendant de longues années avant d'arriver dans la carrière administrative à une position pouvant vous permettre de vivre honorablement. Il faudrait d'abord détruire toute l'importance que peut avoir la fortune pour toutes les relations de la vie avant de pouvoir obtenir le moindre résultat en donnant à tous la même faculté de pouvoir s'instruire. C'est pourquoi la société ne peut considérer comme un devoir de donner à tous la même instruction, ceci regarde le foyer, c'est aux parents de décider quels sont les sacrifices qu'ils peuvent faire pour l'enfant.

Mais en dehors de l'instruction qui met à même d'acquérir des connaissances, l'éducation cherche aussi à développer le caractère. La société trouve son intérêt à ce que la jeune génération soit animée des idées morales sur lesquelles repose la vie de la société. Il paraît difficile ici de parler d'un minimum et d'un maximum, la société semble devoir exiger de tous le même degré de développement du caractère et, en conséquence, devoir en faciliter l'accès pour tous. Sur ce point, nous croyons trouver presque l'unanimité, mais on est encore loin d'avoir réalisé l'idéal ; car le côté moral de l'éducation est encore si négligé qu'il y a beaucoup à faire à cet égard.

Quelqu'un peut objecter à cela que ce que la société a le droit d'exiger de l'individu, n'est que l'obéissance aux lois et point du tout la moralité intérieure de ses pensées ; nous admettons volontiers que la société n'a pas le droit de juger la moralité des citoyens adultes si leurs actions sont en harmonie avec les lois, mais nous ne voyons pas que cette concession doive exclure que la société puisse se proposer le but de développer le caractère moral de la jeunesse. Et justement sur ce point, l'on peut s'apercevoir que la société n'est pas à même d'accomplir cette tâche sensiblement aussi bien que la famille.

Toute éducation morale se fait principalement par l'exemple et les habitudes que crée la vie journalière. Ici le foyer l'emporte sur une maison d'éducation, en ce qu'il est une partie de la vie vivante qui se manifeste pour l'enfant. L'enfant n'a devant les yeux, dans une maison d'éducation, qu'une machine artificielle, et les habitudes d'ordre, de ponctualité et de travail qui peuvent y être apprises, sont donc basées sur quelque chose n'appartenant pas en somme à la vie même, et pour cette raison ne pouvant peut-être se maintenir lorsque l'enfant plus tard y entrera. Les professeurs et les personnes avec lesquelles les enfants sont en contact dans une maison d'éducation ont leur véritable vie au dehors. Au contraire, dans le foyer, l'enfant vit avec ses parents dans leur véritable vie, et c'est pourquoi les habitudes qu'il y contracte deviennent bien plus fortes, plus directement suggestionnées, et plus aptes à régir sa propre vie. Aussi l'éducation la plus inefficace est celle que l'enfant reçoit dans un foyer où les parents vivent une vie extérieure, c'est-à-dire vivent en ayant leurs principaux intérêts en dehors du foyer, ou plus strictement, l'éducation, dans ce cas, peut aussi devenir efficace, mais dans un sens mauvais ; ce que l'enfant s'approprie, ce ne sont pas les remontrances que de temps en temps les parents peuvent lui faire, mais l'exemple de ces intérêts pour les choses extérieures que donne leur vie. L'enfant, dès l'âge le plus tendre, grandit dans les idées et dans les sentiments qui l'entourent ; il apprend à penser et à sentir de la même manière ; ce sont les habitudes qui l'entourent et non les remontrances qu'il reçoit qui déterminent son caractère. Les remontrances n'ont sur lui qu'un effet passager, mais l'harmonie durable avec son entourage le pénètre. Même si, à vos yeux, un foyer n'est pas absolument le modèle de ce que vous désireriez, et que vous exigiez que l'on inculquât à l'enfant les plus belles maximes, cependant c'est un foyer, c'est-à-dire le centre de la vie véritable des individus qui ont leur rôle dans la société ; c'est pourquoi, par ses habitudes, il peut être plus profitable à l'enfant que toutes les belles maximes du maître. Si ce n'est pas le cas, si le foyer est tellement divisé qu'il n'est plus à même de satisfaire la société, il ne vaut plus rien pour élever l'enfant, et la société doit alors se charger de trouver à l'enfant un autre entourage. Mais être forcé d'en arriver là est toujours un malheur, et il est douteux que l'on y puisse remédier.

Un sage a dit que l'enfant apprend à agir juste avant de devenir juste. C'est cette vérité que nous répétons en disant que ce sont les habitudes qui déterminent le caractère de l'individu. Les habitudes fondamentales qu'il s'agit de créer sont surtout l'amour de l'ordre, l'activité soutenue, l'amour de la vérité et la compassion ; mais ces habitudes sont justement toutes les conditions pour qu'un foyer devienne une heureuse vie commune entre les époux. Si l'on attache aussi de l'importance à l'obéissance, ceci est un reste de ce culte ancien de l'autorité. Évidemment, l'enfant doit obéissance, mais l'obéissance ne doit pas pour lui être une habitude à cause même de l'obéissance ; il vaut mieux que l'obéissance soit provoquée au moyen de la suggestion, c'est-à-dire que la vie dans le foyer serve tellement d'exemple à l'enfant qu'il ne lui vienne pas à l'idée d'agir autrement. Mais si l'enfant désobéit et qu'il faille le contraindre d'une manière quelconque, il faut prendre garde de laisser l'élément de punition que renferme toujours une telle contrainte être motivé par sa désobéissance. Ce n'est pas parce qu'il a désobéi à ses parents que l'enfant a péché, mais parce qu'il s'est écarté des habitudes du foyer en étant désordonné, taquin, menteur, etc. Du reste, la manière dont les parents doivent s'y prendre pour élever leurs enfants rentre dans le ressort de la pédagogie et est étrangère à la science de la morale dont le rôle est d'évaluer le but de l'éducation. Le moraliste veut savoir si les prétentions du foyer d'être regardé comme le centre d'éducation sont fondées, c'est-à-dire si, véritablement regardé comme foyer, il est plus à même que tout autre de résoudre les problèmes de l'éducation.

En plus des habitudes naturelles qu'il crée, le foyer a encore l'avantage d'être une unité dans les intérêts. De la même manière que les destinées de l'époux et de l'épouse sont plus intimement liées que même celles des meilleurs amis, et que pour cette raison la vie commune entre eux est beaucoup plus personnelle et plus franchement libre, de la même manière le foyer et les parents sont plus intimement attachés à l'enfant, que même les maîtres les plus capables et les plus dévoués ne peuvent l'être à leurs élèves dans une maison d'éducation.

C'est pourquoi la confiance, l'intimité et la franchise réciproque peuvent davantage prospérer dans le foyer, et on y doit chercher une des causes les plus importantes pouvant rendre les habitudes du foyer efficaces. L'honneur du foyer est celui de l'enfant, et l'honneur de l'enfant est celui du foyer. Le foyer n'est pas seulement, à la différence d'une maison d'éducation, une partie de la vie véritable, mais aussi une partie de la propre vie de l'enfant. C'est pourquoi un foyer dans lequel l'homme ne règne plus perd facilement son influence éducatrice ; bien des criminels sont sortis de foyers où l'un des parents permettait ce que l'autre défendait ; dans un tel foyer on n'acquiert aucune idée juste des règles de la vie, l'inégalité d'humeur et l'égoïsme le plus arbitraire s'y développent à leur aise.

Enfin le foyer a ce grand avantage pédagogique sur une maison d'éducation, qu'il se trouve bien plus à même d'individualiser l'éducation des enfants, non seulement parce que les foyers forment un grand nombre de centres différents d'où émane une multitude de croyances et d'habitudes dont profite la société ; l'influence individualisatrice du foyer est encore plus remarquable dans son propre sein, en ce que chaque enfant peut y être élevé selon sa personnalité. Dans une institution on enfreint facilement l'impartialité objective, lorsque l'on a trop d'égards pour un seul élève en particulier. Il est là très difficile de respecter assez la différence importante qui existe entre les natures qui ne mûrissent que lentement et celles qui se développent vite. Dans le foyer un développement plus lent peut avoir lieu, sans que l'enfant se sente humilié et comme arrêté, en voyant qu'il ne peut faire des progrès plus rapides. La patience exigée par toute éducation, et qui demande que jamais l'on n'oublie que le but n'est pas que le développement de l'enfant soit achevé aujourd'hui ou demain, mais qu'un jour l'adulte soit brave et habile, — cette patience naît plus facilement de l'amour des parents que des intérêts pédagogiques d'un maître.

6. — *L'importance des enfants pour les parents.*

Pour les parents eux-mêmes, ce rôle d'éducateur de l'enfant a une très grande importance, en ce qu'il leur crée une tâche commune, dans laquelle ils se trouvent plus en rapport que dans tant d'autres choses, et parce qu'il exige, comme tout rôle d'éducateur, que ceux qui en sont chargés se donnent à eux-mêmes une éducation continuée et n'oublient jamais de surveiller leurs actions. Nous avons vu plus haut que la vie commune conjugale exigeait que l'individu se donne à lui-même une éducation sérieuse, et sans cesse travaille à se rendre maître de ses penchants; cette vie conjugale profitera donc directement de cette éducation, que les parents sont forcés de se donner à eux-mêmes à cause de leurs enfants.

Ici le caractère ne peut pas s'aigrir à la pensée que c'est l'autre partie qui rend nécessaire cette éducation de soi-même. Ici ce n'est pas l'époux qui exige quelque chose de l'épouse, ni elle de lui, c'est l'enfant comme un être existant et non comme un être doué d'une volonté et d'une personnalité responsable qui a besoin des soins de tous les deux, et c'est pourquoi il n'arrivera que difficilement que cela éveille en eux un sentiment d'amertume. Les soins nécessaires pour le bien-être de l'enfant peuvent devenir un fardeau assez lourd et dépasser les limites de la patience et de l'abnégation des parents, mais même dans ce cas, ils peuvent difficilement se faire l'idée que l'enfant pouvait prétendre à moins, et à cause d'eux maîtriser davantage les nécessités de sa nature.

Il y a des parents qui peuvent se détacher de l'enfant ; mais la malveillance qu'on ressent peu à peu contre une personne adulte, lorsqu'on ne peut chasser cette idée que si elle voulait, pour vous être agréable, elle pourrait se comporter autrement, ne peut pas s'éveiller lorsqu'il s'agit d'un enfant. Cette tendresse, cette patience et cette abnégation que les parents pourraient difficilement témoigner à d'autres, leur semblent bien plus naturelles vis-à-vis de leurs enfants, parce que ces sentiments sont ici supportés par l'idée que l'enfant est la continuation de leur propre existence et par le sentiment d'être les plus forts ; le sentiment de protecteur et celui d'honneur qui lui est lié trouvent ici un sol si fertile que plus facilement qu'ailleurs ils peuvent remplacer les sentiments qui plus directement conduisent l'individu à remplir ces devoirs, ou fortifier ces sentiments s'ils sont trop faibles. Et cette joie, cette satisfaction de soi-même qui sont le résultat d'avoir fait son devoir, ce sentiment d'honneur, cette bonne conscience, comme tous les sentiments, auront une tendance à s'épancher, on verra les choses moins en noir, et l'on sera plus disposé à les supporter.

En dehors de sa grande importance dans les rapports entre les parents, l'éducation des enfants aura ultérieurement pour conséquence une égalité dans leurs rapports réciproques, et chacun d'eux aura dans le foyer sa place particulière et sa part de travail tout indiquées. Un enfant n'est pas long à s'apercevoir où se trouve l'autorité dans son entourage. Spontanément et d'une manière irréfléchie, les parents prennent à ses yeux une bien plus grande importance que par exemple les domestiques. Autrefois lorsque la mère non seulement d'après la loi, mais aussi dans les mœurs était assujettie à son mari, il était ordinaire que l'enfant tout en aimant sa mère de préférence avait plus de respect pour son père et prenait davantage sa manière d'être. Plus il grandissait, plus ses rapports avec la mère devenaient moins importants, la fille se sentait comme sa camarade, le fils se regardait comme son protecteur. Si l'éducation de l'enfant doit véritablement être une tâche commune pour les parents, ils ne doivent pas seulement s'aider mutuellement pour parvenir à l'accomplir, mais leur position dans le foyer doit être égale ; comme nous l'avons déjà dit, c'est une illusion de croire que l'on peut placer l'éducation comme quelque chose d'indépendant en dehors des autres choses concernant la vie dans le foyer, c'est justemment la vie dans le foyer qui se trouve être le facteur le plus important de l'éducation.

Les deux époux contribuent au même degré à donner à cette vie du foyer sa forme caractéristique. Quels que soient les rapports dans lesquels la loi les place réciproquement, leurs personnalités se feront valoir, et celui qui vit dans le foyer s'apercevra bientôt de ce qu'elles y apportent, et remarquera particulièrement si elles agissent de concert ou s'il existe dans la maison deux volontés contraires. L'enfant, avec la finesse de son instinct, sera particulièrement influencé ; justement parce qu'il n'a pas encore lui-même une personnalité entièrement déterminée, il sera plus susceptible de ressentir ce qui vient de son entourage. C'est une erreur lorsque l'époux croit, en abusant de son autorité vis-à-vis de son épouse, pouvoir déterminer seul l'esprit et le ton devant régner dans le foyer ; mais ce n'est pas plus juste lorsque l'épouse se figure comme mère pouvoir particulièrement influencer l'enfant : le père a certainement une aussi grande part

dans la détermination de tous les facteurs les plus importants dans l'éducation. Il y a donc quelques côtés particuliers de l'éducation que ceci ne regarde pas et dans
lesquels la mère a l'influence prépondérante. Ce sont les
détails de l'éducation, que, par ses soins plus constants
et plus intimes, elle se trouve davantage avoir entre les
mains. Si elle confie l'enfant à des étrangers, parce qu'elle
est forcée comme l'homme de gagner sa vie, et que ses
occupations absorbent la plus grande partie de son temps,
cette personne étrangère à qui l'enfant est confié, et qui
aura à s'occuper de tous ces détails, s'emparera aussi de
la direction de ses premières fantaisies, de ses premières
conceptions du monde, de ses sympathies, de ses antipa-
thies, et tous ces germes contribuent assez à former sa
personnalité et à déterminer l'influence qu'auront les habitudes du foyer en les réglant et les systématisant. Les
premières années de la vie de l'enfant sont à cet égard
particulièrement importantes, et un homme ne sera presque jamais apte à les diriger, car par sa nature ou par
ses occupations dans le monde en dehors du foyer, sa
main est devenue trop dure. On sera donc forcé de choisir, pour soigner l'âge tendre de l'enfant, entre la mère
et une femme étrangère.

On entend assez souvent les mères se plaindre de ce
qu'il y a d'ennuyeux, dans les soins qu'il faut prodiguer
à l'enfant pendant ses premières années, soins semblant
simplement consister à donner le sein et à laver les couches. Si l'on considère ainsi les choses il ne faut pas
s'étonner que la mère trouve ces occupations sans intérêt, et ne peut en somme les supporter que lorsque son
intelligence est imparfaitement développée et que par
conséquent l'instinct maternel a un pouvoir sur elle plus

direct et plus irrationel. Mais si son intelligence ne se développe pas seulement pour comprendre la physique, l'histoire, les questions politiques et sociales et s'y intéresser, si elle le fait aussi à l'égard des individus afin de comprendre les conditions pour le développement de leur âme, les simples soins dictés par un amour maternel acquerront à ses yeux une si grande importance, qu'il lui semblera très difficile d'y renoncer. Plus un jardinier est capable, plus il s'occupe des moindres soins dont dépend absolument la réussite de ses fleurs, chose qu'un autre moins expérimenté trouve ennuyeuse, et laisse faire à d'autres s'il est possible. Il est très compréhensible que le premier résultat d'un rehaussement dans la condition de la femme soit une restriction de l'instinct maternel, et se montre dans un désir de connaître le monde dans lequel vit l'homme et d'y pénétrer. Ce rehaussement dans la condition de la femme est non seulement dû aux femmes non mariées, mais aussi à ce vide que doit faire ressentir la tâche dans le foyer, depuis qu'elle n'a plus la grande importance économique qu'elle avait autrefois. Le développement industriel de nos sociétés a été nuisible à nos épouses ; elles ne trouvent plus une occupation suffisante dans les soins de leur maison, et elles sont presque forcées de mener une vie oiseuse quoique très occupée, vie malsaine pour leurs sentiments. Pour ces épouses mondaines les soins de l'enfant sont un dérangement dans leurs habitudes, et une peine qu'elles ne désirent pas prendre, et les épouses qu'une telle vie oiseuse ennuie se révolteront très naturellement contre ce d'où vient la pauvreté de leur existence ; elles désireront une occupation sérieuse et la trouveront de suite dans ces travaux qui ont si longtemps captivé l'esprit de leurs maris. C'est leur intelligence, leurs facultés intellectuelles qui sont affamées de nourriture, mais de la trouver dans les soins que demandent un enfant nouveau-né, suppose une évolution intellectuelle ou très inférieure ou tellement supérieure qu'il n'est pas singulier que pour commencer l'on dédaigne de s'en occuper. De là provient ce phénomène que les femmes émancipées, les plus intelligentes et les plus courageuses de leur sexe, deviennent souvent des mères si mauvaises. Cela n'est point la suite nécessaire et inévitable de l'émancipation des femmes ; la raison de ces suites déplorables est au contraire que l'affranchissement et les progrès intellectuels des femmes ne sont ni assez complets ni assez étendus. Que des femmes puissent considérer comme une tâche importante, d'instruire les enfants des autres dans une institution, mais ne trouvent pas qu'il vaille la peine de s'occuper elles-mêmes de leurs propres enfants pendant leurs tendres années, est une chose si étrange, que ce ne peut certainement être qu'un phénomène transitoire, dû au manque de compréhension pour l'importance que l'éducation première a plus tard sur l'individu. Cette importance est plus cachée, et la substance de l'éducation ne peut intéresser l'éducateur lui-même comme elle le fait lorsqu'il s'agit d'instruire des écoliers, et c'est pourquoi il n'est pas étonnant que cette première éducation de l'enfant ne soit pas au commencement considérée par la femme émancipée.

Mais ce n'est pas seulement un entendement psychologique que la mère doit avoir pour prendre intérêt aux soins de l'enfant, et pour être à même de résoudre les problèmes qu'ils renferment. Elle doit avoir aussi une assez grande connaissance du monde en général, pour continuer plus tard à pouvoir aider et guider ses enfants. Dans l'état de choses actuel, il arrive assez souvent que surtout les fils perdent de bonne heure la confiance dans leur mère, parce qu'ils s'aperçoivent qu'elle ne connaît rien de ce monde dans lequel ils vivent en dehors du foyer. Ils n'écoutent pas ses remontrances et font moins attention aux soucis qu'ils lui causent, en ce qu'en eux-mêmes ils se disent : « elle ne comprend pas ce qui en est », et pour cette raison la mère perd peu à peu l'influence qu'elle avait sur ses fils. Les rapports d'affection qui existent entre eux ne disparaissent pas pour cela. Les fils apprennent par leurs relations avec la mère à regarder la femme, avec la sollicitude que le plus fort et le plus intelligent doit avoir pour la plus faible, c'est-à-dire avec une nuance de supériorité. Ce n'est pas seulement pour devenir l'égale de son mari, que la femme doit être affranchie et développée intellectuellement, qu'elle doit acquérir les mêmes connaissances que l'homme, et avoir le même entendement que lui dans les différentes conditions de la vie sociale ; c'est aussi nécessaire pour elle, si elle veut conserver sa mission éducative comme mère. Plus elle sera capable de la remplir, plus elle sera prise par la vie du foyer, et l'époux et l'épouse trouveront chacun leur place d'après leur personnalité respective. Nous voyons ainsi que chaque élément dans la vie du foyer contribue à déterminer tous les autres.

7. — *Le droit de succession des enfants.*

Que toute différence faite entre les enfants par les
parents soit immorale, cela résulte directement de ce que
nous avons jusqu'ici développé. Toute différence, soit
que l'on préfère les fils aux filles, ou l'aîné aux plus
jeunes, a ses racines dans les sentiments de la famille,
qui sont aujourd'hui sans aucun fondement véritable.
En Angleterre, nous rencontrons encore cette préférence de l'aîné, mais elle provoque des intrigues, des
querelles et fait naître un sentiment d'envie qui menace de la manière la plus sérieuse la paix du foyer.
Dans les autres pays, on peut trouver aussi des restes
de ces anciennes mœurs *féodales*, mais ils consistent là
principalement en ce que les biens de la famille, lesquels sont constitués en fidéicommis, et perdent par là
une partie de leur caractère odieux, ne dépendent plus
de la volonté du père. Au contraire, il peut donc, et il
le fait en réalité presque toujours, assurer une part des
revenus provenant du fidéicommis à ses plus jeunes enfants, de sorte que la différence entre la position de
l'aîné et la leur se trouve tant soit peu égalisée. En Angleterre, ce n'est pas seulement l'importance des fidéicommis qui donne au fils aîné une prépondérance injuste, les mœurs sont encore tellement pénétrées de
l'idée que l'aîné est le représentant de la famille, que le
père fait tout ce qui dépend de lui pour augmenter sa
part d'héritage et souvent profite aussi dans ce but de
la liberté de tester absolue et illimitée qui lui est accordée par la loi anglaise. On éveille par là la rancune
et la haine, non seulement entre les plus jeunes frères

et sœurs et l'aîné, mais aussi entre eux et le père. Les côtés fâcheux de la vie de famille en Angleterre dépendent presque tous de cet état de choses injuste (1).

Parce que l'on soutient que les droits des enfants doivent être semblables, ce n'est pas une raison pour que les enfants aient un droit quelconque, en dehors de ce qu'ils peuvent exiger comme soins et comme éducation, ce dont nous avons parlé ci-dessus. Le droit de succession des enfants est aussi, sans nul doute, vu historiquement, un reste des anciens sentiments de la famille ; ce n'est que peu à peu que la liberté personnelle s'est développée de disposer de ses biens sans avoir égard à la famille. Abstraction faite de l'organisation des fidéicommis que nous venons de mentionner, de nos jours un homme peut, de son vivant, disposer de ses biens comme il lui convient ; ce n'est que son droit quant aux dispositions testamentaires vis-à-vis des enfants, qui est soumis à une importante restriction dans la plupart des pays. S'il meurt intestat, son héritage est transmis d'après les rapports de parenté, d'abord aux enfants, puis aux parents à un degré plus éloigné ; mais seuls les enfants sont regardés comme héritiers légitimes et ne peuvent normalement être déshérités. L'Angleterre est le seul pays où il n'existe pas cette restriction dans la liberté d'un individu de disposer de ses biens, les enfants n'y sont qu'héritiers naturels si l'on meurt intestat, mais on n'est pas forcé de leur laisser quelque chose, il n'incombe même pas à la succession la charge de pourvoir à l'éducation des enfants

(1) Comparer Glasson, *Hist. du droit et des institutions de l'Angleterre*, 1883, VI, § 281, pag. 211 f.

survivants qui sont encore mineurs (1). Comme une conséquence de la légitimation de ce principe de la liberté des biens, et comme une dissolution des liens du sang, l'organisation anglaise est évidemment supérieure au droit légitimaire existant dans les autres pays. Le principe de la liberté des biens repose sur ce que la société considère comme un louable effort qu'un homme s'efforce d'acquérir de la fortune, car toute restriction dans sa liberté de disposer de ses biens est une gêne dans sa lutte pour acquérir, ainsi que celle de ne pouvoir, à sa mort, donner ses biens à qui bon lui semble. Le droit légitimaire des enfants pourrait ainsi sembler n'être qu'une trace de ce pouvoir mystique du sang ; mais un examen plus exact pourra néanmoins montrer d'autres éléments dans ce droit contesté qui, par là, aura une nouvelle base.

Examinons d'abord ce qui établit le droit de succession, non seulement le droit légitimaire, mais aussi le droit *ab intestat*. C'est surtout le socialisme qui a demandé l'abolition de tous les droits de succession, se basant sur des hypothèses, n'étant pas toutes cohérentes avec la conception socialiste de la propriété privée. Nous nous sommes ailleurs prononcé contre l'organisation socialiste des biens en elle-même ; laissons donc ici de côté les raisons pour l'abolition du droit de succession qui découlent d'une telle organisation ; nous nous occuperons seulement ici de ces raisons qui posséderont aussi une valeur dans la société basée sur le libre droit de propriété personnel. Ces arguments, nous les pouvons résumer dans les réflexions morales sui-

(1) Même ouvrage, pag. 215.

vantes. Premièrement, tout héritage est un avantage qui revient à l'individu, sans aucun mérite de sa part. Et secondement, le droit de succession contribue à créer une classe d'individus qui passent leur vie dans l'oisiveté et l'inutilité, au lieu de développer leurs aptitudes naturelles, afin de travailler fructueusement pour la société et lui être utile. En ce qui concerne ce dernier point, on pourrait répondre que le contraire se trouve aussi souvent être le cas. Il existe des individus qui n'arriveraient à aucun résultat s'ils devaient eux-mêmes commencer avec rien, qui s'effrayent et reculent devant les perspectives trop longues et paraissant sans espoir de réussite, mais qui deviennent très capables et très utiles lorsqu'ils peuvent commencer sur un terrain solide. Ce n'est pas que parmi la classe des héritiers que se trouvent les paresseux, la différence est plutôt seulement que les paresseux qui n'ont rien finissent par devenir des criminels, tandis que l'héritier paresseux, dans la plupart des cas, se contente de devenir un inutile. Il est donc plus juste de laisser cet argument de côté. Beaucoup plus important devient l'attaque contre le droit de succession, tirée de ce que l'héritier ne possède aucun mérite qui pourrait le justifier. La dernière partie de cette assertion est incontestable : l'héritier n'a acquis aucun mérite dont puisse résulter son droit d'être récompensé d'une fortune plus ou moins grande. Mais nous doutons qu'il soit raisonnable de ne regarder le droit de succession qu'au point de vue de l'héritier, comme cela était juste de le faire lorsque régnait l'ancien droit de succession du sang. La question ne se pose-t-elle pas plutôt au point de vue du testateur : « que deviendront mes biens après ma mort ? » Les mêmes sentiments naturels qui, en somme, attirent les parents vers l'enfant qu'ils ont engendré plutôt que vers d'autres, les conduiront aussi à regarder leurs enfants comme de plus proches héritiers que n'importe quelle autre personne. Lorsqu'on exige l'abolition du droit de succession, on ne demande pas non plus que d'autres que les enfants puissent exiger une part de l'héritage, on pense que les biens du défunt devraient revenir à l'Etat, c'est-à-dire revenir à cette société qui a mis cet homme en état de pouvoir amasser sa fortune. La société organisée, dit-on, a seule le mérite, si l'homme est arrivé à se créer une bonne situation pécuniaire ; c'est pourquoi elle doit être son héritier. Nous croyons que cet argument est absolument faux. L'organisation de la société est assurément la condition pour qu'il règne des rapports ordonnés dans les biens, mais ceci est une condition générale et non spéciale pour la situation pécuniaire de l'individu, c'est-à-dire que l'Etat protège le travail mettant à même d'acquérir des biens, il ne fait rien pour que cet homme en particulier devienne fortuné. Nous avons développé en une autre occasion notre conception de la tâche qui incombe à l'Etat et à la vie sociale, et nous avons soutenu que la société n'est pas chargée de faire le bonheur de chacun en particulier, mais qu'elle doit créer les conditions pour que chacun soit à même de lutter pour réussir et le protéger contre certains dangers pouvant l'en empêcher. Mais cette lutte elle-même pour réussir est toujours la lutte de l'individu lui-même. L'Etat n'y a aucune part et pour cette raison il n'a pas en réalité le droit d'exiger plus de lui que ses enfants ou n'importe quelle autre personne. C'est pourquoi il est de toute justice que la succession de cet homme mort sans testament revienne à ses enfants, en se basant sur ce que cela concorderait mieux avec ses désirs personnels.

Le droit des enfants comme héritiers *ab intestat* n'est donc pas un droit qu'ils ont, mais le respect de la société pour la dernière volonté supposée du défunt. L'organisation anglaise concorde entièrement avec cette idée, non seulement l'organisation de la loi, mais celle des mœurs. Les parents anglais ne se regardent pas comme obligés, ni juridiquement, ni moralement, d'économiser pour laisser quelque chose à leurs enfants, ils dépensent souvent ce qu'ils gagnent jusqu'au dernier centime, et comme nous l'avons dit, ils tirent encore de plus amples conséquences de cet état de choses, en ce qu'ils ont le droit testamentaire de disposer de la fortune qu'ils laissent en frustrant leurs enfants. En opposition à ceci, se trouve la conception française, que c'est le devoir des parents d'économiser afin de laisser quelque chose à leurs enfants et de pouvoir doter leurs filles (1), et dans le même ordre d'idées il semble que généralement les déterminations européennes sont, que les parents n'ont pas le droit par testament de déshériter leurs enfants. Cependant, il existe une grande différence entre la détermination du droit légitimaire et le raisonnement existant en France que les parents sont obligés dans la limite du possible de laisser après eux quelque chose à leurs enfants. Le droit légitimaire existe dans les pays

.

---

(1) Souvent les parents stipulent par contrat certaines conditions à l'égard de la dot des filles, de façon à ce que ni elles, ni leurs maris ne puissent disposer du capital. Ce ne sont que les petits-enfants qui réellement profitent de ce que les grands parents ont épargné. Ceci est un témoignage évident du sentiment de la famille.

où les mœurs, comme en Angleterre, nous montrent fréquemment les parents dépenser ce qu'ils gagnent, et de cette manière ne reconnaître aucun droit aux enfants de profiter du fruit de leur travail. Les mœurs sont ainsi chez nous en Danemark. Le droit légitimaire peut être considéré comme une restriction dans la liberté de tester, ayant pour but de maintenir le droit égalitaire des enfants ; en partant de la supposition que les parents en général préféreront que ce soient leurs enfants qui profitent de ce qu'ils laissent plutôt que des étrangers, la loi se méfie de leur partialité et leur défend de préférer un enfant au détriment des autres. En Angleterre, on n'a relativement que rarement recours à la liberté testamentaire de frustrer tous les enfants, mais au contraire à celle d'avantager le fils aîné au détriment des frères et sœurs (1). Pour éviter les dangers qui en résultent, le droit légitimaire devient une organisation conforme au but qu'on veut atteindre.

Cependant, on ne peut méconnaître que l'organisation du droit légitimaire a été influencée par des idées qui sont dues au maintien du droit des enfants, et qui sont par conséquent en rapport avec le raisonnement apparaissant si nettement dans les mœurs françaises. Dans le cas contraire, la restriction du droit légitimaire dans la liberté de tester aurait été évidemment exprimée d'une manière tant soit peu différente. La loi aurait pu déterminer, si elle pensait seulement sauvegarder le

____

(1) Avant la loi de 1882, les biens de l'épouse passaient entièrement dans ceux du mari. Il arrivait même souvent que la fortune qu'elle avait apportée ne revenait pas à ses enfants, mais au contraire à ceux du mari issus d'un second mariage, ce qui faisait s'élever souvent des différends dans la famille.

droit égalitaire des enfants, qu'un homme pouvait très bien déshériter tous ses enfants, mais non avantager l'un au détriment des autres. Contrairement à cela, lorsque la loi vient dire qu'il est impossible de déshériter ses enfants, ceci suppose que l'on admet le droit des enfants, et pour soutenir un droit semblable, l'on peut mettre en jeu d'assez forts arguments. Un père, a dit un auteur français, qui laisse une certaine fortune à ses enfants amoindrit la probabilité que son fils aille en prison, et que sa fille tourne mal. Il y a quelque chose de vrai dans cette remarque, particulièrement à l'égard des filles sans dot et surtout d'après les mœurs françaises où une fille sans dot est souvent appelée à faire une mésalliance. Cependant ceci n'est pas tout à fait juste. Pour la morale des enfants l'éducation a beaucoup plus à faire que l'héritage qui leur arrive généralement à un âge, où l'école de la vie a déjà déterminé s'il y a pour eux la perspective de se heurter à la loi. Et en outre, comme nous venons de le dire, la probabilité de l'influence favorable de l'héritage sur la vie de l'héritier, est égale à celle de son influence nuisible. Il y a différentes natures de crimes dont la fortune peut préserver, mais elle ne vous empêche pas en somme de devenir criminel.

Il y a une plus grande valeur pour le droit de succession des enfants, dans l'argument que les parents leur font contracter certaines habitudes de bien-être dues à la manière dont on vit dans le foyer, et que pour cette raison c'est leur devoir de leur laisser autant que possible les moyens de continuer la même vie. Mais cet argument devient en réalité tout à fait insuffisant, lorsqu'on ne veut pas en tirer toute la conséquence française. Cette conséquence devient que les parents n'ont pas la permission de vivre comme leurs revenus le leur permettent, mais seulement comme les rentes de leur capital peuvent le leur permettre. Et la conséquence mène encore plus loin : à ce que les parents doivent avoir soin qu'il ne se produise pas une trop grande disproportion entre la fortune d'après laquelle ils ont organisé leur vie, et celle qu'ils laisseront plus tard à leurs enfants. Les Français cherchent à obtenir ce résultat en évitant d'avoir une trop nombreuse famille, ce qui amènerait forcément une division de l'héritage. Mais cette conséquence qui n'est en réalité qu'un égoïsme, puisqu'en ayant beaucoup d'enfants l'on craint de s'imposer de trop grands sacrifices, est la source de plusieurs faiblesses que l'on peut reprocher à la nation française, et elle n'est pas entièrement morale. Un couple, pour des raisons majeures, peut avoir le droit de restreindre le nombre de ses enfants, mais le fait que cela devient les mœurs de toute une nation est inhérent à une conception de la vie tant soit peu malsaine, à un manque de courage de vivre la vie telle qu'elle est, à un manque de compréhension de la joie découlant directement des rapports entre les parents et les enfants. Dans les familles anglaises où souvent il y a de nombreux enfants, cela est cohérent à ce que les parents ne se regardent pas comme obligés de pourvoir à l'avenir de leurs enfants, qui se familiarisent avec la pensée qu'ils n'ont à compter que sur eux-mêmes (1), et c'est une des causes de la grande force de la nation anglaise, dans les rapports interna-

(1) Glasson, *Hist. du droit et des institutions de l'Angleterre,* **VI,** pag. 239.

tionaux. De ces alternatives nous considérons sans aucune réserve les mœurs anglaises comme les meilleures, elles contribuent davantage à développer des individus plus indépendants et plus désireux de se lancer dans des entreprises. Nous ne pouvons pas sanctionner que c'est un devoir des parents de mettre les enfants à même de vivre la même vie qu'eux. Il se peut que les parents aient acquis leur position par leur travail, les enfants sont destinés à faire de même, et parce que les parents ont été capables de se créer une position, il est impossible qu'il en résulte pour les enfants un droit quelconque d'attendre sans travail les mêmes avantages.

Nous pensons donc que la vraie raison de conserver le droit légitimaire, ne se trouve ni dans son origine historique dans le sentiment de la famille, ni dans le droit des enfants de voir se réaliser les espérances que la vie dans la maison de leurs parents a éveillées en eux, mais dans un égard semblable pour la paix intérieure de la vie de famille, et pour son unité comme étant ce qui devrait amener à exiger le même droit pour tous les enfants. Si les parents pouvaient entièrement deshériter leurs enfants, ceux-ci pourraient facilement concevoir la pensée d'attenter à la vie de ceux-là, avant qu'ils aient eu le temps de faire un testament ; une crainte continuelle et une constante méfiance pourraient en tous cas facilement exister dans les rapports de la famille. Des étrangers, des fondateurs d'œuvres de charité s'introduiraient dans la famille, et chercheraient à s'interposer entre les enfants et le père possesseur de la fortune. Pour cette raison nous serions déjà disposés à considérer le droit légitimaire comme étant une organisation morale : il protège la paix de la famille contre la rapacité de certains individus. Mais il vient s'ajouter ultérieurement à ceci la considération de l'unité de la famille. De même que l'un des époux ne peut qu'en se basant sur de fausses idées, considérer comme une humiliation de profiter de ce qui est le bien de l'autre, mais au contraire doit le regarder comme un résultat naturel de la vie commune, la communauté de vie entre les parents et les enfants trouvera aussi son expression naturelle dans le droit de succession des enfants. L'intérêt des enfants pour la situation des parents dépendra naturellement du point jusqu'auquel cette situation touche à la leur. Si l'honneur des parents doit être celui des enfants, la réussite et la capacité des parents doivent éveiller la joie des enfants et doivent aussi avoir de l'intérêt pour eux. Ressentir une joie entièrement désintéressée du bonheur des autres, est assurément un noble sentiment, et ce serait un manque de noblesse dans le caractère, si les enfants ne se réjouissaient du bonheur et de la réussite de leurs parents, que parce qu'ils calculeraient que cela leur profiterait un jour à eux-mêmes. Mais que les enfants se réjouissent davantage du bonheur de leurs parents que de celui des autres individus, cela fait supposer, qu'il existe une certaine étroitesse d'idées dans ces rapports. Ce n'est pas nécessairement un calcul conscient : l'hypothèse devant exister pour que la vie du foyer ne perde pas de son intimité, est cet état irréfléchi et directement produit par la communauté dans les intérêts. C'est pourquoi les enfants doivent avoir des espérances basées sur ce que la condition des parents a aussi une importance pour eux-mêmes. Si ces espérances peuvent mieux se baser sur les mœurs ou sur le droit légitimaire fixé par la loi, cela peut soulever bien des polémiques, mais leur absolue nécessité est presque indiscutable.

Il pourrait sembler que la loi en restreignant la liberté testamentaire des parents, dénotât un manque de confiance dans l'amour naturel des parents, et quant à ce qui concerne l'entendement naturel de l'individu. Ceci est assurément à nos yeux une objection très essentielle. Nous avons dans ce qui précède accentué autant que nous avons pu, que toute tutelle lorsqu'il s'agissait de personnes adultes était une chose injuste.

Le régime dotal romain, selon nous, a justement ce tort fondamental de ne pas considérer l'épouse comme étant assez intellectuellement développée pour juger clairement ses propres affaires, et c'est pourquoi la loi s'est placée entre elle et l'épouse. Pourquoi aurait-on le droit de mettre la loi concernant le droit légitimaire entre les parents et leurs enfants ? Si nous avons d'abord soutenu que les enfants n'ont aucun droit naturel pour hériter, nous ne pouvons donc pas nous faire les défenseurs du droit légitimaire, en disant qu'il existe pour empêcher les parents de commettre des injustices envers leurs enfants ; on ne peut concevoir une tutelle pour les parents même, afin qu'ils ne puissent devenir la proie de certaines influences étrangères, qui les détourneraient des intérêts du foyer.

Nous convenons sans restriction du poids de ces objections. Mais il existe cette différence entre une détermination comme le droit légitimaire, et une organisation comme le droit dotal, que cette dernière avait pour but de défendre les intérêts personnels de l'épouse contre les sentiments pouvant l'attacher à son mari et à la famille de celui-ci, tandis que le droit légitimaire ne sauvegarde pas les intérêts des parents de la même manière. Le droit dotal était un empiétement dans les rapports des époux, les ordonnant d'une manière qui éloignait de la communauté de la vie de famille ; le droit légitimaire ordonne les rapports des parents et enfants de façon à ce qu'ils tendent absolument vers la communauté de vie. Ceci est à nos yeux sinon une entière justification, du moins une considération l'emportant presque entièrement en faveur de cette organisation.

8. — *Les biens propres des enfants.*

La question concernant le droit des parents sur la fortune des enfants, touche de près à celle du droit de succession des enfants, c'est-à-dire du droit des enfants sur la fortune des parents. Cependant la différence entre ces droits est péremptoire, en ce que le droit de succession des enfants est un droit ne se manifestant que lorsque les parents ont cessé de vivre, tandis que celui des parents sur la fortune des enfants, en dehors d'un simple droit de succession, serait un droit sur elle pendant la vie même des enfants. C'est pourquoi ce droit ne peut être établi en se basant sur la communauté de vie, et pour le moraliste cette question ne présentera pas de grandes difficultés. Que les enfants puissent posséder une fortune particulière, cela est généralement reconnu à présent comme un résultat de ce qu'ils sont des individus, et non pas seulement des éléments de la famille ; de même le père est généralement considéré comme curateur de l'enfant, et administrateur naturel de sa fortune pendant la minorité de l'enfant. Mais que ce droit d'administration doive dépasser le droit d'un tuteur ordinaire, c'est un point disputé. En Angleterre le père est simplement tuteur, et n'a pas d'autres droits sur la fortune de l'enfant que ceux accordés à un tuteur ordinaire. Ainsi il n'a pas le droit de disposer des rentes du capital de l'enfant, et ne peut considérer l'enfant comme débiteur de ce que coûte son entretien et son éducation. Au contraire, en France le père a le droit de profiter des biens de son enfant. On voit ainsi en Angleterre le même respect pour la propriété privée, qui se montre dans le refus du droit légitimaire de l'enfant, se faire valoir pour sauvegarder sa fortune, et en France le même esprit de famille qui accorde tant de droits à l'enfant, en donner au père de semblables.

Chez nous, en Danemark, les parents ne peuvent pas disposer du capital de l'enfant, mais ils peuvent laisser l'enfant payer lui-même ce que coûte son éducation et, en pratique, ils ont la permission de se servir de l'argent de l'enfant pour leur propre subsistance. M. Goos regarde cela comme une conséquence de la nature de la vie commune, que les parents aient ainsi des droits d'une extension plus grande que ceux d'un tuteur ordinaire. « Ce que l'enfant peut gagner par son travail et le revenu de la fortune qu'il possède, doivent, pour que l'on n'anticipe pas sur l'indépendance de la vie de l'enfant, appartenir à la communauté, c'est-à-dire, ici aux parents, non seulement pour les besoins de l'enfant, mais pour ceux de tous (1). » Nous ne comprenons pas tout à fait cette considération, si elle doit être plus

(1) Goos : *Doctrine générale du droit*, I, page 530.

qu'une confirmation abstraite de l'organisation spéciale danoise de ces rapports. Comment cela pourrait-il être une anticipation sur l'indépendance de la vie de l'enfant, que la fortune qu'il possède soit sauvegardée pendant sa minorité et qu'on cherche par des placements avantageux à en augmenter les revenus, non à l'avantage des parents, mais parce que cela lui profitera plus tard ? L'orphelin, non plus, ne mène pas une vie indépendante, au point de pouvoir faire ce que bon lui semble, et, cependant, son tuteur n'a le droit de profiter en quoi que ce soit de cette fortune qu'il administre. Ce ne peut donc pas être pour ne pas anticiper sur l'indépendance de l'enfant, mais seulement à l'égard des rapports entre les enfants et les parents, que l'on pourrait accorder à ceux-ci une position plus favorable. L'on ne peut trouver d'autre justification à cette faveur, qu'un certain maintien de l'ancienne idée de la supériorité et de la sainteté des droits des parents. En elle-même, cette faveur est un tort fait à l'enfant. Si l'on regarde l'éducation des enfants comme un devoir incombant aux parents, il n'y a aucune raison de leur donner un droit de laisser les frais de cette éducation peser sur la fortune particulière de l'enfant, sauf dans le cas où justement cette fortune peut motiver que les parents regardent comme nécessaire, de donner à l'enfant une éducation plus onéreuse que celle qu'ils auraient pu choisir, en ne se basant que sur leurs moyens personnels. Si l'on considère, comme le fait la loi danoise, le devoir incombant aux parents d'élever leurs enfants et de subvenir à leurs besoins, non comme un devoir vis-à-vis de l'enfant, mais comme un devoir vis-à-vis de la société, qui donne aux parents la tâche de prendre soin de l'enfant, parce qu'elle les considère comme étant les plus proches, on agit donc d'une manière conséquente en donnant aux parents le droit, pour subvenir aux frais de ce soin, de prendre sur ce qui appartient en propre à l'enfant. Mais il faut aussi s'en tenir là, et l'effort devrait tendre à restreindre autant que possible la catégorie des frais de l'éducation et non à l'étendre.

9. — *Les enfants légitimes et les enfants naturels.*

La différence que fait la loi entre les enfants légitimes et les enfants naturels a trouvé d'ardents défenseurs, mais d'aussi zélés adversaires, et des deux côtés l'on a parlé au nom de la morale. Les uns ont fait ressortir les droits sacrés du mariage, et pensé que chaque pas fait en avant pour donner à l'enfant naturel une position allant de pair avec celle de l'enfant légitime, amènerait une déconsidération de l'importance du mariage, les autres ont parlé au nom de la justice et de l'humanité, accentué ce qu'il y avait d'absurde à laisser l'enfant expier la faute commise par les parents, et soutenu qu'il devait résulter partout de la paternité les mêmes devoirs sacrés. En réalité, pendant la discussion de cette grave et importante question, on verra toujours que le résultat auquel on arrive, est déterminé par le point de savoir si l'on attache de l'importance surtout au mariage, ou au rapport de procréation. Les difficultés ne consistent pas à décider quelles sont les conséquences pouvant découler de l'un ou de l'autre de ces points de vue, mais à se rendre compte si l'on veut faire prévaloir l'un ou l'autre. Nous avons dit plus haut.

que le rapport de procréation, en lui-même, ne peut qu'à un degré très secondaire établir des droits et des devoirs : c'est seulement en ce que le rapport de procréation vient se joindre à la vie commune établie par le mariage, et par l'évolution naturelle de l'amour des parents, qu'il en émane les rapports plus vastes auxquels nous pensons lorsque nous parlons de ceux de l'enfant avec ses parents.

Tout le côté moral de cet état de choses consistant dans la force des sentiments, dans la joie de vivre ensemble et d'être tout l'un pour l'autre, se soustrait à l'organisation juridique à laquelle il ne reste que le côté d'une valeur moindre, déterminé par le devoir des parents de payer les frais de l'éducation et de l'entretien de l'enfant, son droit de succession et celui de porter le nom de son père. Il peut donc être question ici d'examiner d'abord comment doit être la position juridique de l'enfant naturel par rapport à celle de l'enfant légitime, puis ensuite quel devoir moral l'on peut à cet égard exiger des parents, au nom de l'amour qu'ils doivent avoir pour leurs enfants.

Nous avons vu que le devoir des parents de supporter la charge de subvenir aux besoins de l'enfant, devait être considéré comme une conséquence du rapport de procréation, tandis que le droit des parents de veiller eux-mêmes sur l'éducation de l'enfant, devait dépendre de ce que la famille en elle-même se prête bien mieux à résoudre les problèmes de l'éducation que toute autre institution civile. C'est en se basant sur des considérations de cette nature, que la loi chez nous en Danemark impose au père et à la mère de supporter les frais de l'éducation et de l'entretien d'un enfant naturel, mais du reste envisage les choses différemment pour le père que pour la mère, en ce qu'elle donne à la mère le pouvoir parental sur son enfant et le refuse au père. « L'ordre juridique, dit M. Goos, n'a aucune raison de supposer l'existence d'un sentiment paternel, chez celui qui a cherché la satisfaction de son désir, sans estime pour les exigences morales (1) ». Il y a assurément quelque chose de très juste dans cette considération : le père d'un enfant naturel ne peut normalement présenter des garanties suffisantes pour vouloir et pouvoir donner à l'enfant un foyer, comme s'il avait épousé la mère. Historiquement la raison de cette organisation juridique n'a été ni la considération pour l'enfant, ni le respect pour le droit de la mère vis-à-vis de celui du père. Les causes de cette organisation sont assez compliquées. Dans les temps anciens, lorsque chaque famille cherchait à posséder autant d'enfants que possible, la famille de la mère conservait simplement les enfants qu'elle mettait au monde en dehors du mariage, parce que le père n'avait aucun droit juridique sur la mère, et pour cette raison n'en avait pas non plus sur les enfants ; mais dans ces temps lointains ce n'était ni une honte ni un malheur d'être un enfant naturel. Plus tard, lorsque la sainteté croissante du mariage jeta le déshonneur sur les unions libres, et qu'une grande partie de ce déshonneur rejaillit sur les enfants naturels, la famille chercha à repousser ces enfants, et dans ce cas le père et sa famille étaient les plus forts. L'enfant naturel fut laissé à la mère non comme une faveur, mais comme une charge assez lourde. Et pen-

(1) Goos : *Doctrine du droit*, I, p. 544.

dant l'évolution de ces idées le père chercha une sorte de justification idéale à cet acte arbitraire, en faisant valoir qu'on peut toujours être certain quelle est la mère d'un enfant, mais que l'on est moins sûr quant à savoir qui est le père. La confirmation de cet ordre juridique ainsi créé et prévalant encore de nos jours, ne peut être maintenue moralement ; c'est un non-sens de laisser l'enfant naturel porter la peine du déshonneur qui adhère à l'union libre des parents, et généralement il n'est pas vrai que la paternité soit plus incertaine que la maternité : elle se constate d'une autre manière, par des conclusions d'une autre nature, mais comme règle avec tout autant de certitude. Moins on sait qui est le père d'un enfant naturel, en général plus la mère est éhontée ; car la loi pour des raisons pratiques doit absolument faire abstraction des cas où la mère ne veut pas nommer le père qu'il est impossible de connaître d'une autre manière ; la loi ne peut admettre l'incertitude de la paternité, que lorsque la femme a eu en même temps plusieurs amants. Plus la mère est éhontée, plus il devient grave de lui confier l'éducation de l'enfant, et la loi se fait aussi jusqu'à un certain degré un scrupule de le faire. Mais parce que l'ancienne confirmation historique de la détermination juridique que l'enfant naturel revient à la mère ne peut être maintenue, il n'est pas certain que cette détermination en elle-même ne soit pas juste. On a donc aussi pensé qu'à l'égard de l'enfant même, il vaut mieux qu'il entre dans la famille de la mère, dont l'importance est plus grande pour l'enfant pendant ses premières années, et parce qu'il est plausible que l'enfant deviendra moins étranger dans sa famille à elle que dans celle du père. Par ces

réflexions on maintient la détermination de la loi, que la
mère a le pouvoir parental sur son enfant illégitime, et
qu'il hérite d'elle. Normalement, si le père veut acquérir
un droit sur son enfant, il ne lui reste qu'à se marier avec
la mère. Cette organisation semble être conséquente. Les
devoirs d'un père envers ses enfants légitimes, en raison
du rapport de procréation, lui incombent aussi vis-à-vis
de l'enfant naturel, c'est-à-dire qu'il doit se charger du
strict nécessaire de son entretien ; les droits qu'il a sur
son enfant légitime ne proviennent pas de ce qu'il l'a
engendré, mais du mariage et de la supposition qu'il
sera un bien pour l'enfant de les lui accorder. Le père ne
peut donc pas prétendre à ces droits vis à-vis de son enfant illégitime. La question devient ainsi simplement si
cette organisation est en vérité la plus utile, la plus raisonnable et la plus juste à l'égard de l'enfant naturel
lui-même. Il faut cependant se souvenir pour y répondre qu'ici elle ne comprend que ce qui peut être obtenu par la force de la loi et non pas tout ce qui peut être
demandé au nom de la morale, mais qui, en raison de
sa nature, ne peut être obtenu par la force.

La loi peut naturellement aussi peu forcer la mère à
aimer son enfant, qu'elle peut le faire à l'égard du père.
Lorsque la loi confie l'enfant naturel à la mère, ce n'est
pas pour la forcer à l'aimer, mais elle part de cette
supposition qu'il est très plausible, que son amour à
elle sera plus grand que celui du père. Et la loi suppose encore que le père, même s'il aime son enfant, est
difficilement à même de lui donner, comme peut le faire
la mère, le bien-être qu'on ne peut trouver que dans le
foyer. Si le père se marie, son enfant naturel sera toujours considéré comme un étranger dans ce foyer, et

selon toute probabilité ne trouvera dans l'épouse de son père qu'une femme indifférente ou peu affectueuse pour lui, il se trouvera en dehors de la communauté de vie sur laquelle est établi ce foyer et dans laquelle on y vit. L'enfant naturel trouvera plutôt sa place dans le foyer de la mère. Si elle se marie, on peut supposer que l'homme qui l'épouse aura pardonné la faute qu'elle a commise, car il faut qu'il l'aime beaucoup pour l'épouser, ou bien c'est qu'il n'attache pas une grande importance à la différence qui existe entre le mariage et une union libre. C'est pourquoi l'on peut se figurer que son mari prendra soin de son enfant naturel d'une manière qui ne sera ni pénible pour son évolution morale ni nuisible pour son développement physique (1). C'est pourquoi il nous semble que c'est une organisation raisonnable et juste que les droits juridiques que l'enfant naturel peut exiger de son père, se concentrent exclusivement en une exigence d'avoir à subvenir pécuniairement à son entretien et à son éducation, mais qu'au fond l'enfant soit admis dans la famille de la mère.

Il se trouve encore dans les législations des différents pays, bien des déterminations absolument injustes vis-à-vis de l'enfant naturel. Ainsi le Code civil français défend de rechercher le père de l'enfant naturel (La recherche de la paternité est prohibée). On cherche à justifier cette détermination en alléguant que l'on pourrait s'exposer à de fausses accusations de paternité, et encourager l'immoralité, en rendant possible la spé-

---

(1) En Angleterre la loi impose à l'homme qui se marie avec une femme ayant des enfants naturels, de supporter tous les frais de leur entretien et de leur éducation. Wharton : *An exposition of the law rel. to the women of Engl.*, pag. 50 ss.

culation de se laisser suborner par des hommes fortunés. Mais comme le dit si justement Laurent : « Qu'il soit défendu ou permis de rechercher la paternité, les passions et les spéculations demeureront toujours les mêmes (1) ». Il est nécessaire de remarquer qu'en Angleterre, pendant ces dernières années, on s'est vu obligé de restreindre le droit de nommer le père, et que le droit, que l'on a jugé nécessaire de conserver, est un droit dans l'intérêt public visant à mettre la paroisse en état de pouvoir exiger du père l'entretien de l'enfant quand la mère est trop pauvre pour subvenir (2). Même s'il peut y avoir lieu de veiller avec soin, à ce que personne ne soit injustement désigné comme le père d'un enfant, défendre la recherche de la paternité est un moyen tout à fait injuste, parce qu'il n'existe aucune raison d'affranchir un homme des devoirs que le rapport de procréation lui impose. La législation anglaise est à un seul égard plus que toute autre injuste envers l'enfant naturel, en ce qu'en Angleterre il n'est pas permis de légitimer un enfant naturel, ni par adoption ni en épousant plus tard la mère (3). En France le père peut légitimer un enfant naturel, et possède alors les mêmes droits sur lui que la mère, sans que cependant l'enfant ait les mêmes droits familiaux que les enfants légitimés. Ainsi il ne peut hériter que d'une certaine quote-part, il ne peut rien

(1) Laurent : *Droit civil international*, V, pag. 545. Legrand : *Le mariage,* etc., pag. 311, ss. Frank : *Essai sur la cond. pol. des femmes,* pag. 198-205.

(2) Glasson : *Hist. du droit et des instit. de l'Angleterre,* VI, pag. 291-294.

(3) Wharton : *An exposit. of the laws,* etc., pag. 40, ss. Glasson : *Hist. du droit et des inst. de l'Angleterre,* VI, pag. 294, ss.

recevoir de plus ni du vivant de ses parents ni par testament, et n'a aucun droit de succession, quel que soit son degré de parenté avec le défunt. Au contraire, en se mariant avec la mère, le père peut donner à l'enfant naturel les mêmes droits que ceux de l'enfant légitime, ainsi que par l'adoption proprement dite. Cette rigoureuse détermination de la législation anglaise, est motivée par la considération de la sainteté du mariage, mais il est difficile de voir quel tort l'on pourrait faire au mariage, en créant un moyen pour les individus ayant agi contre ses lois de réparer leur faute. Bien plus fondée pourrait être la crainte émise par M. Legrand, que la facilité d'adopter ses enfants naturels renfermerait un danger, en ce qu'elle pourrait pousser le père à choisir moins souvent le moyen pour réparer sa faute, qui doit être considéré comme le plus naturel, c'est-à-dire le mariage avec la mère (1). Mais il existe tant de circonstances qui dans le cas concret pourraient être en faveur de l'adoption, qu'il serait presque impossible d'en restreindre l'usage sans nuire aux intérêts mêmes de l'enfant naturel.

Une question d'une nature particulière, mais qui n'est pas sans importance, est celle de savoir si l'enfant naturel doit avoir le droit de porter le nom de son père. Ce droit, dit M. Goos, est exclusivement une valeur morale et idéale, et il pense qu'on ne peut l'accorder à l'enfant naturel parce que ce serait ébranler la base du mariage, la seule forme morale des rapports sexuels (2). Nous avons pensé qu'à l'égard de l'enfant lui-même, on

(1) Legrand : *Le mariage*, etc., pag. 306.
(2) Goos : *Doctrine du droit*, I, page 547 ss.

devait regarder comme une organisation juste de laisser l'enfant à la mère, et de le soustraire à l'autorité du père. Il en résulte conséquemment que l'enfant ne porte pas le nom de son père. Mais si l'on considère les rapports tels qu'ils sont en réalité, refuser à l'enfant naturel le droit de prendre le nom de son père, se montrera agir exclusivement comme une sanction de ce préjugé que le propre honneur de l'enfant se trouve atteint par l'illégitimité de sa naissance ; son droit de porter le nom du père ne renfermerait pas en lui-même une sanction d'une nature quelconque, lui donnant un droit juridique sur la famille du père, il aurait seulement pour effet de rappeler au père les devoirs moraux qu'il peut avoir vis-à-vis de son enfant, en dehors des minces devoirs juridiques auxquels la loi peut le contraindre. Le droit de porter le nom de son père est une sanction officielle, de ce que l'amour du père ne doit pas entièrement être circonscrit dans le mariage ; la sainteté du mariage est sauvegardée, en ce qu'on refuse au père cette autorité qui sans cela lui est due, mais non en rendant moins lourdes pour lui les conséquences de la faute commise, contre l'idée fondamentale du mariage. Si l'on accordait aussi à la mère le droit de porter le nom de son amant, ce serait une offense au mariage, mais l'enfant lui-même devrait avoir le droit de choisir, s'il veut porter le nom de son père ou celui de sa mère. Dans de certaines circonstances on pourrait naturellement se servir d'un tel droit comme moyen de chantage ; mais ce danger pourrait aussi facilement être conjuré que celui de fausse accusation de paternité, et il ne peut exister ici une raison particulière, d'épargner au père de l'enfant naturel le désagrément social pouvant se

trouver dans ce qu'il porte son nom. Les conséquences
du mariage quant au nom qu'un enfant doit porter, ne
sont pas seulement de lui donner le droit de porter le
nom de son père, mais aussi de lui imposer le devoir
de le faire, et il me semble que ce dernier côté des
choses ne peut être négligé. La conséquence de refuser
au père le droit d'exercer son autorité sur l'enfant, peut
seulement être que le père n'a pas non plus le droit
d'exiger que l'enfant porte son nom, mais cela ne peut
être une raison pour refuser à l'enfant de prendre
lui-même le nom du père, car ce refus retombe toujours
sur l'enfant comme une punition de sa naissance illégitime. D'après les déterminations de nos lois actuelles,
porter le nom de sa mère devient un déshonneur, et ce
déshonneur confirme en même temps cette injustice
qu'il en devient aussi un pour la mère, tandis que le
père ne supporte aucune conséquence. La détermination du nom de l'enfant naturel devient un des anneaux
de cette chaîne assez longue des perfidies qui ont rejeté
la honte des unions libres particulièrement sur la
femme. La jurisprudence anglaise évite sur ce point
que toutes les charges et le déshonneur retombent sur la
mère ; cependant, elle le fait d'une manière dont ultérieurement l'enfant naturel se ressent, car il ne doit prendre
ni le nom de son père, ni celui de sa mère, il est *filius
nullius* (1). Il existe en ceci, à l'égard de l'enfant, une
dureté, n'étant qu'une expression très nette de l'impor-

____

(1) Glasson, *Hist. du droit et des instit. de l'Angleterre*, VI,
pag. 294 ss. En Danemark, la femme voulant priver son enfant de ses
droits juridiques sur elle, accouche dans un service de génycologie re-
levant de l'assistance publique ; l'enfant né ainsi secrètement n'a ni
père ni mère.

tance accordée au nom que l'on porte. Et dans ce respect pour son nom, on peut chercher une faible justification de la détermination de la loi qui ne veut pas que l'enfant naturel porte le nom de son père. Qu'un homme ne tienne pas à voir son nom devenir l'aveu de ses fautes, cela ne touche pas à la question de savoir si un enfant naturel a le droit de porter son nom, car, ici, ce n'est pas, à vrai dire, son nom dont il s'agit, mais c'est de sa propre personne qu'il est question. Mais on pourrait dire, non sans quelque raison, que si la loi refuse à un homme cette autorité sur son enfant, le mettant à même d'agir effectivement sur son évolution morale et sur son éducation, cet enfant ne doit pas non plus avoir le droit de porter son nom, car l'on expose cet homme à ce que son nom se trouve lié à une vie d'égarements et à des histoires scandaleuses, sans qu'il ait eu un moyen d'empêcher ces malheurs. Mais le père n'est point du tout hors d'état de veiller sur l'éducation de son enfant, et s'il n'a sur lui aucune influence, dans la plupart des cas c'est parce qu'il ne s'est pas soucié d'en avoir ; il n'est donc pas alors en droit de se plaindre, mais au contraire il n'a que des reproches à se faire. Si l'enfant naturel avait le droit de prendre le nom de son père, nous croyons que le père lui témoignerait plus souvent un intérêt beaucoup plus vif.

Jusqu'ici nous avons traité de la position de l'enfant naturel en la regardant du point de vue de la procréation et en accentuant surtout les devoirs du père et les droits de l'enfant. Nous avons conclu que la position de l'enfant naturel devait être rapprochée autant que possible de celle de l'enfant légitime, la différence que la triste absence du mariage rend inévitable, devant être atténuée. Maintenant nous allons aborder la question du droit de succession de l'enfant naturel et alors il faut que nous nous placions au point de vue du mariage. Nous avons développé ci-dessus que dans le mariage le droit de succession des enfants ne peut être établi sur le fait de la procréation ; on ne peut justifier le droit de succession qu'en le regardant comme la suite naturelle de la vie dans la famille. Si l'on considère le droit de succession comme un droit que l'enfant a comme tel, en priver l'enfant naturel serait donc une injustice. Cambacérès disait dans son rapport sur la loi du 12 brumaire an II, discutée par la Convention en 1793 : « Tous les enfants indistinctement ont le droit de succéder à ceux qui leur ont donné l'existence. Les différences établies entre eux sont l'effet de l'orgueil et de la superstition ; elles sont ignominieuses et contraires à la justice. Dans un gouvernement basé sur la liberté, les individus ne peuvent être victimes des fautes de leur père. L'exhérédation est la peine des grands crimes. L'enfant qui naît en a-t-il commis ? Et si le mariage est une institution précieuse, son empire ne peut s'étendre jusqu'à la destruction des droits de l'homme et des droits du citoyen (1) ».

Ici la question est traitée nettement et clairement au point de vue des intérêts de l'enfant, et non de ceux du mariage. La législation de la Convention n'était pas en somme favorable au mariage (voir ci-dessus la question du divorce) mais sur ce point elle a commis la faute de croire au droit de succession naturel de l'enfant. Ce droit de succession repose en réalité sur la supposition,

(1) Legrand, *Le Mariage*, etc., pag. 308.

que les parents désirent que leurs biens reviennent aux
enfants. Nous avons vu que les mœurs françaises ont
pris une position différente, mais le raisonnement dont
ces mœurs découlent n'était pas non plus le droit de
l'enfant, mais l'intérêt de la famille, et cet intérêt ne
peut jamais amener à accorder à l'enfant naturel le
droit de succession, sans l'introduire entièrement dans
la famille du père à côté des enfants légitimes. Où la
considération du sang et de la famille joue le rôle principal, les enfants légitimes donnent, en retour de leur
droit de succession, l'espérance fondée qu'ils se subor-
donneront aux intérêts de la famille, qu'ils la maintien-
dront, et continueront sa mission dans leurs descendants. Mais on ne peut admettre cela des enfants
naturels. Dans un mariage les intérêts de l'époux et de
l'épouse se confondent, au contraire l'enfant naturel est
placé entre la famille de son père et celle de sa mère, il
ne peut appartenir à toutes les deux. En général, on pourrait admettre qu'il serait économiquement plus avantageux pour l'enfant naturel d'appartenir au père et d'hériter de lui, que d'appartenir à la mère et d'hériter
d'elle. Mais le droit de succession n'est pas la suite de
l'incorporation dans la famille, et comme nous l'avons
dit, il est plus difficile d'incorporer l'enfant dans celle
du père que dans celle de la mère. C'est pourquoi il est
raisonnable et non injuste de regarder l'enfant naturel
comme appartenant à la famille de la mère, et de le faire
hériter d'elle. Une injustice éclatante se trouve dans les
dispositions de la loi française et de la loi anglaise qui
mettent l'enfant naturel aussi bien en dehors de la famille de la mère que de celle du père. En Angleterre
cela résulte d'une fausse et étroite glorification du ma-

riage, en France c'est la conséquence de la vénération étroite de l'idée de la famille qui se révolte contre la pensée que la femme pourrait introduire à son gré un membre nouveau dans la famille de ses parents. Le sentiment de pitié qui trouve révoltant de priver l'enfant naturel du droit de succession, est une expression instinctive de la sympathie universelle pour les faibles et les souffrants, mais il repose sur une idée fausse du droit de succession, et pour cette raison il ne peut prétendre d'être accepté par le moraliste sérieux. Il n'est pas un sentiment pratique, mais seulement le vœu vague et abstrait d'une justice distributive qui mettrait fin à l'inégalité entre les riches et les pauvres.

A côté de ces déterminations juridiques cherchant à régulariser la position de l'enfant naturel, se font valoir les sentiments moraux s'étendant plus loin. La loi ne peut forcer un homme à aimer ses enfants, qu'ils soient légitimes ou non, mais la conscience morale peut l'exiger. De nos jours, l'opinion publique dans les différents pays, convient de ce que l'amour des parents ne se trouve pas moralement limité dans le mariage. Nous y trouvons la suite de l'évolution morale de ce sentiment qui s'est affranchi, comme nous l'avons vu, du cercle étroit de la famille et s'est transformé en un sentiment de procréation déterminé seulement par l'idée du bien de l'enfant. A l'égard de l'enfant naturel, ce sentiment ne se peut développer dans toute sa force, ou plutôt il ne possède pas les moyens d'atteindre son entière satisfaction. La mère ne peut offrir à l'enfant les soins et la sollicitude du père, le père ne peut lui donner l'influence de l'éducation de son foyer. Mais il a quand même bien des moyens de soutenir et d'aider

l'enfant pendant ses tendres années et de lui faciliter de
se faire une position quand il aura atteint un âge plus
mûr ; c'est un mauvais trait dans le caractère d'un
homme, lorsqu'il cesse de s'intéresser au sort de son
enfant et de lui témoigner son amour de toutes les manières possibles. Plus le sentiment moral de ce devoir
aura de puissance sur les individus, plus le malheur
attaché aux unions libres se trouvera amoindri pour
tous. Si quelqu'un peut croire que cela renferme un
danger pour le mariage, il ne faut pas qu'il oublie que
l'homme ne ressentant rien pour son enfant naturel,
n'aura probablement pas non plus le véritable amour à
l'égard de ses enfants légitimes. L'amour paternel n'est
plus un résultat du mariage, même s'il ne se développe
dans toute sa force que dans le foyer conjugal. Le
résultat le plus naturel du développement de l'amour
paternel, même à l'égard des enfants naturels, ne pro-
voquera pas une décroissance des mariages ou de leur
sécurité, mais seulement celle des unions libres.

10. — *Les rapports fraternels.*

Dans le cercle de la famille, il s'établit aussi des rapports réciproques entre les enfants. Les rapports fraternels sont comme des rejetons des relations personnelles
et intimes constituant la famille et formant la condition
de sa valeur éthique. C'est de ce point de vue que
doivent être évalués ces rapports fraternels, et ce n'est
que par là qu'ils acquièrent de l'importance. Les rap
ports fraternels souffrent de se trouver pour ainsi dire
entre une double influence : d'un côté, ils représentent

un passé qui lie, de l'autre, ils doivent embrasser un avenir qui sépare ; par le don qu'ils possèdent de relier ces deux influences, ils arrivent à donner la mesure de la force et de l'intimité de la vie dans la famille même.

Aussi longtemps que prédominèrent les intérêts de la famille, les rapports fraternels occupèrent un rang élevé, non seulement moralement et idéalement, mais réellement et juridiquement, les droits fraternels réciproques devenant l'expression de devoirs puissants et graves. Plus ces intérêts familiaux se sont effacés, plus ces devoirs en ont été amoindris. Les circonstances qui servent à développer les sentiments réciproques des époux et des parents et enfants servent aussi à donner à ces sentiments une grande force obligatoire ; mais ces circonstances ne se retrouvent pas dans les relations fraternelles, et nous comprendrons donc facilement que le fort et libre développement de la personnalité finira dans une opposition contre les liens que ces relations cherchent à lui imposer. Le fait que le même sang coule dans nos veines, n'est pas une raison suffisante pour créer cette sympathie réciproque, cette harmonie dans les caractères et dans les idées, qui sont la seule base solide et durable d'une vie commune. Plus la famille, comme nous l'avons déjà dit, cesse de regarder les enfants comme existant à cause d'elle, et les élève, non pour continuer les traditions de la famille, mais en ayant en vue le développement de leur propre personnalité, plus ils doivent aussi, une fois arrivés à l'âge d'adulte, être absolument libres de choisir leurs amis et leurs familiers. De nos jours, dans tout ce qui concerne les intérêts réels ou économiques de la vie, les frères et sœurs sont absolument libres vis-à-vis les uns des autres

et ceci n'est que l'expression extérieure de leur droit de
s'arranger librement pour leurs intérêts intimes et personnels, c'est-à-dire de s'affranchir les uns des autres.
Ce qui fait le fond de l'intimité de la vie de famille, c'est
l'absolue communauté dans tous les intérêts, petits ou
grands ; elle n'existe plus entre les frères et sœurs. Une
fois adultes, chacun d'eux vit dans son foyer, a sa situation indépendante et sa propre destinée, de sorte qu'en
face de cette indépendance véritable, la continuation
traditionnelle des relations fraternelles pourra facilement n'être qu'une importunité pénible, un sans-gêne,
un manque de respect, pour ce qu'un autre a le droit
de garder pour lui-même, pouvant éveiller dans une
âme délicate des sentiments d'amertume. La vie, de
nos jours, sépare les frères et sœurs matériellement et
intellectuellement, et plus la civilisation aplanit pour
les personnalités libres les difficultés de se faire jour,
plus il en adviendra une dissolution dans les rapports
fraternels. Les frères et sœurs sont des êtres partant de
la même source, mais dans des directions différentes,
et on ne peut pas être sûr qu'ils se rangeront dans
les combats de la vie du même côté.

A côté de ces motifs détachant l'individu de la vie
commune dont il est issu, il y en a d'autres qui le lient
plus puissamment à mesure que la civilisation développe
la compréhension de la vie dans sa totalité, et avive le
souvenir de ce qui nous a fait chacun ce que nous sommes. Les souvenirs communs conserveront leur importance, en raison de ce que notre enfance s'est inscrite
dans nos cœurs. Nos frères et sœurs n'ont pas seulement pris part à cette vie dans la famille, mais ils y ont
joué eux-mêmes un rôle, ils ont eu par là une grande

importance pour notre propre évolution intellectuelle et morale, et pour cette raison les destinées de nos frères et sœurs nous seront toujours à cœur, comme quelque chose touchant à une partie de notre propre vie d'une manière particulière. C'est pourquoi la sympathie humaine universelle se montrera plus facilement lorsqu'il s'agira de nos frères et sœurs que pour des étrangers, parce que leur image surgit plus facilement et plus distinctement dans notre imagination. Et pour cette raison déjà, l'on regardera plus comme un devoir de leur venir en aide de toutes les manières possibles. Plus l'on se souviendra de son enfance, des joies, des peines que l'on a partagées avec ses frères et sœurs, plus l'on ressentira un déchirement dans sa propre vie, en les regardant plus tard avec indifférence.

Il faut encore ajouter à ceci, que généralement les frères et sœurs connaissent plus intimement et plus exactement leurs caractères réciproques, que plus tard dans la vie on ne se trouvera à même de le faire pour ses amis les plus proches. Il peut justement exister dans cette intime connaissance, un empêchement pour que le sentiment puisse devenir aussi libre et d'une intimité aussi grande qu'il le devient vis-à-vis d'autres individus, car en somme il n'y a personne dont les replis les plus cachés de l'âme supportent une analyse absolue. Même le meilleur et le plus noble en nous est composé d'une telle infinité d'éléments ordinaires, qu'en les détachant les uns des autres, l'ensemble paraîtra sans grandeur, et du reste ce qui est bon et louable dans l'individu se trouve toujours mélangé à ce qui en soi-même est bas et condamnable, et dont l'importance pour le résultat atteint ne peut être fixé d'une manière déterminée. Tout cela en général continue à rester caché pour l'observateur qui n'entre en relations avec nous que plus tard dans la vie, il voit davantage les grandes choses vers lesquelles nos forces intellectuelles sont entraînées, qu'il ne s'aperçoit des éléments secondaires les mettant à exécution. Mais il est rare que l'on puisse cacher quelque chose à ses frères et sœurs, et c'est pourquoi entre eux et vous tombe souvent l'illusion qui jusqu'à un certain point est nécessaire pour qu'il puisse exister une profonde sympathie. Nous idéalisons toujours un peu celui que nous aimons et que nous admirons, mais cela signifie seulement qu'il y a quelque chose en lui qui reste caché à nos yeux, et que nous avons donc la liberté de nous représenter comme nous désirons. Il en est des gens comme il en est des choses : ce qui nous semble admirable aussi longtemps que nous ne le comprenons qu'imparfaitement, nous semble ordinaire lorsque nous le comprenons. Entre les frères et sœurs, cette idéalisation de l'admiration est difficile ; se trop connaître mutuellement amène si facilement un refroidissement dans la sympathie !

Mais cette influence n'est pas nécessaire, ce n'est que l'influence de la mystique qui nécessairement s'affaiblira entre frères et sœurs. La clarté de la compréhension ne tue l'admiration que dans l'esprit ordinaire ; chez ceux qui ont un esprit profond, le sentiment d'admiration ne fait que changer de caractère. A l'égard des frères et sœurs, la connaissance réciproque de leurs caractères pourrait augmenter la confiance, en retour des illusions qu'elle rend impossibles, et justement la confiance plus que tout autre sentiment peut servir de base à la sympathie. Au service d'un esprit froid et hostile, il peut ré-

sulter de l'analyse de la vie morale d'un autre, une
désillusion qui en réalité signifie une compréhension
incomplète, car en définitive cela dépend moins de ce
que sont séparément les éléments moraux, que de savoir
comment ils s'enchaînent, et ce qu'ils opèrent dans l'individu. Employée d'une manière juste, l'analyse empêchera de se tromper dans le jugement que l'on porte
sur un autre, et nous élévera au-dessus des premières
apparences. Cependant pour analyser de cette manière,
il faut posséder une assez grande élévation intellectuelle
personnelle, et la plupart des individus ne l'ont pas.
C'est pourquoi en général les rapports fraternels se re-
froidiront, à mesure que la vénération mystique de la
communauté de la famille comme une communauté du
sang disparaîtra. L'amour fraternel deviendra moins
grand qu'il n'a été. Nous voyons ceci sans regret, car
l'ancien amour fraternel n'était pas fondé sur les rapports
de la personnalité, ni sur son évaluation, mais allait
aux frères et sœurs comme membres d'une institution.
L'amour fraternel dont la vie de nos jours renferme les
moyens d'existence, est lié à des idées beaucoup plus
claires et plus déterminées. Ce ne sont plus les mots
« mon frère » « ma sœur » qui font battre nos cœurs
en éveillant toute une suite d'associations vagues et in-
distinctes, un tel amour rend l'homme l'esclave aveugle
de ses passions. C'est l'image distincte de la personnalité de ce frère ou de cette sœur qui éveillera nos sentiments, et s'ils deviennent peut-être moins accessibles
pour tous, ils seront en revanche plus intimes et conduiront l'individu avec plus de constance à travers la
vie.

essentielle pour se sentir à l'abri de toutes les adversités de la vie. Le sentiment religieux qui s'imagine que Dieu, le créateur de l'univers, se préoccupe spécialement du sort de chaque individu, s'ébranle devant la science et l'homme perd facilement la joie de la vie en gagnant une connaissance plus exacte de la nature. Mais plus la famille se développe comme le contrepoids du monde objectif, plus elle devient ce que Dieu était autrefois : le but absolu de l'existence individuelle. On n'a pas vécu vainement, si on a su se créer une famille. Nous croyons que l'évolution ultérieure de la famille sera difficile, mais qu'elle finira par aboutir heureusement.

TABLE DES MATIÈRES

CHAPITRE PREMIER

LA FAMILLE

CHAPITRE II

LA FONDATION ET LA DISSOLUTION DU MARIAGE

CHAPITRE III

L'AUTORITÉ RESPECTIVE DES ÉPOUX

CHAPITRE IV

LES PARENTS ET LES ENFANTS

Laval.— Imprimerie parisienne L. BARNÉOUD & Cⁱᵉ